T0123389

Sammlung Metzler
Band 276

Thomas Gil

# Ethik

Verlag J.B. Metzler
Stuttgart · Weimar

Die Deutsche Bibliothek - CIP-Einheitsaufnahme

*Gil, Thomas:*
Ethik / Thomas Gil.
- Stuttgart ; Weimar : Metzler, 1993
(Sammlung Metzler ; Bd. 276)
ISBN 978-3-476-10276-8
NE: GT

ISSN 0 558 3667

ISBN 978-3-476-10276-8
ISBN 978-3-476-03974-3 (eBook)
DOI 10.1007/978-3-476-03974-3

SM 276



EIN VERLAG DER SPEKTRUM FACHVERLAGE GMBH

# Inhalt

Einleitung . . . . . . . . . . . . . . . . . . . . . . . . . . VII

I. Antike Ethik . . . . . . . . . . . . . . . . . . . . 1
1. Sokrates . . . . . . . . . . . . . . . . . . . . . 5
2. Plato . . . . . . . . . . . . . . . . . . . . . . 9
3. Aristoteles . . . . . . . . . . . . . . . . . . . 13
4. Der Kynismus des Diogenes . . . . . . . . . . . 18
5. Epikur . . . . . . . . . . . . . . . . . . . . . 20
6. Die Stoa . . . . . . . . . . . . . . . . . . . . 22

II. Mittelalterliche Ethik . . . . . . . . . . . . . . 25
1. Grundlagen der mittelalterlichen Ethik . . . . . . 25
2. Thomas von Aquin . . . . . . . . . . . . . . . . 28
3. Wilhelm von Ockham . . . . . . . . . . . . . . . 31

III. Ethik in der frühen Neuzeit . . . . . . . . . . . . 34
1. Scholastisches Denken . . . . . . . . . . . . . . 34
2. Die Sozialutopien . . . . . . . . . . . . . . . . 37
3. Montaigne, La Rochefoucauld, Gracián . . . . . . 40
4. Descartes und Spinoza . . . . . . . . . . . . . . 46

IV. Ethik im 18. Jahrhundert . . . . . . . . . . . . . 52
1. Die französischen Aufklärer . . . . . . . . . . . 54
2. Empirische Moralphilosophie . . . . . . . . . . . 58
3. Kant . . . . . . . . . . . . . . . . . . . . . . 68

V. Ethik im 19. Jahrhundert . . . . . . . . . . . . . 74
1. Hegel . . . . . . . . . . . . . . . . . . . . . . 74
2. Marx, Kierkegaard, Stirner . . . . . . . . . . . . 81
3. Schopenhauer . . . . . . . . . . . . . . . . . . 89
4. Bentham und Mill . . . . . . . . . . . . . . . . 95
5. Nietzsche . . . . . . . . . . . . . . . . . . . . 101

VI. Ethik im 20. Jahrhundert . . . . . . . . . . . . . 107
1. Die materiale Wertethik . . . . . . . . . . . . . 107
2. Analytische Ethik . . . . . . . . . . . . . . . . 110
3. Existentialistische Ethik . . . . . . . . . . . . 116

4. Piaget und Kohlberg . . . . . . . . . . . . . . . . . . 123
5. Rawls und Mead . . . . . . . . . . . . . . . . . . . 131
6. Die Diskursethik . . . . . . . . . . . . . . . . . . . 136
7. Soziobiologie und Entscheidungstheorie . . . . . 139
8. Nachmoderne Ethikansätze . . . . . . . . . . . 141

VII. Schlußbetrachtung: Ethische Reflexion in der Risikogesellschaft . . . . . . . . . . . . . . . . . . 144
1. Die Risikogesellschaft . . . . . . . . . . . . . . . . 146
2. Problemfelder der Risikogesellschaft . . . . . . . 153
3. Ethik in der Risikogesellschaft . . . . . . . . . . . 168

Literaturverzeichnis . . . . . . . . . . . . . . . . . . . . 175

Namenregister . . . . . . . . . . . . . . . . . . . . . . . . 188

Angaben zum Autor . . . . . . . . . . . . . . . . . . . . 193

Para Ana y Birgitta

# Einleitung

Normen und Wertpräferenzen lassen sich empirisch beschreiben. Man kann beobachten, daß Menschen auf bestimmte Art und Weise handeln, weil sie in ihrem Leben bestimmte normative Orientierungen bevorzugen. Normen, Wertoptionen und das durch sie bewirkte Verhalten können deswegen Gegenstand der empirisch vorgehenden Kulturwissenschaften werden, gleichgültig ob diese sich eine externalistische Beobachterperspektive oder eine internalistische Akteurperspektive zu eigen machen. So konnte der Soziologe Max Weber eine bestimmte Lebenweise (die sogenannte »protestantische Ethik«) als ein System von Normen und Wertorientierungen empirisch beschreiben sowie die Funktionen und Handlungsresultate, die sie erfüllte bzw. bewirken konnte. Max Weber beschrieb ein im Kontext eines asketischen Protestantismus entstandenes Berufsethos als Gesamthabitus oder Lebensstil, indem er die einzelnen Komponenten der durch einen solchen Lebensstil zustande kommenden Lebensweise analysierte und deren Wirkungsgeschichte (bezüglich der Konstitution der kapitalistischen Wirtschaftsordnung) nachzeichnete.

Von der empirischen Beschreibung von faktischen Handlungsregulativen, Wertpräferenzen und Lebens- oder Ethosformen muß man die ethische Reflexion trennen, die selbst in dem Sinne normativ ist, daß sie für diese oder jene Norm oder Orientierung argumentiert und vorhandene (faktisch geltende) Normen und Lebensweisen mit der Absicht prüft, zwischen besseren und schlechteren zu unterscheiden. Die ethische Reflexion zielt nicht primär auf die Feststellung der faktischen Geltung von Normen und Orientierungen. Sie will vielmehr herausarbeiten, welche Handlungsregulative, Wertpräferenzen und Lebensformen berechtigter- oder begründeterweise gelten können. Die ethische Reflexion ist auf die Arbeit der Kultur- und Sozialwissenschaften angewiesen, denn sie muß berücksichtigen, welche Funktionen bestimmten Normen in bestimmten Handlungskonstellationen zukommen und warum bestimmte Verhaltensweisen in bestimmten Kontexten funktional oder angebracht sind. Dennoch kann sich die ethische Reflexion nicht auf eine solche konstatierende Tätigkeit beschränken. Als praktische Reflexion, d.h. als praxisrelevantes Nachdenken über Praxisformen, sind die Gründe und Argumentationen, die für bestimmte Handlungsalternativen angeführt werden können, ihr unmittelbarer Gegenstand. Die ethische Reflexion hat es primär mit Begründungen und rationalen Rechtfertigungen von Handlungsweisen und -programmen zu tun. Insofern ist sie ein kritisches Unternehmen. Sie prüft, beurteilt (das griechische Wort »krinein« bedeutet: scheiden, unterscheiden, beurteilen) die (morallogische) Geltung oder Validität von faktisch Geltendem. Denn nicht alles, was faktisch gilt, verdient auch, berechtigterweise zu gelten. Mit anderen Worten: Die ethische Reflexion hat es mit jener Geltung von Normen und Handlungsorientierungen zu tun, die über konkrete faktische konventionalisierte Geltungszusammenhänge hinausgeht.

Die gegenwärtige ethische Reflexion kann auf eine lange Tradition ethischen Argumentierens und Begründens zurückblikken. In der Geschichte der sogenannten okzidentalen Philosophie, die man mit der griechischen Klassik anfangen läßt, hat die kritische Reflexion über die menschliche Praxis und das richtige Handeln eine fundamentale Bedeutung gehabt. Neben Physik, d.h. Naturphilosophie, und Logik als Theorie des richtigen Schlußfolgerns und Argumentierens ist die Ethik ein Hauptgebiet philosophischer Reflexion gewesen. Was Aristoteles, dem wir diese Einteilung verdanken, unter der Ethik als praktischer Philosophie noch zusammenhalten konnte, nämlich die Politik, die Ökonomik und die Ethik im engeren Sinne, sollte dann im Zuge einer Reihe von ökonomischen und soziokulturellen Entwicklungen sowie der sie theoretisch begleitenden Verwissenschaftlichungsschübe (d.h. im Zuge der Entstehung der modernen Sozial- und Kulturwissenschaften) auseinandergehen. Ethik als Teil einer neu konzipierten praktischen Philosophie blieb allerdings die fundamentale Disziplin der praktischen Reflexion.

Die Geschichte der philosophischen Ethik enthält verschiedene, zum Teil sehr heterogene Reflexionsleistungen und Argumentationsmodelle, deren Gegenstandsbereich das menschliche richtige Handeln, das Ethische, ist. Dieses Ethische wird in den einzelnen Ansätzen jeweils anders begrifflich erfaßt. Der in den Kapiteln dieses Buches skizzierte Grundriß der Geschichte der westlichen ethischen Reflexion versteht sich als chronologisch dargebotener, autorenzentrierter selektiver Überblick über Argumentations- und Begründungsmodelle der philosophischen Ethik. Bei der Exposition des Denkens der einzelnen Autoren habe ich mich auf die Grundintuitionen konzentriert, die sie theoretisch verarbeiten. Vollständigkeit, weder in der Zahl der aufgeführten Autoren noch in der Rekonstruktion des Denkens des jeweiligen Autors, wird aus leicht einsehbaren Gründen keineswegs beansprucht. Vielmehr beabsichtigt die folgende Einführung, eine rationale Rekonstruktion der für den jeweiligen Autor charakteristischen Argumentationsfiguren darzubieten. Eine solche Rekonstruktion scheut allerdings keine Umwege auf biographischem, soziohistorischem und weltanschauungsanalytischem Gebiet, wenn diese für das Verständnis der Genese und der theoretischen Verarbeitungsform der einzelnen Positionen und Stellungnahmen erforderlich sind.

Die hier vorgeführten Argumentationsmodelle sind in dem Sinne einmalig, daß sie, selbst wenn sie auf alte, überlieferte Grundmotive und Denkmuster zurückgreifen, diese eigensinnig rezipieren und neu zur Geltung bringen. Dennoch lassen sich einige Gemeinsamkeiten (und Differenzen) herausarbeiten, die im folgenden angedeutet werden sollen. Die Begriffspaare »Sittlichkeit-Moralität« und »Vernunft-moralisches Gefühl« ermöglichen eine fundamentale Klassifizierung von Ethikmodellen. Bei der konkreten Rekonstruktion der einzelnen Positionen wurden auch die Unterschiede (und Gemeinsamkeiten), die diese zwei Begriffspaare markieren, besonders berücksichtigt. Das Begriffspaar »Sittlichkeit-Moralität«, dessen Hegel sich in seiner Kritik an der Kantischen Moralphilosophie bedient hat, bezieht sich auf Typen oder Modelle ethischer Reflexion und Argumentation. Das zweite Begriffspaar »Vernunft-moralisches Gefühl« wirft die Frage nach den Vermögen oder Instanzen der Ethik auf.

Die Schlüsselbegriffe »Sittlichkeit« und »Moralität« ermöglichen einen ersten Ordnungs- und Klassifizierungsversuch ethischer Reflexions- und Argumentationsmodelle, nämlich die theoretische, idealtypische Trennung zweier Grundklassen oder Grundtypen ethischer Reflexion, die in der Praxis nur in nicht rein zu trennenden Mischformen vorkommen: a) die Ansätze, die vom Gegenwärtigen, Gegebenen ausgehen und auf das Moralische in diesem Gegenwärtigen hinweisen (die sittlichkeitsethischen Modelle), und b) die Ansätze, die, an Leitideen oder Grundprinzipien orientiert, auf die Defizite des Gegenwärtigen, Existenten hinweisen und kontrafaktisch zu diesen Defiziten bestimmte Überlegungen anstellen und Handlungsstrategien vorschlagen (die moralitätsethischen Modelle). Während den ersten Ansätzen eine »hypoleptische« (anknüpfende)

Argumentationstruktur eignet, die an das gute Vorhandene anknüpft und theoretisch sanktioniert, zeichnet ein kritischer Impuls die moralitätsethischen Ansätze aus, die sich mit dem Gegenwärtigen keineswegs abfinden und eine Art »unglückliches Bewußtsein« verkörpern. Die sittlichkeitsethischen Ansätze knüpfen an die vorreflexive Lebenswelt von Normen, Regeln, Praktiken und Traditionen der individuellen und kollektiven Lebensbewältigung an und lassen die faktische Geltung dieser Normen, Regeln und Praktiken weiterbestehen, ohne daß sie sie zwecks einer gründlichen kritischen Prüfung außer Kraft setzen. Sie unterstellen, daß das geschichtlich Gewachsene auch schon das Bewährte sei, auf das der nach Entlastung suchende Mensch zurückgreifen kann und soll. Moralisches Handeln wird dabei nach dem Modell des klugen oder ratsamen, von »phronesis« (Klugheit) geleiteten Verhaltens aufgefaßt, das sich an tradierte, bewährte Handlungsregeln, Verhaltensmuster und institutionalisierte Abläufe hält. Die kulturellen Selbstverständlichkeiten der jeweiligen Bezugsgruppe und die lebensweltlichen Gewißheiten der jeweiligen Lebenswirklichkeit werden nicht in Frage gestellt, um deren Geltungsansprüche kritisch zu prüfen. Die Epochéhaltung, die zu einer vorläufigen Suspendierung der faktischen Geltung der verschiedenen gegenwärtigen Normen und Praktiken bis zum Nachweis ihrer Vernünftigkeit führt, wird in den sittlichkeitsethischen Ansätzen mit Skepsis beurteilt. Im Extremfall wird das Gegenwärtige ideologisch verherrlicht und eine Apotheose des Bestehenden theoretisch inszeniert.

Die Positionen, die mit dem Begriff der Moralität in Verbindung gebracht werden, charakterisiert dagegen die kritische Einstellung gegenüber dem, was gegenwärtig gilt und vorherrscht. Sie sind um die Begründung der nicht validierten und dennoch im alltäglichen Handeln immer schon erhobenen Geltungsansprüche bemüht. Sie insistieren darauf, daß nur das, was verallgemeinerungsfähig und verallgemeinerungswürdig ist, auch faktische Geltung verdienen kann, daß nur die Handlungsregeln, die jeder für sich und für andere vernünftigerweise akzeptieren kann, auch faktische Geltung erhalten sollen. Die Moralitätsansätze, obwohl sie um die Bedeutung von konkreten Genesen und geschichtlichen Entstehungsbedingungen und -kontexten wissen, sind auf Universalisierung von Maximen und Handlungsregulativen programmatisch eingestellt. Sie sind eher formal, postkonventionell und universalistisch. Gegenwärtige etablierte Konventionen, Lebensformen und Handlungsregeln werden von ihnen auf ihre Verallgemeinerbarkeit hin untersucht.

Die Differenz »Sittlichkeit-Moralität« codiert viele ethische Kontroversen. Selbstverständlich lassen sich nicht alle ethischen Ansätze anhand dieser Differenz klassifizieren. Andere komplementäre Kriterien und Unterscheidungen sind ebenfalls notwendig. Dennoch ist die Differenz »Sittlichkeit-Moralität« in der Geschichte der ethischen Theoriebildung von nicht zu unterschätzender Bedeutung gewesen. Typische Sittlichkeitsansätze sind zum Beispiel: die aristotelische Ethik, die provisorische Akkommodations- und Konformitätsmoral Descartes', Humes empirische Einsichten und Maßstäbe, Hegels geistesphilosophische Rechtfertigung bestimmter geschichtlicher Entwicklungen und Faktizitäten und die Argumentationsmodelle Mandevilles und A. Smiths, um nur einige Autoren zu nennen. Unter dem Schlüsselbegriff der Moralität lassen sich die Ansätze Sokrates', Platos, der Sozialutopisten, der universalistischen Vernunftethik Kants, der Diskursethik Apels und Habermas' und der Gerechtigkeitstheorie Rawls' u.a. rekonstruieren. In all diesen Ansätzen kommt nämlich ein kritisches Denken zur Geltung, das, prinzipien- und ideengeleitet, die Geltungsansprüche des jeweils gegenwärtig faktisch Geltenden genau prüft bzw. kontrafaktisch zum schlechten Vorhandenen geltungswürdige Modelle menschlichen Handelns und menschlicher Lebensorganisation entwirft. »Moralisch« ist der diesen Positionen zugrundeliegende Grundimpuls, der sich nicht mit den faktischen Gegebenheiten abfindet und mittels kontrafaktischer Unterstellungen und Fiktionalierungsentwürfe prinzipiell zu denken wagt. Diese moralitätsethischen Ansätze konzentrieren sich auf die Entwicklungsmöglichkeiten, die das Gegenwärtige enthält, ohne das Vernünftige am Bestehenden zu verkennen. Sie sind kritisch, auf daß das Gegenwärtige, Vorhandene besser, humaner und gerechter wird.

Das zweite Begriffspaar »Vernunft« versus »moralisches Gefühl« markiert die Verschiedenheit von ethischen Ansätzen bezüglich der Bestimmung der Instanz, die das Moralische zu generieren vermag. Für viele Autoren ist nämlich die Vernunft das Vermögen, das allein das Moralische, d.h. die Moralität von Gesinnungen oder Handlungsweisen, zu erzeugen vermag, gleichgültig ob diese Vernunft als reine praktische Vernunft wie bei Kant, oder als eine am Gesamtwohl orientierte deliberativ-kalkulatorische Vernunft wie im Utilitarismus und in den sogenannten Sozialwahl- und Entscheidungstheorien, oder als (formal-, universal- oder transzendentalpragmatisch analysierbare) kommunikative Vernunft aufgefaßt wird. Für wiederum andere Autoren kann das Moralische nur das Erzeugnis eines unterstellten natürlichen »moralischen Gefühls« (Schopenhauer redet vom »Mitleid«) sein, das zu den Gattungskompetenzen gehört und das allein in der Lage ist, eine positive, sympathetische, wohlwollende Haltung gegenüber anderen Menschen entstehen zu lassen. In den Argumentationen Shaftesburys, Hutchesons, Adam Smiths, einiger französischer Aufklärer, Schopenhauers und Gilligans, um nur einige Namen zu nennen, wird dieses natürliche (allerdings korrumpierbare) »moralische Gefühl« jeweils anders begrifflich erfaßt und präzisiert.

Auf einen zusätzlichen Grundunterschied soll schließlich hingewiesen werden. Die antiken Ethikmodelle sind nicht nur Reflexionsmodelle, sondern Lebensformen, Lebensorganisationsmodelle, also Lebensstile, und Reflexionsmodelle zugleich. Viele der modernen Ethikansätze sind hingegen nur theoretische Begründungsentwürfe und Prinzipienreflexionen, die eine verwissenschaftlichte, akademisch-professionalisierte Reflexionskultur über praktische und normative Fragen voraussetzen. In Anbetracht dieser Differenz werden die modernekritischen Aneignungsstrategien der antiken Ethik der Selbstkultur und Selbstsorge, die man bei so unterschiedlichen Autoren wie Michel Foucault, Martha Nussbaum, Bernard Williams und Alasdair MacIntyre vorfindet, als Versuch verständlich, unter gegenwärtigen Handlungsbedingungen Ethik wieder als ästhetisch dimensionierte, reflexive Selbststilisierungs- und Lebensgestaltungsarbeit zu betreiben. Ästhetische und ethische Vorstellungen und Interessen werden dabei miteinander verbunden, ohne daß deswegen das Tragische vieler dilemmatischer Entscheidungssituationen und des menschlichen Lebens überhaupt zum Verschwinden gebracht würde.

Der hier skizzierte, chronologisch gegliederte Grundriß einer möglichen Geschichte der okzidentalen ethischen Reflexion endet mit einer Schlußbetrachtung, in der einige der politischen, ökonomischen und soziokulturellen Bedingungen der gegenwärtigen ethischen Reflexion angedeutet werden.

Zitate aus Werken der Primär- und Sekundärliteratur, die in der Bibliographie im Anhang angeführt sind, werden nur mit dem Namen des Autors und der Seitenzahl nachgewiesen. Werden mehrere Werke eines Autors zitiert, so wird durch Angabe des Erscheinungsjahres bzw. des Titels deutlich gemacht, um welches Werk es sich handelt.

# I. Antike Ethik

Unter dem Begriff »antike Ethik« werden im folgenden die Ethik-Ansätze der klassisch-griechischen Philosophie sowie der hellenistischen Philosophie zusammengefaßt. Trotz der Unterschiede zwischen den einzelnen Positionen und Argumentationen lassen sich doch einige Merkmale festhalten, die für die antike Ethik im Gegensatz zur mittelalterlichen oder zur modernen Ethik konstitutiv sind.

Die antike Ethik ist keine theoretische Prinzipienwissenschaft, die allgemeine Normen und Kriterien sittlichen Lebens erforscht und systematisiert, sondern eine Reflexionsleistung bzw. Denkbewegung, die an einer »glücklich« zu nennenden Lebensführung interessiert ist und deswegen auf die Bedingungen und die Beschaffenheit menschlichen Glücks konzentriert bleibt. Nicht abstrakte Prinzipien oder Maximen stehen im Mittelpunkt der antiken Ethik, selbst wenn diese auch solche enthält, sondern das Interesse an einem gelingenden, glücklichen Leben.

Die antike Ethik ist unmittelbar praktisch in dem Sinne, daß die ethische Reflexion selbst eine bestimmte Lebensweise darstellt und über die Lebensweisen nachdenkt, die berechtigterweise »glücklich« oder »gelungen« genannt werden können. Mit anderen Worten: Wer über das gute Leben nachdenkt, behandelt für die antiken Autoren nicht nur einen von seinem Leben abgekoppelten Erkenntnisgegenstand, sondern nimmt schon am guten Leben teil, denn ethisches Nachdenken ist bereits (mindestens) der Anfang des guten Lebens. Die antike Ethik ist Nachdenken und Lebensgestaltung in einem, Reflexion und Lebenspraxis, Theorie und Lebensvollzug, Erkenntnisanstrengung und konkrete Lebensbewältigung.

Während die moderne Ethik eine Begründungsethik ist, die die Moralität oder Nichtmoralität von Handlungsregulativen, Haltungen und Einstellungen prüft und allgemeine (verallgemeinerbare) Kriterien, Normen und Dispositionen sittlichen Handelns in verschiedenen Argumentationszusammenhängen reflexiv-theoretisch zu rechtfertigen versucht, konzentrieren sich die Denkanstrengungen der antiken Autoren auf die Idee der Eudämonie, des guten, glücklichen und gelingenden Lebens sowie auf die Bedingungen und die praktischen Techniken, die ein solches Leben ermöglichen oder zu gestalten vermögen. Das wahre glückliche Leben ist das Ziel der antiken Ethik und nicht ein philosophisches, widerspruchsfreies System von Einführungen, Rechtfertigungen und Begründungen moralischer Begriffe und Grundsätze.

Die Eudämonie ist der höchste Zweck oder das größte Gut in der antiken ethischen Reflexion, dem alle anderen Güter untergeordnet werden. Deswegen hat man des öfteren die antike Ethik als materiale, inhaltliche Ethik bezeichnet im Unterschied zur formalen neuzeitlichen Ethik. Nicht die Lust, und auch nicht die Tugend an sich sind für sie die absoluten Zwecke, sondern das gelingende, wahre glückliche Leben, das unter der Leitung eines »guten Dämons« geführt wird und somit, metaphorisch ausgedrückt, »unter einem guten Stern steht«. Wie diese Eudämonie, dieses gelingende Leben genau bestimmt wird, hängt dann vom jeweiligen Autor ab.

Für (den überlieferten) Sokrates gelingt das menschliche Leben, wenn es tugendhaft gestaltet wird. Die tugendhafte Gestaltung des Lebens geschieht in konkreten sozialen und politischen Lebenszusammenhängen, in sittlichen Ethosformen und Gemeinschaften, die der dialogisch prüfende, denkende und erkennende Mensch in Frage stellen kann und sehr häufig stellen muß. Eudämonie wird als tugendhafte Moralität begriffen.

Plato denkt von einer besseren, wahreren Wirklichkeit her, an der die empirische konkrete Realität unseres alltäglichen Lebensvollzugs schattenhaft teilhat. Ihm geht es um den Befreiungsprozeß des Menschen von alltäglichen Meinungen, Vorurteilen, falschen Vorstellungsweisen und Irrtümern und die Rolle des Philosophen bei diesem Prozeß: ein mühsamer Denkvorgang, der gängige Sichtweisen radikal problematisiert und selten, ja so gut wie nie, mit gesellschaftlichem oder politischem Erfolg gekrönt wird.

Aristoteles hingegen orientiert sich an vorhandenen Lebensformen, am politischen und sozialen Leben der griechischen Polis (Stadtstaat), indem er die positiven Seiten des Lebens der Bürger in der Polis herausarbeitet und theoretisch zu rechtfertigen versucht. Er beschreibt konkrete Lebensformen, sammelt Informationen über sie und beurteilt sie. Dabei hält er sittlichkeitsethisch an der Normalität des politischen und sozialen Lebens fest.

Die hellenistischen Philosophen haben unter anderen Lebens- und Handlungsbedingungen als die Vetreter der klassisch-griechischen Philosophie gelebt und gedacht. Die sittlichen und politischen Einrichtungen genauso wie die metaphysischen und religiösen Orientierungssysteme, die in der Vergangenheit Gültigkeit gehabt hatten, waren in eine Krise geraten, angesichts derer die einzelnen Individuen ihr Leben anders als vorher organisieren und bewältigen mußten. Dementsprechend wird die Eudämonie auch anders als bei Sokrates, Plato und Aristoteles bestimmt: Die Kyniker identifizieren sie mit einer Selbsterhaltungsstrategie, welche sich der idealen Norm des unentbehrlichen Minimums bedient und den problematisch werdenden Verhältnissen, Normen und Einrichtungen ein demaskierendes enthemmtes Lachen entgegensetzt; die Epikureer konzentrieren sich auf das mögliche Glück, welches nun unabhängig von der Politik und frei von der Götter- und Todesfurcht im Zusammenleben mit Freunden im »Garten« im Gespräch und im vernünftigen Genuß maßvoller Lust angestrebt wird; die stoischen Weisen bemühen sich, mit dem Kosmos und dem ihm innewohnenden Logos in Übereinstimmung zu leben.

Die Kultur der Selbstsorge und der mittels der »geistigen Übungen« (P. Hadot) zu leistenden Arbeit am Selbst, die in der hellenistischen Epoche mit diesen neuen Bestimmungen und Auffassungen der Eudämonie in Gang gebracht wird, stellt eine wesentliche Bezugsgröße für den modernekritischen ethischen Ansatz Michel Foucaults dar, ein Beweis dafür, daß in der Philosophie das Alte nie ganz veraltet, sondern immer wieder neue Aktualität und Geltung gewinnen kann.

Die Idee des wahren glücklichen, gelingenden Lebens ist für die antike Ethik die zentrale Idee. Die reflexive Tätigkeit des Philosophen, der über die Bedingungen einer solchen Eudämonie nachdenkt, ist bereits Teil der Eudämonie selbst, eines Lebens, das »unter einem guten Stern steht«. Eudämonie ist beides: Zustand und Vollzug, etwas, das die Menschen einerseits nicht völlig beeinflussen können (denn einige ihrer Macht entzogene kontingente zufällige Faktoren müssen zusammenkommen, damit sie wirklich wird) und das andererseits dennoch in reflexiver Anstrengung erkannt, faktisch erreicht und mittels kluger Verhaltensweisen und Einstellungsänderungen eingeübt werden kann.

Die Ethik hat im Denken der Antike eine Vorrangstellung: die naturphilosophische, kosmologische Reflexion (die Physik also) und die sprach- und denkbezogene Reflexion (die Logik) werden im Dienste der Ethik betrieben. Dort, wo man diese Trennung von Disziplinen vorfindet, bei Aristoteles und in den nacharistotelischen Schulen, ist dies gut festzustellen. Bei Sokrates und Plato erhält ebenfalls die Reflexion über das wahre glückliche und gute Leben die absolute Priorität. Naturerforschung und Naturerkenntnis, so kontemplativ und handlungsentlastet sie auch im klassisch-griechischen und im hellenistischen Denken betrieben werden, haben dem menschlichen Leben zu dienen. Sie stiften den richtigen Lebenswandel und Daseinsstil und dienen einer richtigen, guten Lebensgestaltung. Die Naturerkenntnis ermöglicht und fördert die Eudämonie, so daß diese ohne jene weder denkbar noch möglich ist. Die für die antike Ethik zentrale Idee der Eudämonie setzt Naturerforschung voraus und beruht immer auf einem spezifischen Naturbegriff, der von Schule zu Schule und von Denker zu Denker variiert. Natur, deren Erkenntnis für die Griechen Bedingung der Möglichkeit richtigen Handelns ist, ist die Bezugsgröße und Rechtfertigungsinstanz, von der her gedacht wird und die man zu vergegenwärtigen hat, wenn es darum geht, in konkreten politischen Handlungszusammenhängen faktisch geltende Normen und Ansichten kritisch zu prüfen oder überhaupt Orientierungswissen und Handlungsanleitungen für die verschiedenen Tätigkeitsformen und Praxisfelder zu erzeugen. Von der Natur her, d.h. von einer in einer bestimmten Weise gedeuteten und gedachten Natur her, vermag man einzelne Praktiken, einzelne Ethosformen, ja Selbstverständlichkeiten des Lebens in der Polis zu kritisieren und diesen alternative Modelle, Ideen und Handlungen provokativ, subversiv oder einfach argumentativ entgegenzusetzen. Mit Blick auf die Natur können einzelne Philosophen konkrete Ungerechtigkeiten im sozialen und politischen Leben ausmachen und anprangern. Auf die Natur Bezug nehmend rechtfertigen andere ungerechte Praxisformen und Zustände. Dabei wird Natur als universeller gesetzmäßiger Ordnungszusammenhang gedacht, der, wenn erkannt und erschaut, höchst praxis- und handlungsrelevant ist. Sowohl für die metaphysische Ethik eines Plato als auch für die Lebensweltethik des Aristoteles und für die Individualethiken der Selbstsorge und Selbstkultur der hellenistischen Autoren ist Natur ein Fundamentalbegriff, ohne den die Idee der Eudämonie sich nicht konzeptuell erfassen und begreifen läßt.

Die materiale Ethik der antiken Autoren ist eudämonistisch in ihrer internen Struktur und Ausrichtung und naturbezogen in ihrer Argumentationsart. Deswegen ist es für die antiken Autoren möglich, einen die Polis transzendierenden Orientierungspunkt zu haben, der gegen die etablierten Einrichtungen der Polis mobilisierbar und einsetzbar ist bzw. der, wenn die Polis und ihre Einrichtungen (die man eine Weile für natürlich und naturgemäß gehalten hatte) in die Krise geraten sind, immer noch einen normativen Halt im haltlos gewordenen konkreten Alltagsleben bietet.

## *1. Sokrates*

Von Sokrates (gestorben 399) ist schriftlich nichts überliefert. Es gibt auch keine Hinweise, die nahelegen würden, daß er selbst etwas geschrieben hat. So haben wir nur Berichte und Erzählungen über ihn als Quellen, anhand derer wir uns ein mehr oder weniger zuverlässiges Bild von seiner Person und von seiner Lehre machen können. Drei verschiedene Arten von Quellen stehen uns zur Verfügung: a) die Berichte einiger Philosophen, insbesondere seiner Schüler; b) einige zeitgenössische Dichter, die ihn zum Thema ihrer Werke gewählt haben, so zum Beispiel Aristophanes, der im Jahre 423 die Komödie *Die Wolken* verfaßt hat, in deren Mittelpunkt Sokrates steht; c) die zahlreichen Darstellungen des Sokrates in der bildenden Kunst. (Martin, 8 ff.)

Für das Denken des Sokrates sind die Berichte der Philosophen zweifelsohne die wichtigste Quelle. An erster Stelle ist Plato zu nennen, der in den Dialogen *Eutyphron*, *Apologie*, *Kriton* und *Phaidon* einen zusammenhängenden Bericht von der Verurteilung und dem Tod des Sokrates gibt. Ansonsten tritt Sokrates in fast allen Dialogen Platos auf. Man muß allerdings bedenken, daß Plato nahezu alles, was er sagt, durch Sokrates sagen läßt. Damit erhebt sich natürlich die Frage, ob tatsächlich alles, was Plato durch Sokrates sagen läßt, ein historischer Bericht über das ist, was Sokrates wirklich gesagt hat, oder ob Plato selber es hat sagen wollen. Neben Plato ist Xenophon die zweite wichtige philosophische Quelle. Xenophon, Feldherr und Schüler des Sokrates, hat auf einem Landgut in der Peloponnes eine Reihe von Schriften abgefaßt, darunter seine Erinnerungen an Sokrates, die normalerweise unter dem lateinischen Namen »Memorabilia« zitiert werden. Schließlich spricht Aristoteles an vielen Stellen von Sokrates. Im ersten Buch seiner »Metaphysik« hat Aristoteles außerdem die philosophische Bedeutung des Sokrates aus seiner eigenen Sicht dargestellt.

Das Denken des Sokrates gibt es für uns demnach nur als ein

rezipiertes und verarbeitetes Denken bei den Autoren, für die er ein philosophischer Lehrer oder einfach ein philosophischer Impuls gewesen ist. Anhand der platonischen Frühdialoge, auch sokratische Dialoge genannt, läßt sich dieses Denken am adäquatesten rekonstruieren.

Mit den Sophisten hat Sokrates einiges gemeinsam. Die Sophisten waren Wanderlehrer und Vortragsreisende, die sich darauf spezialisiert hatten, mittels verschiedener Programme zur Schulung des Intellekts und der Redegewandtheit das Bedürfnis der Zeit nach Verbreitung und Popularisierung des Wissens zu befriedigen. Als Privatleute, die für ihre Leistungen von den Adressaten und Schülern zu bezahlen waren, hielten sie Vorträge und boten Unterricht in Fragen der Lebensweisheit, Ökonomik und Politik an. Der Grundunterschied zwischen diesen Sophisten und Sokrates ist der, daß Sokrates sich nicht mit der alles zersetzenden Reflexion der Sophisten zufriedengibt, sondern etwas Festes und Sicheres finden will, woran er sich halten kann.

Genauso wie die Sophisten geht Sokrates von den einzelnen Menschen aus, vom Gedanken der Subjektivität und von den Fragen der konkreten Lebensgestaltung, was die Rede davon, daß Sokrates die Philosophie vom Himmel auf die Erde geholt habe, verständlich macht. In der Tat betreibt Sokrates keine Kosmologie mehr, wie die Philosophen vor ihm, die sogenannten Vorsokratiker, dies taten. In dieser Hinsicht verfährt er ähnlich wie die Sophistik. Doch er begnügt sich nicht damit, das Geschäft des Philosophierens aus Freude an reiner Negativität zu betreiben. Er will Fundamentales und Verbindliches wissen.

Die Methode, die er anwendet, um im Bereich des Menschlichen, Moralischen zum angestrebten Wissen zu kommen, ist die dialektische Methode (auch »Maieutik« – Hebammenkunst – genannt), die darin besteht, seine Gesprächspartner in einen Dialog zu verwickeln, um ihnen dialogisch das zu entlocken, was in ihnen bereits vorhanden ist. Ähnlich wie die Geburtshelferin bemüht sich Sokrates, im Gespräch mit seinen Mitmenschen mittels unterschiedlicher Techniken und Kunstgriffe die Wahrheit zutage zu fördern, sie zum Vorschein kommen zu lassen. Er ist dabei tief davon überzeugt, daß sich im subjektiven Räsonieren des Menschen die objektive Vernunft entfaltet, daß der subjektive Logos den objektiven Logos reflektiert.

Da die Menschen aber endlich sind und ein zerbrechliches Leben führen, irren sie sich des öfteren. Sie unterstellen manches, was sich bei genauer Prüfung als falsch herausstellt. Sie vertreten Meinungen und Ansichten, die persönliche oder kollektive Blindheiten verraten. Die menschlichen Irrtümer sind ein Indiz der menschlichen Endlichkeit und Freiheit. Und dennoch geht Sokrates in optimistischer Haltung davon aus, daß es grundsätzlich möglich ist, im Gespräch Klärungen vorzunehmen, die für die eigene Daseinsgestaltung von großer Relevanz sind.

Gegen ungeprüfte Meinungen und Annahmen geht Sokrates im Gespräch vor. Er fragt so, daß seine Gesprächspartner auf die Widersprüche und Inkonsistenzen im eigenen Denken aufmerksam werden. Angeblich sichere Gedankengebäude zerbröckeln dabei. Das vermeintliche Wissen der Gesprächspartner wird als verschleiertes Nichtwissen entlarvt. Er selbst, der um sein eigenes Nichtwissen weiß und deswegen weise ist, kann seine Dialoggenossen überführen. Die offiziellen Lehrer versagen, wenn Sokrates sie ironisch beim Wort nimmt, um die kaschierten Inkohärenzen ihres Denkens ans Licht zu bringen. Nach seiner Aufklärungs- und Entmystifizierungsarbeit bleiben die Verlegenheit des Entlarvten, entwertete (ehemals ideologisch funktionierende) Wissensstücke und die Nüchternheit der Einsicht in die eigenen Täuschungen und Selbsttäuschungen zurück. Durch das pädagogisch eingesetzte Nichtwissen, das häufig auf einem realen Nichtwissen basiert, kann Sokrates das Ideologische verorten und entlarven. Neben dieser negativen Destruktionsleistung bewirkt die polemische Nachdenklichkeit des Sokrates, durch die er Selbstverständliches, Gängiges, ungeprüft Geltendes problematisiert, etwas Positives: die Einsicht in die Verantwortung des Einzelnen für sein eigenes Leben. Deswegen kann man begründeterweise sagen, daß Sokrates das Thema der Subjektivität, d.h. des Selbstbezuges des Menschen und der Rückbezüglichkeit menschlicher Unternehmungen, entdeckt und somit die (frei von metaphysischen und mystischen Spekulationen zu betreibende) ethische Reflexion im okzidentalen Denken eingeführt hat. Das heißt aber keineswegs, daß er die philosophische Disziplin der Ethik geschaffen habe. Dieser Schritt wird erst mit Aristoteles vollzogen, der explizit eine Trennung von theoretischer und praktischer Philosophie durchführt.

Sokrates ist der Begründer der ethischen Reflexion. Er stellt das menschliche Leben und die Frage, wie es zu gestalten sei, in den Mittelpunkt des philosophischen Denkens. Dies wirkte schulbildend und prägend für die ethische Reflexion nach ihm. Nicht die Institutionen und die tradierten Werte, die Sokrates ernst nimmt und zu respektieren weiß, sind für ihn das letztendlich Maßgebende, sondern die vernünftige Untersuchung, durch die sich das Richtige als das Richtige erweisen wird. Er kann deswegen alles, was Sitte und Brauch den Griechen vorschreiben, in Frage stellen, dessen faktische Geltung suspendieren, um kritisch zu prüfen, ob es wirklich einer Geltung würdig ist. Der sokratische Logos ist ein kritischer, der die Üblichkeiten nicht normativ sanktioniert und die angeblich Wissenden in aporetische Situationen bringt, die sie verlegen machen. Doch ist dieser Logos ein vernunftbezogener, ein Sprechen und ein Denken, das um Wahrheit bemüht bleibt.

Sokrates ist ein »frommer« Mann gewesen. Er verrichtet die Gebete und Praktiken, die in seinem Lebenskontext üblich gewesen sind: er betet morgens an die Sonne, er betet an Pan, er bringt sowohl zu Hause als auch auf den gemeinsamen Altären der Stadt Opfer dar usw. Seine Frömmigkeit scheint also außer Zweifel zu stehen. (Martin, 107 ff.) Ebenso sicher aber ist, daß er der mythischen Buntheit des griechischen Götterglaubens gegenüber skeptisch steht und zum Beispiel Eutyphron, den Priester, in seiner gewohnten radikalen Art fragt, was Frömmigkeit sei. Dem naiven Glauben an die Göttermythen setzt er bewußt den Zweifel seines Logos entgegen. Ähnlich verhält er sich im Bereich der menschlichen Interaktion und der normativen Alltagsregelung. Auf der einen Seite hält er sich teilweise an Konventionen und Geltendes. Auf der anderen Seite sprengt er sie immer wieder, mit seinen radikalen Fragen, mit seinem merkwürdigen außergewöhnlichen Verhalten (so z.B., wenn er an verschiedenen Orten und zu verschiedenen Anlässen in tiefes Nachdenken versinkt). Wie läßt sich diese Eigentümlichkeit, ja Rätselhaftigkeit des Sokrates, wenn nicht erklären, so doch mindestens plausibel machen? Einige Interpreten sehen in Sokrates einen Wissensaristokraten, der, antidemokratisch gesinnt, sich den öffentlichen Aufgaben eines demokratischen Stadtstaates immer wieder entzieht, indem er sich konsequent weigert, Verantwortung zu übernehmen und sein Wissen-Nichtwissen der Allgemeinheit zur Verfügung zu stellen. Andere haben Sokrates als den trefflichsten, den vernünftigsten, den gerechtesten und weisesten aller Menschen stilisiert. Sein Schüler Plato versucht, mit seiner Ideenlehre das Anliegen des sokratischen Philosophierens aufzugreifen und konsequent zu entwickeln. Mit Hegel wird man die Bedeutung des Sokrates, dieser »welthistorischen Person«, darin sehen müssen, daß er »das absolute Recht des seiner selbst gewissen Geistes« vorgelebt und vorgedacht hat. (Hegel, Vorlesungen über die Geschichte der Philosophie, Bd. 18, 467 ff.) Sokrates wäre demnach in der Geschichte des Geistes der Entdecker der moralischen Subjektivität, der »Hauptwendepunkt des Geistes in sich selbst«. Ethisch ausgedrückt: Sokrates kommt das Verdienst zu, das Moralitätsprinzip gedacht und sich im konkreten Lebensvollzug an ihm orientiert zu haben. Darin liegt seine Souveränität gegenüber den Institutionen, Sitten und Normen seiner Heimatstadt begründet. Als Bürger der Polis, der er auch war, vermochte er den engen sittlichen Rahmen der Polis-Lebenswelt zu überschreiten. Der sokratische Logos ist ein subjektabhängiger, moralischer, auf Universalität hin gerichteter Logos, der den engen Rahmen einer partikularen Sittlichkeit sprengt.

## *2. Plato*

Sokrates fragte radikal nach dem Wesen der Dinge und fand selten positive Antworten. Anders sein Schüler Plato (428/427–347). Er lernte bei Sokrates das radikale Fragen und entwickelte einige Lehren, die die Geschichte der westlichen Philosophie in einem Ausmaß geprägt haben, daß der englische Philosoph Alfred North Whitehead kommentieren konnte, die Geschichte der westlichen Philosophie ließe sich als eine Reihe von Fußnoten zu Plato lesen. Selbstverständlich ist die Geschichte der okzidentalen Philosophie etwas mehr als ein Plato-Kommentar. Vieles, was in ihr zur Sprache kommt, läßt sich jedoch ohne eine Erinnerung an die Philosophie Platos nicht verstehen.

In Dialogen, die man entsprechend einer Reihe von Kriterien (wie gegenseitiger Bezug, Bezug auf bestimmte Zeitereignisse, Lehrinhalt, Sprachstil usf.) chronologisch in Jugend-, Reife- und Altersdialoge einteilt, hat Plato in der Hauptsache sein Denken entwickelt und festgehalten. (Martin, 57 ff.)

Das Denken Platos ist ein dialogisch geteiltes, gemeinsames Denken, an dem viele Stimmen, Charaktere und Lebenserfahrungen beteiligt sind. Ein philosophisches Grundanliegen haben die Teilnehmer an den platonischen Dialogen gemeinsam. Ihnen geht es um Wahrheit, um *episteme*, um »die Erkenntnis desjenigen, der erkennt«, welche Plato von dem »Scheinwissen desjenigen, der nur meint« (doxa) trennt. (Plato, Bd. 3, 195 ff.)

Genauso wie es für Plato intermediäre Seinssphären zwischen dem Sein und dem Nicht-Sein gibt, so gibt es für ihn auch zwischen dem Nichtwissen (agnoia) und dem geprüften Wissen der Wissenschaft (episteme) die intermediäre Wissensform des bloßen Meinens, der *doxa*, mit der er einen (epistemologischen) Bruch vollziehen will. Dem intermediären Seinsbereich der bloßen empirischen Phänomene entspricht nach Plato der intermediäre Wissensbereich der *doxa*, der Alltagserklärungen und Alltagsmeinungen, mittels derer die Menschen sich im konkreten Lebensvollzug orientieren und die einem Philosophen, wie Plato diesen versteht, nicht genügen können, denn letzten Endes blieben solche Alltagsevidenzen auf Scheinwissen fixiert, wodurch sie die Quelle von Irrtümern und falschen Selbstverständlichkeiten würden. (Martin, 110 ff.)

Das auf epistemische Erkenntnis gerichtete Denken Platos läßt sich als die Summe aller Stimmen und Wortmeldungen seiner Dialoge, die Summe aller Gesprächsteilnehmer und ihrer Einsätze auffassen: ein gemeinsam geteilter Denkvorgang, in dem es um das Allgemeine, Wahre, um die ideale Form des Erkennens geht. Ein solcher geteilter, auf Wahrheit hin gerichteter Denkvorgang kann prinzipiell überall dort stattfinden, wo normalerweise gedacht wird. Auf dem Marktplatz, in den Straßen, in den Gymnasien, in öffentlichen und privaten Räumen entfaltet sich dieses Denken, das seinen Ausgangspunkt im Erkennen und Denken gemäß der *doxa* findet und sich in einer suchenden problematisierenden Aufstiegsbewegung der Wahrheit zu nähern versucht. Philosophie ist für Plato Dialog, gemeinsame Spannung und Anstrengung, geteilte Suche nach dem wirklich Wahren, kollektive Erörterung, dialektisch vorgehende Diskussion, welche Standpunkte und Aspekte zur Kenntnis nimmt, prüft, integriert oder verwirft. Dieses Denken hat aber einen privilegierten Ort: die platonische Akademie.

In dieser Akademie, einer Art Hochschule, die er selbst gegründet hatte, lehrte Plato. In der Akademie fanden auch Diskussionen über die von ihm entwickelten Lehren statt. In den platonischen Dialogen haben wir heute einige der damals geführten Diskussionen vor uns.

In der Akademie wurden auch Philosophen ausgebildet. Der Ausbildung in der Philosophie, so wie Plato diese plante, hatte ein Studium der mathematischen Wissenschaften (Arithmetik, Geometrie, Stereometrie, Astronomie und Akustik) vorauszugehen. Die von Plato entwickelte Ideenlehre stand ohne Zweifel im Mittelpunkt der philosophischen Ausbildung. Selbst wenn die strenge Gliederung zwischen dem Studium der Mathematik und dem der Philosophie, wie sie in der platonischen Schrift

*Der Staat* (Politeia) gefordert wird, in der Akademie de facto nie so praktiziert wurde und man davon auszugehen hat, daß in den Vorträgen und Diskussionen in der Akademie Mathematik und Philosophie in der Regel miteinander verbunden wurden, kam der Mathematik für die philosophische Ausbildung eine fundamentale propädeutische Funktion zu. Zur Akademie gehörten die besten Mathematiker der Zeit, unter ihnen vor allem Eudoxos und Theaitetos, deren Namen in den platonischen Dialogen vorkommen. (Martin, 39ff.)

Die platonische Akademie war nicht nur der Ort des philosophischen Denkens und der philosophischen Ausbildung, sondern auch die adäquate Lebensform der Denkenden und der Philosophierenden selbst. Sie war der Lebensraum und die Lebensweise derjenigen, die für den philosophischen Lebensweg und Lebensstil optiert hatten. Für uns veranschaulicht die Akademie als Ort und Denkraum das, was der französische Wissenschaftsphilosoph Gaston Bachelard »epistemologischer Bruch« nennt. Denn in der Akademie wurde tatsächlich der »epistemologische Bruch« vollzogen, durch den die Alltagsevidenzen und Selbstverständlichkeiten (die Welt der *doxa* und des meinungsmäßig Angenommenen also) in Frage gestellt werden und mit dem die Wissenschaft als Wissen vom Allgemeinen, universell Gültigen anfängt.

In der Akademie widmeten sich Plato und seine Schüler der Erforschung der tiefen, wahren Struktur des Ganzen, der Totalität der Wirklichkeit, dem Wesen von allem. In ihr hatte der Philosoph (der Erforscher des ewig Gültigen, Wahren und Allgemeinen) seinen Platz und seine Lebenswelt. In ihr konnte man den epistemischen Eros kultivieren und die wirklich wahre Wirklichkeit, die ideale Wirklichkeit, an der die empirisch erfahrbare und erlebte Realität nur schattenhaft partizipiert, erforschen. Von einer solchen, nur philosophisch zu erkennenden Wirklichkeit, so unterstellt Plato, erhält man allein die wahre Orientierung sowohl im Theoretischen als auch im Praktischen. Und der Philosoph, der zu einer solchen Erkenntnis kommen kann, ist der einzige, in dessen Händen das Allgemeine, das Kollektive, das, was alle verbindet und angeht, gut aufgehoben ist: der Retter des Allgemeinen. Daher Platos Empfehlung: Der Philosoph habe König zu sein bzw. die Könige haben Philosophen zu werden. (Plato, Bd. 3, 200ff.) Die Begründung, die Plato anführt, um die Königsherrschaft der Philosophen zu rechtfertigen, wird jetzt plausibel. Die Philosophen haben Könige zu sein, denn sie allein können wissen, was das Wesentliche ist, worauf es ankommt. Jenseits partikularer Interessen und jenseits eines kleinkarierten Denkens könnten die Philosophen, aufgrund ihrer Erkenntnisse und ihres Lebensstils, verbindlich sagen, worauf es eigentlich im Leben der Einzelnen und im kollektiven Leben des Staates geht. Nur sie seien dazu in der Lage, denn ihre Seele sei in Kontakt mit dem Wahren. Sie seien der Stand im Staat, der mit dem vernünftig-überlegenden Teil der menschlichen Seele verglichen werden könnte. Und so wie in der menschlichen Seele dieser vernünftig-intellektive Teil über den drangartigen-muthaften Teil und über den triebhaften-begehrlichen Teil zu herrschen habe, so habe der Philosoph in der Gesellschaft über die anderen Stände (den Kriegerstand und das Volk) zu herrschen. (Plato, Bd. 3, 162ff. und 172ff.)

Einige Interpreten haben in diesen Empfehlungen Platos die Urgeschichte aller Diktaturen und geschlossenen Gesellschaften gesehen. Plato wird man eher gerecht werden können, wenn man bedenkt, daß er mit diesen Empfehlungen eine Begründung der Politik, Erziehung und Ethik von der wahren (den Philosophen und den philosophisch Denkenden allein zugänglichen) Ordnung im Übersinnlichen her beabsichtigt. Platos Empfehlung ist somit eine doppelte. Von der Welt der Ideen, des Idealen, des wahren Seins her habe man in der Praxis des Staates und der Lebensgestaltung auszugehen. Und deshalb habe man auf die Leitung durch diejenigen zu vertrauen, die mit einer solchen wahren übersinnlichen Ordnung in engem Kontakt stünden.

Die philosophische Hauptschrift, in der die ethischen, politischen und erziehungsphilosophischen Empfehlungen und Konzeptionen Platos in nuce enthalten sind, ist *Der Staat* (Politeia). Eine Schrift, die als politische Philosophie und auch als Erkenntnislehre, politischer Traktat, Erziehungsphilosophie und Ethik gelesen werden kann, denn sie ist dies alles zur gleichen Zeit. In dieser Schrift wird in einer Sprache, die sich strenger Begriffe und schöner Metaphern und Analogien zugleich bedient, die Kernidee der platonischen Ethik festgehalten: Nur der Philosoph (der Retter des Staates und der Hüter des Allgemeinen) kann das Wesen des Guten erkennen, von dem her bestimmt werden kann, was für die Einzelnen und für den gesamten Staat gerecht, nützlich und wohltuend ist. Nur er kann erkennen, »was jede Seele anstrebt« und dessentwillen sie alles tut. Deswegen solle er allein das Kollektive, Allgemeine formen und gestalten, auf daß diejenigen, die in partikularen Interessen und Weltsichten verstrickt sind und entsprechend im dunkeln tappen, die wichtige Sache des Staates nicht in ihren Händen haben. In einer weniger personalistischen Sprache ausgedrückt, heißt das, daß sich nur philosophisch bestimmen läßt, was für alle, für die Gesamtheit gut ist, worauf es überhaupt im Ganzen ankommt, denn nur philosophisch läßt sich jene Idee des Guten denken, von der die letzte Orientierung für die Einzelnen und den Staat allein herkommen kann und die allein das letzte maßgebende Kriterium eines gelingenden Lebens sein kann.

Die nur philosophisch, in der intellektiven *episteme* zu erkennende Idee des Guten (die höchste aller Ideen) wird mit der Sonne verglichen. So wie die Sonne dem Sichtbaren nicht nur ermöglicht, gesehen zu werden, sondern auch das Werden, Wachstum und Nahrung verleiht, ohne selbst Werden zu sein (so die platonische Unterstellung), ebenso kommt dem Erkennbaren nicht nur das Erkanntwerden von dem Guten zu, sondern auch das Sein und das Wesen, obwohl das Gute selbst nicht das Sein ist. (Plato, Bd. 3, 220f.) Anhand dieser und ähnlicher Äußerungen kann man sehen, was Plato der philosophischen Erkenntnis zutraut. Die platonische Ethik ist eine maximalistische, ideenmetaphysisch begründete Ethik, in der es um das Ganze geht.

## *3. Aristoteles*

Verglichen mit der maximalistischen Ethik, Politik und Erziehungsphilosophie eines Plato präsentiert sich die nun in Fächer, Einzeldisziplinen und Wissensbranchen eingeteilte Philosophie des Aristoteles (384–323) eher bescheiden. Aristoteles beobachtet, analysiert, klassifiziert und formuliert vorsichtig eine Reihe von allgemeinen Sätzen, die er immer wieder auf die Fakten der empirischen Realität zurückzuführen versucht. Die Pluralität von Lebensstilen, lebenspraktischen Annahmen und vortheoretischen Vorstellungen scheint ihn mehr als ideale Größen und Entwürfe zu interessieren. Das Wandgemälde von Raffael die »Schule von Athen«, das einen mit einer feierlichen Handbewegung nach oben zur jenseitigen Welt der Ideen oder ins Reich der Utopie deutenden Plato neben einem nüchternen, nach unten auf die irdische Welt empirischer Größen zeigenden Aristoteles darstellt, veranschaulicht diese Differenz. Sie darf aber nicht überbewertet werden. Plato war kein versponnener Idealist. Ebensowenig war Aristoteles ein empiristischer Wissenschaftler, der nur an der handfesten Erfahrung orientiert war. Aristoteles wollte auch zu allgemeinen Aussagen und Sätzen kommen. Sein Weg führt aber immer über das Empirisch-Konkrete. Wenn er allgemeine Sätze gefunden hat, versucht er immer wieder die Verbindung zum Einzelfall und zum bunten Reichtum der Empirie herzustellen.

Unternimmt Plato eine ideenmetaphysische Begründung der Ethik, so setzt die aristotelische Ethik bei der konkreten Lebenswelt der Menschen an, die empirisch beschrieben und mittels einiger theoretischer Voraussetzungen und Grundannahmen gedeutet wird. Aristoteles denkt vom faktischen menschlichen Leben her, das er als zielgerichtet auffaßt. (Schulz, 52ff.)

Das menschliche Leben, Ausgangspunkt der aristotelischen praktischen Philosophie, hat für Aristoteles, wie alles Naturseiende auch ein bestimmtes Ziel, das in den diversen konkreten Lebensvollzügen wirksam ist. Das Ziel des menschlichen Lebens nennt Aristoteles die Eudämonie, die Glückseligkeit, das Glücklichsein. Dieses Ziel ist das Thema der aristotelischen Ethik. In der *Eudemischen Ethik* (die nach Werner Jägers entwicklungsgeschichtlichen Forschungen die früheste Fassung der aristotelischen Ethik darstellt bzw. ein Durchgangsstadium von Plato zur »Nikomachischen Ethik« markiert) heißt es über die Aufgabe der Ethik: »Zuerst ist aber zu prüfen. worauf das glückliche Leben beruht und wie man es erwerben kann: ob es also von Natur geschieht, daß all die Menschen glücklich sind oder ob es durch Lernen geschieht, was darauf hinausliefe, daß das Glück eine Art praktischer Kunst wäre; oder durch eine Art Training ...« (Aristoteles, Eudemische Ethik, 5f.) Die philosophische Ethik beschäftigt sich also mit dem Ziel des menschlichen Lebens. Das Gelingen dieses Lebens und die Bedingungen dieses Gelingens stehen im Mittelpunkt der ethischen Reflexion.

Als theoretische Reflexion setzt die Ethik aber nach Aristoteles das Ethos bzw. konkrete Ethosformen voraus: das Tätigsein im Kontext von Sitten, Bräuchen und Gesetzen, das die Ethik selbst nicht erzeugen kann und das von unterschiedlichen Vorstellungen über das Glück angeleitet wird. Die Ethik kann nur über ein solches Tätigsein nachdenken und die Bedingungen seines Gelingens erörtern. (Höffe, 72ff. und Nussbaum, 240ff.) Dies tut Aristoteles auch, wenn er die unterschiedlichen Wertpräferenzen und Glücksvorstellungen der Menschen empirisch untersucht. Dabei stellt er fest, daß man grundsätzlich drei verschiedene Glücksverständnisse unterscheiden kann, die in ethosmäßige Lebenspraxis eingegangen sind. Einige Menschen denken, daß das erfüllte Leben in einem Gefühl der Annehmlichkeit besteht, in einem lustvollen Genießen, das sich auf gutes Essen und Trinken, eine befriedigende sexuelle Betätigung, die schöne Natur und ähnlich erfreuliche Dinge beziehen kann. Andere Menschen bringen das glückliche Leben mit Tüchtigkeit und Rechtschaffenheit in Verbindung. Wiederum andere sehen im theoretischen Wissen das größte Gut und Glück. Aristoteles selbst favorisiert die dritte der genannten Glückskonzeptionen, in die er die beiden ersten Konzeptionen zu integrieren versucht. Die Glückseligkeit bzw. das glückliche Leben stellt sich nach Aristoteles also ein, wenn Vernunft, Tüchtigkeit und Lust zusammenkommen und sich in einem natürlichen Wechselspiel gegenseitig durchdringen.

Die Eudämonie ist das Ziel und das höchste Gut im menschlichen Leben. Die Menschen deuten dieses Ziel je nach ihrer Geschichte und ihrem konkreten Lebenskontext unterschiedlich. Trotz aller unterschiedlichen Deutungen geht Aristoteles davon aus, daß die Natur der Weg bzw. das Programm zur Erzielung eines solchen Zieles ist. Mit Recht kann man von einer natürlichen Teleologie sprechen, die überall in den aristotelischen Schriften als theoretisches tragendes Fundament präsent ist. Die Natur macht nach Aristoteles nichts umsonst. Es gebe bei jedem natürlichen Vorgang wie im menschlichen Leben auch immer ein Wozu. Dieses Leben ist zielgerichtet. Handelnd vollzieht es sich und vollendet es sich. Menschliches Handeln ist aber immer schon ein Handeln und ein Tätigsein in Kontexten von konkreter Lebensbewältigung und Praxis, ein gemeinsames Handeln mit anderen Menschen. Menschliches Agieren ist immer ein Interagieren. Ein solches interaktives Handeln setzt Ethosformen, Sitten, Gewohnheiten, Umgangsformen und Konventionen voraus. Dessen paradigmatischer Ort ist für Aristoteles die Polis, der griechische Stadtstaat, in dem bestimmte exemplarische Normen, Konventionen, Gewohnheiten und Handlungsanleitungen ausgeprägt worden sind und in dem die einzelnen Menschen die tugendhafte, lebenstüchtige »Mitte« zwischen extremen Einstellungen und möglichen Verhaltensweisen als vernünftige Selbstbegrenzung lernen und praktizieren können.

Das in der Polis lernbare und praktizierbare rechte, geordnete Handeln ist nach Aristoteles durch praktische Klugheit (Phronesis) angeleitet und gesteuert. Eine solche Klugheit (Gadamer redet von einem »sittlichen Takt«) reguliert auch den richtigen Umgang mit den äußeren materiellen Gütern, so daß das kluge Tätigsein in den vorgegebenen Ordnungen der Polis die nutzenorientierten oder auch pragmatischen Komponenten der menschlichen Praxis mit den sittlichen tugendhaften Aspekten verbindet und vermittelt.

Im konkreten, in sittlichen Kontexten und unter der richtigen Anleitung stattfindenden Handeln bilden sich lebensfördernde Haltungen, vernünftige Gewohnheiten, tugendhafte Einstellungen und Verhaltensmuster, die das weitere Tätigsein prägen. Auf die Bedeutung dieser habituellen Dispositionen und Verhaltensmuster insistiert Aristoteles. Sie sind Generatoren zukünftiger Praxis und machen die sittliche Qualität, ja die Exzellenz menschlichen Handelns aus. Günther Bien hat in seiner Einleitung zu der von ihm herausgegebenen Ausgabe der *Nikomachischen Ethik* diesen Konstitutionsprozeß tugendhafter Dispositionen und Verhaltensweisen treffend beschrieben:

»Die ethische Tugend entsteht ... aus guter Gewöhnung, d.h. aber, sie ist weder von Natur im Menschen vorhanden, noch ist sie gegen die Natur, der Mensch ist vielmehr von Natur, d.h. der Möglichkeit nach zur Tugend angelegt; zur Realisierung kommt sie – und das heißt: der Mensch – aber erst durch gute Praxis in den vorgegebenen Ordnungen von Ethos und Vernunft, nur auf diese Weise gelangt der Mensch zu seiner Natur. Die Praxis allein vermittelt die Natur als Möglichkeit mit ihr als Wirklichkeit und Vollendung des Menschen.« (Aristoteles, Nikomachische Ethik, XXVII)

Die natürlich angelegten tugendhaften Einstellungen und Verhaltensweisen werden in praktischen Handlungszusammenhängen realisiert, die wiederum als Ergebnis der Aktualisierungen solcher Einstellungen und Verhaltensweisen konkret zu denken sind.

Kennzeichnend für die aristotelische ethische Theorie des Handelns ist, so kann man das bisher Gesagte zusammenfassen, die doppelte Tatsache, daß sie empirisch vorgeht, indem sie Fakten und reelle Begebenheiten sammelt, an vorgegebene Traditionen des Handelns und des Redens darüber (in zum Beispiel vorreflexiv geltenden Ansichten und Meinungen) anknüpft, und daß sie gleichzeitig ein teleologisches Konzept, das auf Finalursachen und Zwecküberlegungen beruht, zur Geltung bringt. Diese Doppeldimensioniertheit (also die empirische Ausrichtung und die teleologische Zweckorientierung) macht die Spezifizität der aristotelischen ethischen Theorie aus. Auf der einen Seite registriert Aristoteles empirisch mit einer hohen Sensibilität für real existierende Formen des Handelns und der

Lebensorganisation sowie für die Weisen der Verständigung darüber (beispielsweise in den Meinungen anderer Philosophen, in den vorreflexiven Überzeugungen der Bürger, in den Sprichwörtern und Dichterzitaten und überhaupt in den Topoi des alltäglichen Redens über das tagtägliche Leben), was tradiert wurde und sich bewährt hat. Auf der anderen Seite stellt er das empirisch Beobachtete als Resultat eines gemeinschaftlich vermittelten Entfaltungsprozesses natürlicher Anlagen und Bestimmungen dar. Mit anderen Worten: Die aristotelische Ethik ist keine abstrakte Theorie, die abgekoppelt von realen Lebensformen und Verständigungsweisen entwickelt worden wäre, sondern eine Theorie realer Handlungsformen, die von spezifischen Ethosformen ausgeht und diese sanktioniert. Sie ist zeitindiziert und deswegen mit einer Reihe von Beschränkungen bzw. blinden Flecken belastet. Man braucht nur an die bejahenden Äußerungen des Aristoteles über die für die Mehrheit der Griechen evidente Einrichtung der Sklaverei in der *Politik* oder an seine ebenfalls in der *Politik* enthaltenen Erörterungen des »natürlichen« und »unnatürlichen« Gütererwerbs, die auf Karl Marx einen gewissen Einfluß gehabt haben, zu denken, um zu sehen, wie sehr Aristoteles von den Selbstverständlichkeiten eines Polis-Lebens eingenommen gewesen ist, auch zu einem Zeitpunkt als dieses Leben bereits krisenhaft geworden war.

Was aber für den Duktus dieser Darlegung von besonderer Bedeutung ist, ist die Tatsache, daß die aristotelische Ethik als Reflexionsleistung über sittliches Handeln nicht abstrakt postulativ vorgeht, indem sie sich etwa nach allgemeinen Prinzipien oder Ideen richtet, sondern am Gegenwärtigen, Geltenden, Funktionierenden orientiert bleibt und dessen Vernünftigkeit zu erweisen versucht. Das, was der Fall ist (bzw. war und noch sein könnte), wird genau beobachtet und in einem rechtfertigenden Diskurs, der eine natürliche Teleologie unterstellt, als bewährungswürdig und verallgemeinerungsfähig dargestellt. Für das moderne Bewußtsein problematisch gewordene Hierarchien und Unterscheidungen, wie die zwischen Männern und Frauen, Herren und Sklaven, Griechen und Nicht-Griechen, werden auf diese Weise festgehalten und legitimiert.

Aristoteles wählt einen mittleren Weg zwischen dem an Ideen orientierten Plato, dem er die theoretisch nicht ableitbare Sittlichkeit vorhandener empirischer Wirklichkeiten entgegenhält, und dem Relativismus der Sophistik, deren These einer völligen Anarchie der Werte er gar nicht akzeptieren kann. Der Prototyp des Sittlichen ist für Aristoteles jener Bürger, der mitten im politischen Leben steht und dennoch Zeit zum zweckfreien Betrachten und Nachdenken findet und der (nicht verzagt und nicht tollkühn, seinen eigenen Besitz schätzend aber nicht engherzig an ihn geklammert, Erfreulichkeiten des Lebens mit Maß genießend) gut an das gute Übliche angepaßt sein Leben gut zu gestalten weiß.

Der Mensch als politisches Wesen findet für Aristoteles die Erfüllung seines Lebens im konkreten Tätigsein in einer Polisgemeinschaft, welche aus Ordnungen, tradierten Normen und Institutionen, Sitten, Bräuchen und Gewohnheiten besteht. In der Lebensform der Polis, die die Ethik voraussetzt und gutheißt, vollenden sich die menschlichen Fähigkeiten und Möglichkeiten. Erst die Sittlichkeit der Polis ermöglicht die sittlich qualifizierte Aktualisierung der menschlichen Möglichkeiten. Sittlichkeit ist dementsprechend nicht primär eine Frage von moralischen Ideen und Prinzipien, sondern eine Frage des konkreten politischen Handelns und Tätigseins in Kontexten geltender Normen, Handlungsweisen und Praxisformen. Sittlichkeit ist die Normativität und die Normalität des guten, bewährten Faktischen.

## *4. Der Kynismus des Diogenes*

Dem platonischen Sokrates, der sich durch seine physische Vernichtung hindurch als exemplarisches moralisches Subjekt erhält, scheint es um die Unsterblichkeit der Seele zu gehen. Diogenes von Sinope (412–323), der gegen die von Menschen gemachte Ordnung das wahre naturgemäße Leben an erste Stelle setzte, ging es hingegen um die physische Selbsterhaltung. Das, wofür Sokrates in der platonischen stilisierenden Deutung steht, wird vom »Protokyniker« Diogenes, diesem »verrückten Sokrates« (Sokrates mainomenos), geradezu umgekehrt. Dem moralischen Grundprinzip des platonischen Sokrates, das eine Unterordnung des individuellen physischen Lebens im Dienste eines höheren Gutes zuläßt und vorsieht, wird bei Diogenes dadurch radikal widersprochen, daß das individuelle physische Leben unbedingt finalisiert wird, so daß es kein anderes Ziel geben kann, dem es untergeordnet werden könnte. Für Sokrates konnte die Erhaltung der Seele notfalls die Preisgabe des physischen Lebens erfordern. Diogenes setzt nun das Prinzip der

»animalischen Selbstbehauptung« (Klaus Henrich) absolut. Das Leben, als physische Existenz, ist das höchste Gut und der höchste Maßstab des Handelns. Nicht die unsterbliche Seele, auch nicht die religiöse Norm und das politische Gesetz, sondern der animalische Nomos der Selbsterhaltung, der absolut bejaht und gegen jegliche Macht und Ordnung subversiv eingesetzt wird, ist nun die verbindliche normative Bezugsgröße. (Niehues-Pröbsting, 172f.)

Die Selbsterhaltungsstrategie, auf die Diogenes setzt, operiert mit einem aggressiven Mittel: mit dem Lachen als elementarer, nicht-rationaler Form von Selbstbehauptung, wodurch eine emotionale Distanz zur Gefährdung geschaffen wird. Über vermeintliche Größe, Stärke und Klugheit, die plötzlich zu Kleinheit, Schwachheit und Dummheit werden, lacht Diogenes, und entblößt dadurch mittels einer gezielten Entwertungsstrategie das Heilige, das Verehrte und das Anerkannte seiner Macht und Aura und gibt es der Lächerlichkeit preis. Durch Spott und Witz macht er hochverehrte Persönlichkeiten, angsteinjagende Phänomene und altbewährte Normen und Gewohnheiten lächerlich. Auf diese Weise verkleinert er sie und wertet sie ab. Der lachende Diogenes befreit sich von dem Druck und der Gefährdung, die sie darstellen. (Diogenes, 304ff.)

Lachen wird somit bei Diogenes zu einem Mittel im Kampf gegen die falsche Moral und den scheinheiligen herrschenden Nomos. Die Grundmotive des Kynismus, die Diogenes von Sinope von seinem Lehrer Antisthenes übernommen hat, lassen sich auf die herrschaftskritische antithetische Gegenüberstellung von Gesetz und Natur bzw. auf die radikal anthropologische Sichtweise der Sophistik zurückführen. Der Figur des Sokrates, die von den Kynikern auf den Kopf gestellt wird, kommt für die Konstitution des Kynismus ebenfalls eine wichtige Funktion zu. Die Kyniker allerdings und insbesondere Diogenes wollten nicht durch Begründungszusammenhänge und gelehrte systematische Abhandlungen wirken, sondern durch praktische Beispiele. Sie präsentieren Philosophie als praktische Lebensweise, die von einer Reihe von Prinzipien und Motiven wie Bedürfnislosigkeit als Beschränkung auf das Existenzminimum, Autarkie- und Apathieideal sowie radikaler Nomoskritik inspiriert und angeleitet wird. Deswegen ist es verständlich, daß von Diogenes nicht Texte, Schriften und Traktate, sondern nur Anekdoten und Geschichten überliefert worden sind. Der Kynismus ist eine herrschaftskritische Lebensform. Als solche ist er aber dennoch Philosophie, die auf dem Marktplatz und in den Straßen subversiv inszeniert wird. Wirkungsgeschichtlich wird die Gestalt des Diogenes wichtig bei Diderot, dessen »Rameaus Neffe« ein grundlegendes Werk des modernen Zynismus ist, bei Nietzsche, der die Verkehrungen der herrschenden Moral genealogisch zu demaskieren versucht, und bei Peter Sloterdijk, der in seiner »Kritik der zynischen Vernunft« dem Machtzynismus der Herrschenden (Verhältnisse und Mächte) die kynische Selbsterhaltungspolitik der zur Ohnmacht Verurteilten entgegensetzt.

Der Kynismus des Diogenes radikalisiert die sophistische Aufklärung. Die öffentlich anerkannten Wertvorstellungen entlarvt er als unnatürlich bzw. widernatürlich. Diogenes verachtet den Reichtum und lebt bedürfnislos in seiner Tonne. Der selbstherrlichen Macht der Großen setzt er ein kräftiges Lachen entgegen.

## 5. *Epikur*

Von Epikur (341–271), der in der Antike als Vielschreiber galt, sind drei Lehrbriefe vollständig erhalten, die zusammen einen kurzgefaßten Überblick über seine Philosophie (Kanonik bzw. Erkenntnislehre, Physik und Ethik) geben. Er kam 306 nach Athen und erwarb ein Haus und einen Garten, in dem er lehrte und nach dem seine Schule bisweilen benannt wird (»Gartenphilosophen«). Seine Schule war hierarchisch organisiert und wurde durch die mit dogmatischer Strenge tradierte Lehre des Meisters sowie durch eine symbolisch besetzte Idee der Freundschaft zusammengehalten. Die Grundlehren des Meisters wurden in einprägsamen Kern- und Merksätzen formuliert und in den der Psychagogie (Seelenführung) dienenden Katechismen zusammengestellt, die die Schulmitglieder auswendig lernten.

Die Erkenntnislehre und die Physik werden von Epikur nicht um ihrer selbst willen betrieben. Erstere, von ihm »Kanonik« benannt, stellt eine Einleitung in die Physik dar, indem sie die Kanones, d.h. die Normen der Erkenntnis und die Kriterien der Wahrheit, erörtert. Epikurs Naturlehre entspringt auch nicht einem selbständigen Interesse an Naturerkenntnis, sondern seinem ethischen Interesse, alle übernatürlichen Kräfte aus der Weltdeutung zu eliminieren, da sie dem Menschen seine Gemütsruhe rauben können und ihn in beständiger Angst und törichtem Aberglauben gefangen halten. In der Atomlehre Demokrits fand Epikur sein Anliegen am konsequentesten durchgeführt. Deswegen bezeichnet er sich zunächst als Anhänger Demokrits. (Diogenes, 223 ff.)

Höchster Zweck der Ethik Epikurs, auf den alles andere bezogen wird und der selbst auf nichts anderes zurückzuführen ist, ist die Eudämonie. Der direkte Weg zum Glück, zur Eudämonie ist der Weg der Lust und der Unlustfreiheit, so daß derjenige, der sie erreicht, damit auch das Glück erreicht hat. Da zum Glücklichsein die punktuelle Lust einer augenblicklichen Bedürfnisbefriedigung nicht genügen kann, ist die Lust, die Epikur eigentlich meint, die bleibende Lust der Ruhe, die Ataraxie, das Ungestörtsein als unerschütterliche Ruhe des Gemüts, das so von den Begebenheiten des Alltags und dem Spiel der Zufälligkeiten und Kontingenzen unberührt bleibt.

Die Philosophie versteht Epikur als die begriffliche Anstrengung, tiefverwurzelte Ängste und Verwirrungen theoretisch und praktisch zu überwinden, damit sich die unerschütterliche Ruhe des Gemüts, worin das Glück und das Lebensziel der Menschen bestehen, einstellen kann. Ziel philosophischen Denkens und philosophischen Sprechens ist nach Epikur die Diagnose und Therapie seelischer Leiden – rationale Welterklärung (physiologia) und heilende Aussprache in einem. Dadurch können die Menschen die universalen Gesetzmäßigkeiten, denen ihr leib-seelisches Leben unterworfen ist, einsehen und somit irrationale Ängste und falsche Vorstellungen erkennen. Der philosophische Logos ist demnach ethische Reflexion: praktische Lehre vom guten glücklichen Leben. Durch diesen Logos können die Menschen, indem sie die universalen physikalischen Gesetzmäßigkeiten rational in Griff bekommen, die affektvollen Erregungen der Seele vertreiben. Die Physik wird dabei zur ethischen Propädeutik. Der tetrapharmakos-Satz enthält in prägnanter Form das praktisch anwendbare Resultat der ethischen Philosophie des Epikurs: »Immer und überall soll die »Vierfach-Medizin« (Tetrapharmakos) griffbereit sein: Keinen Schrecken erregt der Gott, keinen Argwohn der Tod, und das Gute ist leicht zu verschaffen, das Bedrohliche aber leicht zu ertragen.« (Epikur, 143)

Epikur selbst führte ein Leben in Mäßigkeit und Genügsamkeit, entsprechend seinem Ideal des Weisen: seine Begierden beherrschend und von allem Äußeren unabhängig, die Aufregungen des politischen Lebens vermeidend (»lebe im Verborgenen« lautete einer der epikureischen Wahlsprüche) und die Zuneigung seiner Freunde genießend, in milder Haltung gegenüber den Sklaven und wohlwollend allen Menschen gegenüber.

## *6. Die Stoa*

Die epikureische Beschreibung des Ideals des Weisen enthält nicht die Idee der Unterordnung des Individuums unter das verbindliche Allgemeine. Erst bei der Stoa wird dieses wichtige Moment berücksichtigt. Der stoische Weise ist der selbstgenügsame (autarke) tugendhafte Mensch, der in Übereinstimmung mit der Allnatur sein eigenes Leben gestaltet und die Freiheit von den Leidenschaften (Lust, Begierde und Furcht) und anderen, die Seele krankmachenden unvernünftigen Regungen, die affektlose Apathie also, verwirklichen kann. Der stoische Weise schaltet aber in dem angestrebten Apathiezustand nicht nur die Affekte aus, sondern betätigt sich als kosmopolitischer Weltbürger, der weiß, daß es im Grunde nur ein Gesetz, ein Recht und einen Staat geben kann. (Forschner, 24)

Die Stoa hat ihren Namen erhalten von der »stoa poikile«, einer mit Gemälden von Polygnot geschmückten »bunten Säulenhalle« auf dem Marktplatz Athens. Deshalb nennt man die Stoiker auch »Hallenphilosophen«. Der Gründer der Schule ist Zenon aus Kition auf Zypern. Die Geschichte der stoischen Philosophie läßt sich in drei Abschnitte gliedern: a) die ältere Stoa (4. und 3. Jahrhundert), zu der u.a. der eben genannte Zenon, Kleantes und Chrysippos gezählt werden; b) die mittlere Stoa (2. und 1. Jahrhundert), deren wichtigste Vertreter sind Panaitios und sein Schüler Poseidonius, dessen Vorlesungen auf der Insel Rhodos Cicero eine Zeitlang gehört hat; c) die jüngere Stoa (der römischen Kaiserzeit), der Seneca, Musonius, Epiktet und der Kaiser Marc Aurel angehörten.

Philosophie ist für die Stoiker Übung der Tugend. Theoretische Forschung ist nach stoischer Lehre nur wertvoll, wenn sie für das praktische Leben Bedeutung hat.

Der oberste Grundsatz der stoischen Ethik ist die Forderung, ein Leben in Übereinstimmung mit der Natur zu führen, in dem das Wollen mit dem Können übereinstimmt, so daß alle selbstgewählten Zwecke erreicht werden können und sich jene innere Ausgeglichenheit und Harmonie einstellen kann, die zustande kommt, wenn das Gewollte erreicht wird. Da der Mensch unglücklich, innerlich erregt und aufgewühlt wird, wenn er seine

Zwecke nicht erreicht, muß er, nach Auffassung der Stoiker, lernen, nur das zu wollen, was er erreichen kann.

Die Stoiker wollen die affektvollen Erregungszustände, die im Zuge eines irrationalen, unkontrollierten Strebens zustande kommen, vermeiden und einen mittels der Tugend zu erreichenden Zustand der Apathie erzielen. Nur diese Apathie oder Freiheit von Affekten kann nach der stoischen Lehre zur Eudämonie führen.

Die Apathie wiederum läßt sich nur durch Tugend erreichen, die als Einsicht in die wahren Wertverhältnisse (in das, was wahrhaft gut oder übel oder keines von beiden ist) gedacht wird. Das glückliche Leben ist somit das affektfreie tugendhafte Leben, in dem der Zustand der Apathie realisiert wird. (Forschner, 114ff.)

Die Stoiker wollten mit ihrer Lehre nicht das äußere Verhalten der Menschen verändern, sondern ihre innere Einstellung. Der Mensch sollte erkennen, daß seine Leiden nicht das eigentliche Übel sind und daß die äußeren Güter kein wirkliches Gut sind. Gut allein, und hierin besteht die tugendhafte Einsicht, sei die Tugend, übel die Untugend. Alles Übrige sei gleichgültig (adiaphora).

Die rigoristische Vergleichgültigung von Lust und Schmerz, die die ältere Stoa empfahl, ließ sich nicht konsequent durchhalten. Spätere Stoiker (so Panaitios zum Beispiel) haben die Tugend als nicht ausreichend zum Glück und äußere Güter (wie Gesundheit, Geldmittel und Macht) als notwendig für das Glück betrachtet. Sie verwarfen ebenfalls die Schmerzfreiheit und die Affektlosigkeit und unterschieden zwischen einer naturgemäßen Lust und einer widernatürlichen. Die *adiaphora* wurden in »bevorzugte«, »hintangesetzte« und solche, die weder bevorzugt noch hintangesetzt sind, unterteilt. Diese und ähnliche Einteilungen und Differenzierungen, die in der Entwicklung der Stoa immer häufiger wurden, weisen hin auf eine gewisse Unzufriedenheit mit praktisch wenig überzeugenden Antworten, die im theoretischen Lehrgebäude enthalten waren, bzw. auf Schwachstellen der stoischen Argumentation. Denn in der Tat enthält die stoische Argumentation eine Reihe von Ungereimtheiten, die davon herrühren, daß die Stoa versucht, einige theoretische Kunststücke wie die Verbindung einer kausaldeterministischen Weltsicht mit einer teleologischen und der beiden dann mit der menschlichen Willensfreiheit sowie die Verbindung einer sensualistischen Erkenntnistheorie mit einer rationalistischen Metaphysik zu leisten. (Jodl, Bd. I, 89ff.)

Die stoische Philosophie ist aber primär eine philosophische Lebensweise. Wissen und Erkenntnis sollen dem konkreten Leben, der konkreten Lebenspraxis dienen. Die theoretischen Lehrinhalte und Grunddogmen haben eine lebensdienliche Funktion: sie sind Resultate einer im Dienste der konkreten Lebensbewältigung vollzogenen ethischen Reflexion, die Erforschung der Natur voraussetzt und vorantreibt. Insofern verwirklichen die sogenannten »Popularisatoren« der stoischen Gedanken (Seneca, Epiktet und Marc Aurel) mit ihren Handreichungen, Grundregeln und Lebensmaximen das theoretische Grundanliegen der stoischen Philosophie. (Hadot, 83 ff.) Wenn in der zweiten Hälfte des 20. Jahrhunderts der französische Philosoph Michel Foucault den Versuch unternimmt, jenseits der bürgerlichen Rationalität eine Ethik der Selbstkultur zu begründen, werden die von Seneca, Epiktet und Marc Aurel empfohlenen geistigen Übungen der Selbstsorge (epimeleia heautou, cura sui), in denen angemessene Einstellungen, Sichtweisen und Vorstellungen festgehalten und praxiswirksam angewendet werden, einen wichtigen Bezugspunkt bieten.

# II. Mittelalterliche Ethik

Die mittelalterliche Ethik ist theologische Reflexion über das menschliche Handeln. Sie ist also Teil der christlichen Theologie und muß, will man sie adäquat verstehen, immer in dieser theologischen Einbettung und Bindung gesehen werden.

Die mittelalterlichen Autoren stellen systematisch die Frage nach dem richtigen individuellen und kollektiven Handeln. Sie sind, wie Hegel in seinen »Vorlesungen über die Geschichte der Philosophie« sagt, als Philosophen wesentlich Theologen und als Theologen unmittelbar Philosophen, und greifen auf eine lange Tradition von philosophisch-theologischen Reflexionen sowie Pflichten- und Tugendkatalogen zurück. Auf diese Tradition soll zuerst kurz eingegangen werden.

## *1. Grundlagen der mittelalterlichen Ethik*

Über die Person und die Bedeutung Jesu von Nazareth haben wir unterschiedliche Zeugnisse von Menschen, die in der Begegnung mit ihm eine Erfahrung von entscheidendem Heil gemacht haben. Diese Erfahrung versuchten sie, in unterschiedlichen Kontexten und mit den begrifflichen Mitteln, die ihnen in diesen Kontexten zur Verfügung standen, auszudrücken. Jesus von Nazareth selbst ist ein Jude gewesen, der ein besonderes Verhältnis zu Jahwe, den er seinen Vater nannte (das sogenannte »Abba-Verhältnis«), hatte. Im jüdischen Denk- und Sprachhorizont ist Jesus von Nazareth ein Rabbi, der die Schrift kennt, in seinem Leben präsent hält und im Kreise seiner Jünger den Geist des Gesetzes (der Thora) verkörpert. (Schillebeeckx, 227ff.)

Die christliche Bewegung, in der die Heilsrelevanz Jesu von Nazareth gegenwärtig gehalten wurde, entwickelte sich zunächst im jüdischen Denk- und Handlungshorizont, dann in hellenisierten Lebenszusammenhängen, in denen Griechisch (eine Sprache, die Jesus selbst nicht sprechen konnte) gesprochen und gedacht wurde. In diesen neuen Zusammenhängen bekannten sich die Anhänger der christlichen Jesus-Bewegung zu Jesus, und zwar mit den sprachlichen und begrifflichen Mitteln, die die neuen Zusammenhänge zur Verfügung stellten. (Conzelmann, 19ff. und 45ff.) Durch verschiedene Prädikate, Titulaturen und Deutungsmodelle versuchten sie, die Bedeutung, die Jesus für sie hatte, auszudrücken und deutend darzustellen, Die »Gottessohn«-Titulatur, ursprünglich eine unter mehreren Titulaturen, wurde im Laufe der Zeit die Titulatur, durch die nach Ansicht der Christen die Heilsrelevanz Jesu am adäquatesten sprachlich-begrifflich artikuliert werden konnte. (Conzelmann, 91ff.)

Die in den verschiedenen christlichen Gemeinden und Bekenntnisgruppen der Jesus-Bewegung hervorgebrachten Deutungen der Heilsrelevanz Jesu werden im Laufe der Zeit reflektierter und theologisch elaborierter. So ist zum Beispiel das theologische Reflexionsniveau im Johannes-Evangelium und in den paulinischen Briefen ein höheres als in den sogenannten synoptischen Evangelien. Die jüdischen Interpretationsmodelle, die zur Verfügung stehen, werden am Anfang selektiv verwendet, dann modifiziert und zum Schluß fallengelassen. Neue heilsgeschichtliche bzw. logostheologische Konzepte werden erarbeitet. Allmählich profiliert sich eine komplexe Rechtfertigungs- und Erlösertheologie, in der die dogmatischen Momente (die Lehrinhalte) wichtiger werden als die ethischen. Neben diesen theologisch-reflexiven Tradierungsformen der jesuanischen Botschaft (und ihnen zum Teil vorausgehend) existieren unterschiedliche praktische Bekenntnisformeln, rituelle und liturgische Formen, aber auch institutionelle Einrichtungen (wie Gemeindeordnungen, Amtshierarchien usw.), die für die Konstitution der frühchristlichen Kirche wesentlich sind, innerhalb der sich dann diverse Differenzierungs- und Stabilisierungsinstanzen ausbilden werden. (Lohse, 18ff.) Ein wichtiger Faktor für die Vereinheitlichung dieses komplexen und vielfältigen Tradierungsprozesses ist die auf mehreren Ebenen stattfindende Kanonbildung, durch die Deutungen und Praxisformen normierend selektiert und festgelegt werden, d.h. verbindlich und konsequenzenreich ein- und ausgeschlossen werden. (Lohse, 12ff.)

Wichtige Stationen in diesem Prozeß theologischer und institutionengeschichtlicher (d.h. gemeinden- und kirchengeschichtlicher) Entwicklung sind die synoptischen Evangelien, das Johannesevangelium, die paulinische Theologie und die einzelnen theologischen Entwürfe der Kirchenväter (Patristik). Die in diesen für das Christentum grundlegenden Dokumenten festgehaltene Reflexion setzt das Handeln der Christen in den verschiedenen Gemeinden voraus, deutet dieses Handeln und trägt zu dessen Steuerung bei.

Entsprechend den jeweiligen geschichtlichen Situationen variieren also die in der Praxis vorhandenen und in der Theologie herausgearbeiteten Jesus-Bilder und -Deutungen. War Jesus zum Beispiel im Hebräerbrief des Paulus der himmlische Hohepriester, in der Patristik der Gott, der Mensch wurde, um die Menschen zu vergöttlichen, in Byzanz Christus der Sieger (victor), Pantokrator und Sonnengott, Licht vom Licht, so galt er später im Mittelalter als der, der die Menschen dadurch, daß er Genugtuung brachte, von der Macht der Sünde loskaufen konnte. (Schillebeeckx, 55)

Auch für die Ethik lassen sich unterschiedliche Konzeptionen in den einzelnen frühchristlichen Dokumenten finden. Die synoptischen Evangelien predigen angesichts des durch Jesu Verkündigung möglich gewordenen neuen Lebens eine Ethik der radikalen Umkehr, der Nachfolge und der Nachahmung, für die die absolute Norm der Wille Gottes ist und in der es auf den neuen Geist der radikalen Innerlichkeit (das reine Herz) und eine bedingungslose Versöhnungsbereitschaft bis zur Feindesliebe ankommt. Das hellenisierende Johannesevangelium dagegen entwickelt eine metaphysische Lebenslehre, die in Christus die Verkörperung der inneren Fülle des Gotteslebens (sowie der substantiellen Bestimmungen eines solchen Lebens: Wahrheit, Liebe, Gnade, Licht, Herrlichkeit, Geist und Wort) sieht und eine durch geistige Wiedergeburt zu erreichende Teilnahme der Jünger an einem solchen ewigen göttlichen Leben in Aussicht stellt. In der paulinischen Theologie erhält die neue von Christus gestiftete und allein durch den Glauben zugängliche Lebensordnung, in der die alten Ordnungen des Naturgesetzes und des geoffenbarten Gesetzes des Alten Bundes als aufgehoben und überwunden gelten, die absolute Priorität. An Juden und Heiden gleichermaßen wendet sich die Verkündigung dieser neuen Lebensordnung der Innerlichkeit und der Sakramentalität, in der die alte Legalität und der alte Ritualismus ihre Bedeutung verloren haben. (Conzelmann, 160ff., 175ff. und 351ff. sowie Dempf in: Howald, Dempf, Litt, 12ff., 18ff. und 21ff.)

Das Werk des unter dem Einfluß des Neuplatonismus stehenden Augustinus (350–430) ist für die mittelalterliche Theologie im allgemeinen und die mittelalterliche Ethik im besonderen fundamental. Die neuplatonische Richtung der christlichen Theologie, die er begründete, herrschte im Abendland vor, bis im 13. Jahrhundert Albertus Magnus und Thomas von Aquin eine für die christliche Theologie konsequenzenreiche Aristoteles-Rezeption initiierten. In seinen selbstbiographischen *Bekenntnissen* (Confessiones) entfaltete Augustinus eine religiös-theologisch motivierte psychologische Egographie (Selbsterforschung), die die moderne Subjektivitätsphilosophie in vielen Punkten antizipiert. Und im *Gottesstaat* (De civitate Dei) entwirft er eine Heilstheologie der Weltgeschichte, die für lange Zeit das verbindliche Modell für die christliche Deutung der Menschengeschichte gewesen ist. (Altaner, 271f. und 286ff.)

Augustinus geht davon aus, daß die treibende Kraft zur Verwirklichung der sittlichen Ordnung die Liebe ist, die sich in der Caritas (Liebe Gottes) vollendet. Der Mensch, der aufgrund seines freien Willens das Gute wählen kann, muß, will er sittlich handeln, im konkreten Leben das Rechte, Gute allein lieben und genießen (frui) und alles andere gebrauchen (uti), denn nur das Gute (und d.i. letzten Endes Gott selbst) ist es wert, geliebt und genossen zu werden (»solo Deo fruendum est«). (Gilson, 224ff. und 233ff. sowie Dempf in: Howald, Dempf, Litt, 44ff.)

Die Ethik des Augustinus läßt sich – ähnlich wie die mittelalterliche Ethik im allgemeinen – nicht unabhängig von der Theologie, d.h. seiner Gottes-, Erlösungs-, Gnaden- und Kirchenlehre verstehen. Sie ist im wesentlichen theologische Reflexion über das Heil des erlösungsbedürftigen Menschen.

## 2. *Thomas von Aquin*

Die theologische Ethik des Thomas von Aquin (1224–1274) bietet eine systematische Behandlung des menschlichen Handelns, seiner Ziele, der psychologischen Faktoren, die beim Handeln eine wichtige Rolle spielen, der möglichen Tugenden und Affekte bzw. Leidenschaften sowie der natürlichen Gesetzmäßigkeiten, die der Mensch, will er sittlich handeln, zu berücksichtigen hat. Sie ist im Kontext eines akademischen, universitären Lebens der Unterweisung und der disputierenden Erörterung erarbeitet worden. Die Ethik des Thomas von Aquin ist »scholastisch«, denn sie ist Produkt des schulmäßigen Denkens, das sich im Rahmen der höheren Schulen und Universitäten des Mittelalters entwickeln konnte. Ursprünglich waren es Dom- und Klosterschulen, in denen das begrifflich-rationale Denken praktiziert wurde. Später wurden die Universitäten der privilegierte Ort des mittelalterlichen Schuldenkens.

Für dieses schulmäßige Denken der mittelalterlichen Hochschulen sind zwei Momente wichtig: die Autoritäten und die rationale Argumentation. Die mittelalterlichen Autoren nahmen als Ausgangspunkt ihrer Überlegungen autoritative Aussprüche der Bibel, der Kirchenväter, der Konzilien und antiker Philosophen, die sich manchmal widersprachen. Mittels subtiler Unterscheidungen und Argumentationen versuchten sie Konvergenzen und Übereinstimmungen zwischen den einzelnen Aussprüchen und Lehrsätzen herauszuarbeiten. In verschiedenen literarischen Gattungen, die die zwei Formen des Lehrbetriebs, die *lectio* und die *disputatio*, aufgreifen, wurde dieses schulmäßige, um objektive Wahrheit bemühte Denken schriftlich fixiert. So entstanden auf einzelne Texte bezogene Kommentare, systematische Summen und erörternde Quaestiones. (Chenu, 3 ff. und 83 ff.) In der »Summa theologiae« des Thomas von Aquin werden die Eigenarten des scholastischen Denkens anschaulich, das trotz aller schematisierenden Formen eine erstaunliche Lebendigkeit entwickelt hat.

Die Leistung des Thomas von Aquin besteht darin, daß er, seinem Lehrer Albertus Magnus folgend, eine Rezeption der aristotelischen Philosophie vollzieht. Dabei verfolgt er die Absicht, mit Hilfe der begrifflichen Bestimmungen und Instrumente, die die Philosophie des Aristoteles zur Verfügung stellt, die Lehrgehalte der tradierten christlichen Theologie in neuer Form darzubieten. Thomas geht von der Kompatibilität des christlichen Glaubens mit der »natürlichen Vernunft« aus und bemüht sich, das System der natürlichen Vernunft in seiner Offenheit für die christliche Offenbarung darzulegen. Mit anderen Worten: Er versucht, rational (im Sinne der natürlichen Vernunft) vorzugehen und gleichzeitig zu demonstrieren, daß die Natürlichkeit der Vernunft ihre Vollendung in der Übernatürlichkeit erreicht, mit der die Theologie als »heilige Lehre«, als *sacra doctrina* beschäftigt ist. Die von Thomas durchgeführte Synthese ist aber letzten Endes eine von der Theologie her bewerkstelligte Synthese, in der die Philosophie die Rolle eines Dienstmädchens der Theologie (ancilla theologiae) anzunehmen hat. (Kluxen, 1 ff. und 81 ff.)

Die thomasische Ethik ist dementsprechend eine theologische Ethik, die philosophisch vorzugehen versucht und in der der philosophische Gedankengang immer wieder theologisch unterbrochen, unterstützt, ergänzt, vollendet und gesteuert wird. Thomas von Aquin verwertet in seiner theologisch-philosophischen Ethik Gedanken und Argumentationen der aristotelischen Nikomachischen Ethik, Ideen der Stoa und der Patristik sowie anderer scholastischer Autoren vor ihm.

Die thomasische Ethik kreist inhaltlich um den Begriff des Guten (bonum), der eine ontische und eine personale Dimension hat. Das Gute ist dementsprechend objektiv und subjektiv zugleich. Einerseits ist das Gute in einer von Gott geschaffenen gesetzmäßigen Seinsordnung begründet, andererseits ist es das, was die einzelnen Menschen in ihrem Leben konkret zu verwirklichen haben, indem sie ihre Teilhabe an der göttlichen Gesetzgebung (lex aeterna) faktisch dadurch aktualisieren, daß sie Entscheidungen treffen, in denen ihre Gottebenbildlichkeit zum Ausdruck kommt. (Thomas, S. th. I-II; qu. 1; 2 und 18–21)

Die thomasische Ethik präsentiert sich konkret entsprechend der Doppeldimensioniertheit des für sie zentralen Begriffs des Guten als objektive Gesetzes- und als subjektive Tugendethik. Wolfgang Kluxen spricht deshalb von zwei möglichen komplementären Stilisierungsformen der thomasischen Ethik. (Kluxen, 229)

Die eine Stilisierungsform, die tugendethische, zielt primär auf die subjektiven Dispositionen der Menschen ab, indem sie die psychologischen Bedingungen des Sittlichen im einzelnen behandelt. Hier werden einzelne Tugenden und Pflichten systematisch erörtert, ebenso wie die Affekte (passiones), die von Thomas nicht als Krankheiten der Seele, sondern als durch Vernunft regulierbare neutrale Größen gedacht werden. Auch den für seine Ethik wichtigen Begriff des »habitus« behandelt Thomas im Kontext dieser tugendethischen Stilisierung.

Die zweite Stilisierungsform, die gesetzesethische, konzentriert sich auf die unterstellte objektive Seinsordnung, die Gott im Schöpfungsakt stiftete und die seitdem unter der Leitung der Vorsehung Gottes steht. Hier wird dargelegt, wie der Mensch zunächst verstandesmäßig und dann durch sein Handeln an der göttlichen Schöpfungsordnung und Weltregierung teilnehmen kann. Das göttliche ewige Gesetz (lex aeterna) ist als natürliches Gesetz (lex naturalis, Naturgesetz) vom Menschen grundsätzlich erkennbar und stellt für Thomas den absoluten Maßstab menschlichen Handelns dar. Dieses natürliche Gesetz hat der Mensch in den von ihm selbst geschaffenen einzelnen positiven Gesetzen zur Geltung zu bringen. Das rationale, sittlich gute menschliche Handeln, das zustande kommt, wenn der Mensch sich in seiner Lebenspraxis dem ewigen Gesetz konform verhält, deutet Thomas von Aquin als Realisation geschöpflicher Gottebenbildlichkeit. (Thomas, S. th. I-II; qu. 56–67 und qu. 90–96)

### *3. Wilhelm von Ockham*

Die Bedeutung Wilhelm von Ockhams (ca. 1300 – ca. 1349) für die Geschichte der okzidentalen Philosophie liegt sowohl im Bereich der theoretischen als auch im Bereich der praktischen Philosophie. Das Denken Ockhams ist in dem Sinne modern, daß es auf den Begriff bringt, was sich in der politischen, sozialen und ökonomischen Realität des Westens zur Zeit Ockhams langsam entwickelt, und zugleich selbst zu einem wichtigen Faktor dieser frühbürgerlichen Entwicklung wird.

Mit Ockham verschiebt sich die philosophische Thematik hin zur Analyse der menschlichen Erkenntnis und zur Theorie des Wissens. Die Frage, wie wir erkennen bzw. erkennen können (eine Frage, die Anselm von Canterbury und Bonaventura nicht fremd war) rückt nun in den Vordergrund. Ockham hat mit seinem Denken die Wende zur modernen Erkenntniskritik und Wissensanalyse eingeleitet. (Flasch, 442f.)

Wilhelm von Ockham entwickelt einen Wissenschafts- und Rationalitätsbegriff, der in der Geschichte der westlichen Philosophie von hoher Bedeutung sein wird. Für Ockham ist die Theologie im strengen Sinne keine Wissenschaft mehr. Gott begrifflich zu erkennen oder seine Existenz unwiderlegbar zu demonstrieren, ist nach Ockham unmöglich. Man muß einfach an ihn glauben. Philosophische und theologische Wahrheit sind zweierlei.

Ockham bemüht sich, drei von ihm nicht erfundene, aber neu bestimmte methodologische, für die moderne Wissenschaftsphilosophie fundamentale Regeln konsequent anzuwenden: a) Erklärungsgründe sind nicht unnötig zu vermehren (»Ockhams Rasiermesser«), eine denkökonomische Regel, die gebietet, alle überflüssigen und alle unnötig komplizierten Erklärungen wegzuschneiden, und die Theorien auffordert, sparsam zu sein (»principle of parsimony«, Sparsamkeitsprinzip); b) Der Ursprung der einzelnen Vorstellungen ist zu untersuchen, und herauszuarbeiten, ob sie durch sich selbst evident oder ob sie abgeleitet sind; c) Bei der Verknüpfung zweier

Dinge oder Vorstellungen ist immer zu prüfen, ob ihre Trennung Widersprüche einschließt oder nicht. (Flasch 448 ff.)

Methodologisch und wissenschaftsphilosophisch geht es Wilhelm von Ockham also um Präzision und Stringenz in den philosophischen und theologischen Argumentationen und Theoriebildungsprozessen, die rational nachprüfbar zu bleiben haben.

Was die Konzeption der Wirklichkeit angeht, so ist für Ockham alles, was wirklich ist, individuell. Die Welt besteht für ihn aus Einzeldingen und Einzelwesen, die es zu erkennen gilt. (Flasch, 454 ff.)

Im Konflikt mit den Päpsten entwarf Ockham eine politische Philosophie, die das politische Leben aus der Erfahrung der Individualität und Freiheit neu zu deuten begann. Der Konflikt mit der Kurie hatte sich an der Armutsfrage entzündet und betraf den päpstlichen Anspruch auf Weltherrschaft. Wilhelm von Ockham, der die Verurteilung der radikalen franziskanischen Armutsbewegung seitens der Kurie kritisierte, vertrat die Meinung, Eigentum beruhe nicht auf Naturrecht, sondern auf positiv-menschlicher Setzung und sei demnach ein kontingentes Faktum. Weiterhin war er der Auffassung, die politische Macht werde nicht vom Papst verliehen, sondern beruhe auf dem freien Konsens der Bürger. Konkret argumentierte er, wie Dante in seiner »Monarchia« auch, zugunsten des Kaisers. (Vossenkuhl, 288 ff. und 305 ff.)

Wilhelm von Ockhams Unternehmen, die Kontingenz (die Nichtnotwendigkeit) unserer Welt radikal zu denken, trug entscheidend zur Entsakralisierung und Entmystifizierung von Natur und Gesellschaft bei. Indem er den kontingenten Charakter des Gegebenen konsequent herausarbeitete, konnte er die geschichtliche und die soziale Wirklichkeit als Gestaltungsaufgabe und Betätigungsfeld menschlicher Freiheit auffassen.

In seiner im *Sentenzenkommentar* und den *Quodlibeta* enthaltenen Ethik ging Ockham davon aus, daß nicht die äußeren Handlungen und deren Folgen über die Sittlichkeit des Menschen entscheiden, sondern nur die moralische Qualität des Willensaktes, der einer Handlung zugrunde liegt. Der durch sittliche Einsicht geleitete Wille allein kann die sittliche Qualität einer Handlung stiften. Der Wille, der entgegengesetzte Ziele anstreben kann, benötigt aber für Ockham die Leitung und Orientierung durch den Intellekt, damit er mit dem göttlichen Willen übereinstimmen kann. (Miethke, 300 ff. und Aicher, 148 ff.)

Auch Ockhams Ethik setzt letzten Endes den christlichen Glauben als unverzichtbare Bedingung voraus. Der Mensch bleibt in ihm ein Geschöpf Gottes. Dadurch aber, daß Ockham in seiner Theologie immer wieder die Allmacht und die Freiheit Gottes betont und seine eigene Ethik von der Ligatur eines starren metaphysisch begründeten Normengebäudes befreit, ermöglicht er die explizite Loslösung der Ethik von der metaphysisch geprägten Theologie. Er betont die Freiheit des Menschen, der Gott gegenüber gehorsam zu sein hat, sich aber hierfür der Vernunft und der Erfahrung bedienen kann.

Kurt Flasch resümiert prägnant Ockhams Beitrag zur Entwicklung der westlichen Philosophie: »Was die Welt an metaphysischem Glanz verlor, gewann das Denken an Radikalität und das Handeln als Spielraum zurück.« (Flasch, 451)

# III. Ethik in der frühen Neuzeit

## *1. Scholastisches Denken*

Die kulturelle Moderne läßt man häufig aus guten Gründen mit der Entdeckung Amerikas, der Erfindung des Buchdruckes, der Entwicklung der Pulverschießwaffen, der Kirchenspaltung, der Wissenschaftsrevolution im Gefolge von Kopernikus und Galilei und der beginnenden Kapitalisierung der Wirtschaft um 1500 anfangen. Selbstverständlich ist manches von dem, was man typisch modern zu nennen pflegt, vorher schon da gewesen. Antizipationen des Zukünftigen gibt es in jedem Zeitalter, und geschichtliche Entwicklungen gehen allmählich und kontinuierlich vonstatten, so daß nur dem abstrahierenden, ex post periodisierenden Blick die sogenannten historischen Zäsuren, Brüche und Diskontinuitäten auch als solche erscheinen.

Für die These, die kulturelle Moderne fange bereits im 13. Jahrhundert an (also vor der Neuzeit), kann man aber auch plausible Gründe finden, genauso wie für die These, erst im 18. Jahrhundert (in der Neuzeit) ließe sich die volle Präsenz der modernen Bewußtseinslage nachweisen. Entsprechend der Perspektivierung oder Fokussierung der jeweiligen Darstellung wird man also den Anfang des kulturell Modernen auch festsetzen.

Die oben genannten Ereignisse und Phänomene eignen sich jedoch gut für eine konsensfähige Periodisierung von Epochen und kulturellen Formationen, da sie Anschauliches, Benennbares anbieten, anhand dessen man Tiefenstrukturelles, Abstraktes und zeitlich-räumlich nicht so gut Verortbares registrieren und einordnen kann. Mit anderen Worten: Kulturell-Modernes gibt es bereits im vorneuzeitlichen Mittelalter und Mittelalterliches-Traditionelles gibt es auch in der sogenannten Neuzeit. Dennoch ist die kulturelle Moderne in einem strikten Sinne ein Resultat der Neuzeit und nur in der Neuzeit möglich.

Die verschiedenen aufgezählten Phänomene waren für das überlieferte Wissenssystem eine Herausforderung, die es zu bewältigen galt. Die Grenzen und Regeln der alten kulturellen Welt wurden durch sie gesprengt und verloren ihre Gültigkeit. Eine pluridimensionale Revolution des sozialen, politischen, wirtschaftlichen und kulturellen Lebens fand statt. Wissensgüter wurden schneller transferierbar; das Arbeitsleben veränderte sich revolutionär; die Produktion von Reichtum beschleunigte sich; demokratische Strömungen (Öffentlichkeitsbildungsprozesse literarischer und politischer Art) konnten im Gesellschaftlichen entstehen und sich entwickeln; das tradierte Wissenssystem geriet aus den Fugen und eine neue (neu entdeckte) Welt brach in die alte ein.

Es ist zweifellos die Leistung einiger Denker wie Francisco de Vitoria (1480–1546), Domingo de Soto (1494–1560), Luis de Molina (1535–1600) und Francisco Suárez (1548–1617), angesichts der neuen Problem- und Entscheidungslagen mit den Mitteln der althergebrachten scholastischen Disputations- und Denkmethoden rationale Reflexionsprozesse in Gang gebracht zu haben, die keineswegs die Konkretion der Realität gescheut haben und sich der dringenden konkreten Fragen der Zeit annahmen. Für die genannten Autoren wird zum Beispiel die Entdeckung Amerikas ein typischer Erörterungsfall, anhand dessen die Leistungsfähigkeit der scholastischen Methode manifest wird. Das Denken dieser Autoren ist selbstverständlich nicht homogen. So geben die Vorlesungsnotizen der Schüler Vitorias Zeugnis von dem bewegten, lebendigen Denkstil ihres Meisters, der sich von dem langsamen und perfektionistischen Stil eines Suárez abhebt. Und selbst wenn diese vier Autoren in gewisser Hinsicht Thomisten sind, so ist doch ihr Bezug auf Thomas jeweils unterschiedlich. Die größere Freiheit gegenüber Thomas seitens der Jesuiten Suárez und Molina kontrastiert mit der Thomastreue und -abhängigkeit der zwei Dominikaner Vitoria und Soto. Soto ist selbst systematischer, ja scholastischer als Vitoria: Er orientiert sich eher an der Tradition der juristischen Argumentation. Suárez ist ebenfalls systematischer als Vitoria, während Molina, grundsätzlich weniger interessiert an politischen Fragen als die drei anderen, eine gewisse Skepsis und Vorsicht gegenüber dem Naturrecht walten läßt und kasuistischer in seinen Argumentationen ist. Molinas Ansichten gegenüber Ungläubigen und sogenannten Apostaten sind weniger tolerant als die des liberaleren Suárez. (Hamilton, 7f. sowie Höllhuber, 40 und 46ff.)

Trotz aller Differenzen im einzelnen kann man bei diesen vier neuscholastischen Autoren den Einfluß des Nominalismus im allgemeinen und die durch den Nominalismus nahegelegte und geförderte Konzentration auf Einzelphänomene und konkrete praktische Fälle konstatieren sowie die intellektuelle Anstrengung, mittels der tradierten scholastischen analytischen Prüfungs- und Beurteilungsverfahren Probleme der konkreten Praxis zu erörtern, um verbindliche universell (d.h. überall und jederzeit) vertretbare sachangemessene Handlungsstrategien herauszuarbeiten. Ihnen allen gemeinsam ist auch trotz aller Unterschiede das prinzipielle Festhalten am gesetzesethischen Ansatz des Thomas von Aquin, der ein (alle Dinge beherrschendes und die Ordnung des Universums garantierendes) ewiges Gesetz (lex aeterna) von einem (von allen Menschen erkennbaren und eine Teilnahme am ewigen Gesetz ermöglichenden) natürlichen Gesetz (lex naturalis) und von den positiven menschlichen Gesetzen begrifflich unterscheidet und eine Hierarchie unter diesen Klassen von Gesetzen festlegt. Der Systematisierungsgrad, den dieser thomasische Gesetzesansatz bei den einzelnen Autoren erreicht, ist jedoch verschieden. Die systematischste Fassung des thomasischen Ansatzes findet man zweifelsohne in Suárez' Werk *De legibus*.

Die spanische Entdeckung Amerikas mit all den Problemen und Entscheidungsfragen, die sie mit sich brachte, wurde, wie bereits angedeutet, ein paradigmatischer Fall der ethisch-theologischen Reflexion dieser vier Autoren. Anhand von Vitoria soll kurz veranschaulicht werden, wie die thomistische, naturrechtlich verfahrende sozialethische Argumentation zur Begründung des Staates auf die neuen Fragen bzw. Verhältnisse angewendet wurde.

Seit der Entdeckung Amerikas dreht sich die Diskussion vor allem um die sogenannten Rechtstitel für die überseeischen Erwerbungen Kastiliens. Drei unterschiedliche Positionen kristallisierten sich im Laufe der Zeit heraus: a) eine nationalistische bzw. imperiale Position, die u.a. von Juán Ginés de Sepúlveda vertreten wurde und die eine mit allen Mitteln durchzuführende Inbesitznahme der neuen Territorien und ihrer Bevölkerungen seitens der Spanier befürwortete; b) eine utopistische-mystische Position, nach der die Eroberung Amerikas die reale, lang erwünschte Schaffung einer perfekten spirituellen Gesellschaft möglich machen würde; c) die von Bartolomé de la Casas und Francisco de Vitoria vertretene Position, die sowohl die Rechte der Indianer als auch ein vermeintliches Recht der Missionierung bzw. der Evangelisierung seitens der Spanier zu begründen versuchte.

In seinen 1539 gehaltenen Vorlesungen (»relectiones«) über die Indianer: *Erste Vorlesung über die kürzlich entdeckten Indianer* (»De indis recenter inventis relectio prior«) und *Zweite*

*Vorlesung über die Indianer oder über das Recht des Krieges der Spanier bei den Barbaren* (»De indis, sive de iure belli hispanorum in barbaros, relectio posterior«) zeigt Vitoria, daß die Indianer wie die Völker Europas auch entsprechend der menschlichen Natur, die ihnen ebenso wie den Europäern eigen ist, Staaten gebildet haben, die die Europäer anzuerkennen und zu respektieren haben. Deswegen können nach Vitoria weder die christlichen Monarchen, deren Macht intern auch keine absolute Macht sein kann, noch der Papst über die Reiche und Territorien der Indianer frei verfügen. Die Europäer haben jedoch nach Vitoria, Reise-, Handels-, Aufenthalts- und Evangelisierungsrecht in den neu entdeckten Ländern. (Hamilton, 102ff. und Höllhuber, 41)

Die von Vitoria innerhalb der christlichen Tradition resp. Theologie erarbeitete naturrechtlich vorgehende sozialethische Argumentation, nach der die Indianer über dieselbe menschliche Natur und natürliche Vernunft wie die abendländischen Spanier verfügen und deswegen zu denselben Grundnormen des gesellschaftlichen Zusammenlebens finden können, beansprucht (genauso wie die philosophisch-theologischen Argumentationen und Theorien von Soto, Suárez und Molina) universelle Gültigkeit, d.h. sie beansprucht auch außerhalb der christlichen Tradition kommunikabel zu sein und zu gelten.

Die neuscholastische naturrechtliche Ethik am Anfang der Neuzeit ist eine innerhalb eines theologischen Rahmens entwickelte universalistische Vernunft- und Prinzipienethik, die nicht nur das Handeln der einzelnen Menschen thematisiert, sondern auch das ethisch zu beurteilende Handeln des Staates und der Völkergemeinschaft.

## 2. *Die Sozialutopien*

Die in der frühen Neuzeit entwickelten sozialutopischen Entwürfe beweisen die kreative Potenz einer kritischen Reflexion, die kontrafaktisch zum Vorhandenen denkt und eine andere als die faktische Realität entwerfen kann. Diese Entwürfe sind Resultat einer begrifflichen Reflexionsarbeit, die keineswegs abstrakt ist. Als Negation von Bestimmtem und als Negation in einem bestimmten Kontext ist die Negationsleistung der sozialutopischen Entwürfe eine bestimmte Negation. Durch sie wird die partikulare Sittlichkeit einer bestimmten Gesellschaft radikal in Frage gestellt und eine andere imaginäre Gesellschaft beschrieben, in der die moralischen Ideen der Gerechtigkeit, Gleichheit und Humanität herrschen. Die Selbstverständlichkeiten der eigenen Gesellschaft und ihrer Einrichtungen werden in diesen Entwürfen mit dem kritisch-distanzierten, verobjektivierenden Blick des Ethnologen beobachtet; die unterstellte evidente Natürlichkeit dieser Gesellschaft wird dabei radikal problematisiert.

Die den Sozialutopien zugrunde liegende kritische Negationsarbeit lebt demnach substantiell und begrifflich von dem, was sie aufzuheben intendiert. Sie ist das Produkt einer spezifischen Bedürfnis- und Erwartungslage, die klar historisch indiziert ist und innerhalb der sie allein plausibel ist. Die positiven Bilder einer glücklichen, gerechten und guten Gesellschaft, die sie entwirft, sind nur verständlich als Gegenbilder zu unmenschlichen, ungerechten und unglücklich machenden Entwicklungen einer konkreten realen Gesellschaft, deren Sittlichkeitsmodell sie radikal in Frage stellen. Auf die Nicht-Beliebigkeit und die geschichtlich-soziale Bedingtheit der positiven Bilder und Vorstellungen der Sozialutopien macht Ernst Bloch aufmerksam, wenn er in seiner klassischen Studie über die Sozialutopien schreibt:

»Die Träume, besser zusammen zu leben, ... sind ... nicht beliebig, nicht so gänzlich freisteigend, wie es den Urhebern zuweilen selber erscheinen mochte. Und sie sind untereinander nicht zusammenhanglos, so daß sie nur empirisch aufzuzählen wären wie kuriose Begebenheiten. Vielmehr: sie zeigen sich in ihrem scheinbaren Bilderbuch- oder Revuecharakter als ziemlich genau sozial bedingt und zusammenhängend ...« (Bloch, 15)

Das Werk des Thomas Morus (1478–1535) *Utopia* (1561 erschienen) ist zweifellos der Prototyp der ethisch relevanten Gattung der Sozialutopien. Das Werk hat zwei Teile. Der erste Teil enthält scharfe Anklagen gegen die sozialen Verhältnisse im damaligen England: gegen die Monopollagen, die zusammen mit der Reichtumsproduktion Armut ständig miterzeugen; gegen das Privateigentum, das egoistisch mache und vorhandene Ungerechtigkeiten und Armutsverhältnisse perpetuiere; gegen die omnipräsente Faulheit, die die kreativen Fähigkeiten der Menschen brachliegen lasse und die für Dekadenz und Unmoralität verantwortlich zu machen sei, und im allgemeinen gegen weitere Mechanismen und Zustände, die jene von den Bürgern verurteilten Phänomene wie Diebstahl und ähnliche Verbrechen indirekt verursachen und fördern. (Morus, 13 ff.) Im zweiten

Teil, dem positiv-konstruktiven Teil des Werkes, läßt Morus Raphael Hythlodeus die Verhältnisse auf der Insel Utopia schildern: die Qualitäten der Bewohner sowie die Gesetzmäßigkeiten und die Einrichtungen, die das soziale Leben auf Utopia regeln. (Morus, 58ff.)

Von der Freiheitsutopie des Thomas Morus hebt sich die Ordnungsutopie ab, die der italienische Dominikanermönch Tomasso Campanella (1568–1639) in seinem 1623 erschienenen Werk *Sonnenstaat* entworfen hat und die die totale Herrschaft eines priesterlichen Oberhauptes (Sol) vorsieht, dem drei Würdenträger (Pon, Sin und Mor bzw. Macht, Weisheit und Liebe) zur Seite stehen. (Campanella, 33ff.)

Über das Privateigentum heißt es bei Campanella:

»Sie (die Bürger des Sonnenstaates – T.G.) behaupten, das Eigentum habe bei uns nur entstehen und sich behaupten können, weil wir eigene Wohnstätten, eigene Frauen und eigene Kinder haben. Daraus entspringt die Selbstsucht: Wer nämlich seinem Sohn zu Reichtum und Ansehen verhelfen und ihm viele Güter hinterlassen will, vergreift sich zu diesem Zweck am Gemeinbesitz, und wer nichts fürchtet, wird auf diese Weise reich und angesehen. Wer aber schwächlich, arm und von geringer Herkunft ist, wird geizig, hinterlistig und verlogen. Haben wir jedoch die Selbstsucht aufgegeben (denn die Selbstsucht ist gegenstandslos geworden, wenn es kein Eigentum mehr gibt), so bleibt in uns einzig die Liebe zum Gemeinwesen zurück.« (Campanella, 39)

Die Aufhebung des Privateigentums geschieht allerdings bei Campanella in einem hierarchischen Herrschaftsrahmen, der die Entwicklung von Freiheit verhindert und zur totalen Konzentration der Macht im Verwaltungs- und Befehlszentrum führt.

Die Sozialutopisten Thomas Morus und Tomasso Campanella überschreiten mit ihren Entwürfen den engen Rahmen der partikularen Sittlichkeit, in der sie lebten und der sie das visionäre Bild einer völlig moralisierten Gesellschaft entgegensetzen. Da jedoch Moralität nur in regulativer Funktion zur Geltung kommen kann, dürfen die Entwürfe Morus' und Campanellas nicht als konkrete Konstruktionsanweisungen gelesen werden. Die Bedeutung dieser utopischen Entwürfe liegt in ihrer kritischen Problematisierungsfunktion, durch die sie auf Defizite und Mängel konkreter, partikularer Sittlichkeitsmodelle moralitätsethisch aufmerksam machen.

## *3. Montaigne, La Rochefoucauld, Gracián*

Die Gesellschafts- bzw. Sittlichkeitskritik der Sozialutopisten mündet in die theoretische Konstruktion gerechter und guter imaginärer Gemeinwesen, in denen es kein Privateigentum mehr gibt, wo die Bürger nur sechs bzw. vier Stunden am Tag arbeiten und wo jedem das Lebensnotwendige gewährleistet wird. Die Kritik- und Entlarvungsarbeit Montaignes, La Rochefoucaulds und Graciáns beschränkt sich demgegenüber vor allem darauf, negative Zustände und selbstsüchtige Motivlagen anzuprangern bzw. die Schein- und Täuschungswelt der herrschenden Sittlichkeit bloßzustellen, allerdings so, daß dabei Empfehlungen und Ratschläge für eine vernünftige Lebensgestaltung im Falschen mitgegeben werden.

Unterstellten die idealistischen sozialutopischen Entwürfe eine grundsätzliche Perfektibilität des Menschen und die Konstruktibilität des Gesellschaftlichen, so analysieren Montaigne, La Rochefoucauld und Gracián in jeweils anders motivierter und durchgeführter detaillierter ent-täuschender Reflexionsarbeit nüchtern die Fakten des individuellen und kollektiven Lebens der Menschen. Kein Reformpathos mehr, sondern die explorative Entzifferungs- und Enträtselungsarbeit der Funktionsweisen des Psychischen und des Sozialen.

Nicht nur das interaktive soziale Leben wird für diese drei Autoren beobachtungswürdig, sondern auch das Privatleben der einzelnen Menschen, mit seinen Wegen und Umwegen, seinen kleinen und großen Schwankungen. Das Selbst und sein psychischer Haushalt, das Gesellschaftliche in seiner Buntheit und Vielfalt von Modellen und Varianten sowie die Vermittlungsprozesse zwischen Selbst und Gesellschaft interessieren Montaigne, La Rochefoucauld und Gracián. Die konkrete entlarvende kritische Reflexions- und Entzifferungsarbeit sieht allerdings beim jeweiligen Autor anders aus. Unterschiedlich sind auch die nahegelegten Empfehlungen und Orientierungen.

In seinen *Essais* kommt das unsystematische, oblike, kritische Denken Michel Eyquem de Montaignes (1533–1592) zum Ausdruck: ein anschauliches Denken, das sich gern verschiedener Wortspiele bedient und zu wichtigen Einsichten über das menschliche Leben, den Tod, die allen menschlichen Unternehmungen zugrunde liegende Triebfeder der Eitelkeit und den Wert der Erfahrung für die Gestaltung des Lebens u.a. kommt. (Montaigne, 297f.)

Das Denken Montaignes kreist um verschiedene Leitthemen, die nicht mit den in den Essay-Überschriften angegebenen Thematiken übereinstimmen. Häufig tarnen harmlose Titel kritische Gedanken. Vieles bleibt im dunklen bzw. in zweideutigen Formulierungen verschlüsselt. Unkonventionelle Meinungen, wie zum Beispiel seine Sicht der Wunder(werke) (die als kontext- und deutungsabhängige Vorkommnisse beschrieben werden) oder auch seine Verteidigung der Hexen (deren Verfolgung und Hinrichtung Montaigne aufgrund einer grundsätzlichen, nicht aufhebbaren Unentscheidbarkeit und Ungewißheit scharf verurteilt), äußert er zum Beispiel in konventionell gehaltenen und sich als orthodox präsentierenden Gedankenreihen, die letztendlich seine eigenen Urteilsbildungs- und Selbstverständigungsprozesse darstellen. (Montaigne, 34f. und 312 sowie Burke, 33ff. und 47ff.)

Die philosophische Reflexionsleistung ist für Montaigne Hilfestellung, um das eigene Leben vernünftig (und das heißt im Sinne einer durch Erfahrung und Einsicht gereiften Urteilskraft) zu gestalten und die Krankheiten der menschlichen Seele zu heilen. (Montaigne, 262ff. und 125ff.) Hierin folgt er antiken Autoren wie Cicero, Lukrez, Seneca, Sextus Empiricus, Diogenes Laertius u.a., die er ständig las.

Man hat drei Phasen seines Denkweges unterschieden: eine erste eklektisch-stoische Phase, eine mittlere skeptische Phase und eine letzte Reifephase, in der Montaigne immer mutiger seine eigenen Ansichten äußert, eine gewisse gemäßigte Lustorientierung gutheißt und einer lebensbejahenden Einstellung huldigt, indem er dem Leben die guten Seiten abzugewinnen und dessen Annehmlichkeiten zu nutzen versucht. (Montaigne, 310f. und Burke, 101ff.) Philosophische Reflexion ist (und das gilt für all die Phasen seines Denkweges) nach Montaigne praktische Lebenshilfe, durch die der einzelne Mensch Autonomie gegenüber den Leidenschaften gewinnen kann und die in seinem Leben notwendige Äquilibrierungsarbeit vollbringen kann. Er selbst ließ wichtige philosophische Sentenzen als geistige Orientierungsmarken für die Bewältigung des Alltags in die Deckenbalken seines Bibliothekzimmers einschnitzen. (Montaigne, 310)

Montaigne verbindet die Freiheit des Denkens mit einer von ihm immer wieder empfohlenen und praktizierten konkreten Anpassungspraxis an die Sittlichkeit der faktisch geltenden Normen und Gesetze. Er weiß, daß die jeweils geltenden Normen und Gesetze grundsätzlich wandelbar, oft widersprüchlich und deswegen weder Ausdruck einer absoluten Wahrheit noch einer ewigen Gerechtigkeit sind. Im Namen der etablierten herrschenden Ordnung und der Stabilität der Lebensverhältnisse, die diese garantiert, plädiert er sittlichkeitsethisch für ein friedensförderndes Konformitäts- und Anpassungsverhalten des Einzelnen. (Montaigne, 30ff.) Dennoch entlarvt er in sittlichkeitskritischer moralischer Manier Ruhmsucht, Eitelkeit und Falschheit, wo immer sie als Triebfeder des menschlichen Handelns wirken. Bei Montaigne findet man demnach beides: die (angesichts der Erfahrung der sogenannten Religionskriege plausible) Verteidigung einer Akkommodationspraxis an die jeweils geltende Sittlichkeit sowie das scheinkritische moralische Festhalten an bestimmten Humanitätsprinzipien, die allein eine edle, frei urteilende Gesinnung und eine vorbildliche Daseinsgestaltung ermöglichen können.

Die Maximen des Herzogs von La Rochefoucauld (1613–1680) sind die Ausdrucksform eines fragmentarischen, aphoristischen, diskontinuierlichen, prägnanten Denkens, das sich der Erkenntnis und Erforschung des Selbst und der Welt widmet. Ein Leitmotiv prägt das blitzlichtartige Denken La Rochefoucaulds: die Kritik an der menschlichen Selbstsucht, die man überall, unter tausend Masken, oft hinter altruistischen Rationalisierungen und Scheinpräsentationen als Haupttriebfeder entdecken kann. Deswegen ist das Denken La Rochefoucaulds ein entlarvendes, demaskierendes, entmystifizierendes, denunziatorisches Denken, das über unbewußte Motivationen und reale Beweggründe aufklärt.

Man hat das Denken dieses französischen Moralisten der Tradition des humanismuskritischen, moralisierenden Augustinismus zugeordnet, denn es kritisiert schonungslos die antiken Autoren, insbesondere die Stoiker, aber auch die Humanisten, hinter deren Tugenden und edlen Haltungen es eine mit allen Mitteln kultivierte Eigenliebe und diverse verurteilungswürdige Laster entdeckt. (La Rochefoucauld, 78f.) Man muß jedoch in Rechnung stellen, daß die Reflexionen La Rochefoucaulds keineswegs religiös motiviert sind, ja daß sein Denken im Unterschied zum Denken Pascals etwa ein radikal innerweltliches kritisches Denken ist, das weder den Glauben voraussetzt noch diesen anstrebt.

Alles wird dem höchst kritischen Denken La Rochefoucaulds suspekt, sogar die Aufrichtigkeit, die von den Humanisten als Tugend so sehr geschätzt wird, hinter der für La Rochefoucauld sehr oft nur eine raffinierte Strategie steht, um das Vertrauen der anderen zu gewinnen. (La Rochefoucauld, 11)

Bernard de Mandeville und Adam Smith sehen später im Eigennutz einen für die Gesamtgesellschaft positiven Mechanismus, durch den zum Beispiel Produktionsprozesse in Gang kommen und Bewegung im sozialen Leben verursacht wird. La Rochefoucauld ist weit davon entfernt, einen positiven Aspekt im Eigennutz zu sehen. Er verurteilt ihn radikal. Der Eigennutz korrumpiere seiner Meinung nach das soziale Leben und, da er sich nicht als Eigennutz präsentiert, sondern ständig Rationalisierungen erzeugt, schaffe er eine Scheinwelt von Täuschungen und Selbsttäuschungen, die es zu decouvrieren gelte. So lautet zum Beispiel die erste Maxime: »Was wir für Tugenden halten, ist oft nur eine bunte Reihe von Handlungen und Interessen, die das Schicksal oder unser eigenes Geschick zu einem Ganzen verbunden hat: und nicht immer aus Tapferkeit und Keuschheit sind die Männer tapfer und die Frauen keusch.« (La Rochefoucauld, 3) Und er schreibt weiter: Die sogenannten großen Taten der Menschen seien oft nur Auswirkungen von Launen und Leidenschaften oder einfach Zufallsprodukte; die großen Helden seien keineswegs so großartig, wie sie erscheinen und wie man zu sagen pflegt; die guten Taten von Politikern und Fürsten seien in der Regel strategische Züge; hinter den meisten menschlichen Handlungen stünden Neid, Eigennutz und Eitelkeit als Triebfeder usf. (La Rochefoucauld, 3, 6, 7, 8, 11 und 24 u.a.)

Am Phänomen der Trauer beispielsweise macht La Rochefoucauld klar, daß die Menschen aus vielerlei Gründen – meist aber eigennützigen – Trauer empfinden:

»Es gibt mehrere Arten von Heuchelei in der Trauer. Einmal geben wir vor, den Verlust eines Menschen zu beweinen, der uns teuer ist, aber wir beweinen uns selbst, wir beklagen den Verlust der guten Meinungen, die er von uns hatte; wir beweinen die Minderung unseres Vermögens, unserer Freuden, unseres Ansehens ... man weint, um zartfühlend zu erscheinen; man weint, um beklagt zu werden, man weint, um beweint zu werden, man weint endlich, um der Schande zu entgehen, nicht zu weinen.« (La Rochefoucault, 35)

La Rochefoucaulds jede Form von Täuschung und Selbsttäuschung entlarvende Maximen und kurze Reflexionen kritisieren die falsche Moral der herrschenden Sittlichkeit seiner Zeit. Positiv orientieren sie sich am innerweltlichen Ideal der *honnêteté* (Aufrichtigkeit) bzw. an der Idee eines scheinlosen, nichtkorrumpierten, aufrichtigen menschlichen Zusammenlebens.

Neben einer an Montaigne und La Rochefoucault erinnernden kritischen Entlarvungs- und Demaskierungsarbeit findet man in den Schriften des spanischen Jesuiten Baltasar Gracián (1601–1658) eine positive Klugheits- und Lebenslehre, die die Spielregeln bzw. die Gesetzmäßigkeiten des Lebens in einer hinfälligen, korrumpierten Welt feststellt und eine Hilfestellung anbietet, um in einer solchen Welt das konkrete Leben zu meistern. Analytisch zerlegt Gracián die menschlichen Interaktionen und die Handlungszusammenhänge, die aus ihnen resultieren. Auf diese Weise entwickelt er grundrißhaft eine Anatomie des menschlichen Verhaltens und der menschlichen Handlungs- und Lebenswirklichkeit.

In den einzelnen Schriften Graciáns (in *El Político*, *El Héroe*, *El Discreto* und insbesondere in dem von Arthur Schopenhauer übersetzten *Handorakel und Kunst der Weltklugheit*, das eine Art Kompendium der Graciánschen Klugheits- und Lebenslehre darstellt) findet man die von ihm geprägten Begriffspaare, durch die Gracián die agonistische, doppelpolige Struktur des menschlichen Handelns und der menschlichen Lebenswelt konzeptualisiert: »milicia-malicia« (Kampf-Bosheit), »Sustancia-circunstancia«(Substanz-Umstände), »acto-táctica« (Akt-Taktik), »Diligencia-inteligencia« (Fleiß bzw. Betriebsamkeit-Verstand), »máscara-verdad« (Maske-Wahrheit), »ser-parecer« (Sein-Scheinen), »pensar-obrar« (Denken-Handeln), »ver-entender« (Sehen-Verstehen), »persona-personilla« (Persönlichkeit-charakterlose Person), »juicio-ingenio« (Urteilskraft-Ingenium), »simular-disimular« (Nachahmen-Verschleiern) usw.

Diese Begriffspaare kommen im Werk Graciáns immer wieder vor. Sie sind das begriffliche Instrumentarium seiner Lebensethik, die einerseits empirisch beschreibt, wie die Schein- und Trugwelt der Menschen genau funktioniert, und die andererseits »el saber vivir« (das Wissen, wie man das Leben konkret gestaltet) vermitteln will, damit unter den Bedingungen einer falschen, verlogenen Welt von Simulationen und Scheinproduktionen ein für die Menschen gutes Leben zustande kommen kann. (Borinski, 23f.)

Das Leben in der menschlichen Scheinwelt der Vortäuschungen und Selbsttäuschungen faßt Gracián als spannungsvollen Kampf auf, der nach bestimmten wissbaren bzw. erforschbaren Gesetzmäßigkeiten verläuft und für den der kluge Mensch sich rüsten muß: mit Wissen, aber auch mit einer Reihe von Kompetenzen und Fähigkeiten, die er gezielt erlernen kann. Um das Leben zu meistern, muß man also dessen Spielregeln kennen,

eine Reihe von Tugenden erworben haben und einige strategische Techniken und Listen beherrschen, ohne die der Lebenskampf nicht gewonnen werden kann. So heißt es zum Beispiel im *Handorakel*: »Wissenschaft und Tapferkeit bauen die Größe auf ... Jeder ist so viel, als er weiß, und der Weise vermag alles. Ein Mensch ohne Kenntnisse; eine Welt im Finstern. Einsicht und Kraft; Augen und Hände ...« (Gracián, 6)
Zur strategisch wichtigen Fähigkeit des Umgangs mit Fehlern und Fehltritten (Schopenhauer übersetzt »Versehen«) heißt es dann: »Vom Versehen Gebrauch zu machen wissen. Dadurch helfen kluge Leute sich aus Verwicklungen. Mit dem leichten Anstande einer witzigen Wendung kommen sie oft aus dem verworrensten Labyrinth ...« (Gracián, 39) Und was die Feinde angeht, die man auch strategisch verwerten kann, heißt es in der 84. Maxime:

»Von den Feinden Nutzen ziehen. Man muß alle Sachen anzufassen verstehen, nicht bei der Schneide, wo sie verletzen, sondern beim Griff, wo sie beschützen, am meisten aber das Treiben der Widersacher. Dem Klugen nützen seine Feinde mehr als dem Dummen seine Freunde. Das Mißwollen ebnet oft Berge von Schwierigkeiten, mit welchen es aufzunehmen die Gunst sich nicht getraute. Vielen haben ihre Größe ihre Feinde auferbaut.«

Der Idealtypus der Klugheits- und Lebensethik Graciáns ist der »hombre discreto«, der diskrete Mensch, der nicht aus der Fassung gerät, der seine Phantasie zügelt und nie übertreibt, der sich nie beklagt, sich in der Welt auskennt (Kunde von den Dingen besitzt), scharfsinnig, aufmerksam und wach geeignete Augenblicke abzuwarten weiß und ruhig, ausgeglichen und standhaft, was ansteht, zu bewältigen vermag. Er versteht sich in der Kunst des Entzifferns und der Auslegung. Er ist schlagfertig. Seine Urteilskraft läßt sich nicht durch unwichtige Nebensachen irritieren. Ihm eignen eine unübersehbare Souveränität sowie eine natürliche Größe und Überlegenheit. (Gracián, 14f., 21, 24, 29, 30 und 64f. u.a.) Außerdem charakterisiert ihn wesentlich die Tugend der Mäßigung, von deren Bedeutung im alltäglichen Leben Gracián weiß.

»Nichts bis auf die Hefen leeren, weder das Schlimme noch das Gute. Ein Weiser führte auf Mäßigung die ganze Weisheit zurück. Das größte Recht wird zum Unrecht; und drückt man die Apfelsine zu sehr, so gibt sie zuletzt das Bittre. Auch im Genuß gehe man nie aufs äußerste. Sogar der Geist wird stumpf, wenn man ihn bis aufs letzte anstrengt: und Blut statt Milch erhält, wer auf eine grausame Weise abzapft.« (Gracián, 43)

Bei einem jeden Ding gibt es also einen kritischen Punkt, um den der lebenstüchtige, tapfere, verständige und kluge Mensch wissen muß. Die 39. Maxime empfiehlt daher: »Den Punkt der Reife an den Dingen kennen, um sie dann zu genießen. Die Werke der Natur gelangen alle zu einem Gipfel ihrer Vollkommenheit; bis dahin nahmen sie zu, von dem an ab ...«

Der »diskrete« Mensch Graciáns kann ein wahres »glückliches« (und das heißt für Gracián: »heiliges«, »gesundes« und »weises«) Leben führen. (Gracián, 146)

Die geistesaristokratische frühaufklärerische Lebens- und Klugheitsethik Baltasar Graciáns will dem Menschen allgemeine Lebenskompetenz vermitteln. Der Mensch soll nach Gracián beim Spiel des Lebens mitspielen, wissend, daß dieses Spiel Regeln hat, die es zu respektieren gilt. Durch die kognitive Tugend der Weisheit, die so viel wie »Sich Auskennen«, »Von den Sachen etwas Verstehen« heißt, kann der Mensch komplexe Verhältnisse erkennen und durchschauen. Durch verschiedene praktische Tugenden kann er zum richtigen Zeitpunkt die richtige Entscheidung treffen, die richtigen Einsätze tätigen und sich adäquat verhalten. Die Graciánschen Tugenden trennen nicht Moralität und Sittlichkeit. Sie stellen einen Vermittlungsversuch dar, in dem moralisches und strategisches Handeln zueinander finden sollen.

## *4. Descartes und Spinoza*

Es gibt unterschiedliche Wissensbereiche, und es ist durchaus möglich, daß Individuen, die in einem spezifischen Wissensbereich sehr differenziert denken, sich in den anderen Bereichen mit klischeehaften Meinungen zufriedengeben. Mit anderen Worten: Wer sehr kritisch in einem bestimmten Wissensgebiet ist, kann in anderen Bereichen ein beträchtliches unkritisches Anpassungsverhalten praktizieren. Und es kann auch sein, daß große Konstruktionsvorhaben und Grundlegungsprojekte in einer spezifischen Sphäre menschlicher Betätigung mit einer völligen Akkommodationspraxis in anderen Sphären zusammengehen.

Der französische Philosoph René Descartes (1596–1650), der im Bereich der Metaphysik wegen seines radikalen Infragestellens des Tradierten, auf daß ein im geometrischen Geist aufgebautes, rational nachprüfbares System von Gewißheiten und logischen Ableitungen entstehen kann, bekannt ist, empfiehlt eine Akkommodationsmoral, die sich an Geltendes anpaßt, bis in dem praktischen Bereich moralischen Handelns ein neues evidentes System von Einsichten und Gewißheiten erarbeitet worden ist. Er, der (mit den Widersprüchen der philosophischen Tradition konfrontiert) radikal kritisch auf der Suche nach einer letzten, alles fundierenden theoretischen Evidenz ist, von der her das ganze philosophische Wissenssystem konstruiert werden könnte, verlangt im konkreten sozialen und politischen Leben totale Anpassung. Der radikale Kritiker der traditionellen Metaphysik und der zu seiner Zeit geltenden philosophischen Methoden, die er durch eine zu klaren und evidenten Aussagen führende einfache Methode ersetzen wollte, (Descartes, 30ff.) plädiert für ein praktisches Verhalten, das sich bis auf weiteres (d.h. bis ein neues evidentes rationales System entwickelt .worden ist) an das hält, was im jeweiligen Handlungskontext üblich ist.

Die drei ersten Grundsätze der von Descartes in praktischen Angelegenheiten empfohlenen unkritischen Anpassungsmoral lauten in Descartes' eigenen Worten:

»Der erste war, den Gesetzen und Sitten meines Vaterlandes zu gehorchen, an der Religion beharrlich festzuhalten, in der ich durch Gottes Gnade seit meiner Kindheit unterrichtet worden bin, und mich in allem anderen nach den maßvollsten, jeder Übertreibung fernsten Überzeugungen zu richten ...« »Mein zweiter Grundsatz war, in meinen Handlungen so fest und entschlossen zu sein wie möglich und den zweifelhaftesten Ansichten, wenn ich mich einmal für sie entschieden hätte, nicht weniger beharrlich zu folgen, als wären sie ganz gewiß.« »Mein dritter Grundsatz war, stets bemüht zu sein, eher mich selbst zu besiegen als das Schicksal, eher meine Wünsche zu ändern als die Weltordnung und überhaupt mich an den Gedanken zu gewöhnen, daß nichts völlig in unserer Macht steht außer unseren Gedanken.« (Descartes, 39ff.)

Die Begründung der Notwendigkeit einer solchen Anpassungsmoral liefert Descartes am Anfang des dritten Teiles seines *Discours de la méthode*:

»Endlich genügt es nicht, das Haus, in dem man wohnt, nur abzureißen, bevor man mit dem Wiederaufbau beginnt, und für Baumaterial und Architekten zu sorgen oder sich selbst in der Architektur zu üben und außerdem den Grundriß dazu sorgfältig entworfen zu haben, sondern man muß auch für ein anderes Haus vorgesorgt haben, in dem man während der Bauzeit bequem untergebracht ist. Um also in meinem Tun nicht unentschlossen zu bleiben, solange mich die Vernunft nötigte, es in meinen Urteilen zu sein, und um so glücklich wie möglich weiterleben zu können, entwickelte ich mir eine Moral auf Zeit, die nur aus drei oder vier Grundsätzen bestand ...« (Descartes, 37, 39)

Mangels einer letztbegründeten Moral, die man systematisch in Angriff nehmen will, und solange eine solche maximalistische, auf evidenten Grundsätzen basierende Moral nicht im Horizont erscheint, wird also eine provisorische Akkomodationsmoral, eine Moral auf Zeit empfohlen, die nichts mehr in Frage zu stellen vermag. Je schwieriger die Bewerkstelligung der ersten, um so wahrscheinlicher die Perpetuität der letzteren.

Das von Descartes anvisierte Ziel, realisiert Baruch de Spinoza (1632–1677): die vollständige Ausarbeitung einer auf einem gesicherten metaphysischen System basierenden Ethik, der universelle Gültigkeit zukommen kann.

Spinozas Philosophie-Konzeption ist eine maximalistische. Er verkörpert in idealer Weise den Typ des metaphysischen spekulativen Denkers, der ein philosophisches System entwirft, das die ganze Welt, das Ganze der Natur, ja alles, was existiert, begrifflich erfassen kann, d.h. intelligibel machen kann. Kompromißlos setzt sich Spinoza für eine absolute Philosophie ein, die das Absolute zum Gegenstand hat. Die Größe eines solchen philosophischen Projekts verhält sich anachronistisch zu gegenwärtigen bescheidenen Philosophie-Modellen, die berechtigterweise sich nicht mehr den totalen Wurf zutrauen. Das Spinozasche Modell reklamiert für die Vernunft eine Macht, die die gegenwärtige Philosophie als Sache der Vergangenheit deklariert. Das ganze Universum, ja Gott selbst sind das Thema und der Ausgangspunkt seines philosophisch-spekulativen Systems. Absolutes Wissen, absolute Erkenntnis verspricht er denjenigen, die sich auf seine gewaltige metaphysische Konstruktion einlassen, und das heißt konkret: die richtige Lebensweise, das richtige Leben in Weisheit, denn für Spinoza koinzidieren das Wissen, die Weisheit und das gute Leben.

Wenn die Menschen das Ganze erkannt haben, so seine gar nicht bescheidene Unterstellung, dann werden sie ein glückliches Leben führen können. Philosophisch-autobiographisch erzählt Spinoza, wie er auf den richtigen Weg der absoluten Philosophie kam:

»Nachdem die Erfahrung mich gelehrt hat, daß alles, was im gewöhnlichen Leben sich häufig uns bietet, eitel und wertlos ist ... so beschloß ich endlich nachzuforschen, ob es irgendetwas gebe, das ein wahres Gut sei, dessen man teilhaftig werden könne, und von dem allein, mit Ausschluß alles Übrigen, die Seele ergriffen werde, ja ob es etwas gebe, durch das ich, wenn ich es gefunden und erlangt, eine beständige und vollkommene Freude auf immerdar geniessen könne.« (Spinoza, Abhandlung über die Verbesserung des Verstandes, 3)

Dies ist der Anfang einer absoluten Vernunftphilosophie, die das wahre Gute erforschen will und sich endgültige und allumfassende Erkenntnisse über das All zutraut. Absolutes Wissen und die richtige (wahre, gute) Lebensweise werden nach Spinoza die Früchte einer solchen Philosophie sein.

In der *Abhandlung über die Verbesserung des Verstandes* unterscheidet Spinoza vier (in der »Ethik« drei) unterschiedliche Wissensformen resp. Erkenntnisweisen: 1) ein Wissen (perceptio), das wir durch Hörensagen oder durch irgend ein beliebiges Zeichen erhalten; 2) ein Wissen, das wir durch eine bestimmte Erfahrung (experientia vaga) erhalten; 3) ein Wissen, bei dem das Wesen (die essentia) einer Sache aus einer anderen Sache in einer nicht völlig adäquaten Weise erschlossen wird; 4) ein Wissen endlich, bei dem die Sache bloß aus ihrem Wesen oder durch die Erkenntnis der nächsten Ursache begriffen wird. Diese vierte Wissensform ist die Wissensart, die Spinozas Philosophie erzeugt: eine absolut rationale Erkenntnis des Wesens der Dinge und ihrer Ursachen, zu der der Mensch sich erheben kann, dadurch daß er (wie beim »epistemologischen Bruch« Gaston Bachelards) mit den anderen inadäquaten und unpräzisen verwirrenden Wissens- und Erkenntnisformen bricht und konsequent den *mos geometricus* (die mathematische deduktive Verfahrensweise) anwendet, indem er streng wissenschaftlich – und nicht auf Autoritäten oder literarischen Quellen basierend – aus logisch gewissen Erkenntnissen weitere Erkenntnisse ableitet. (Spinoza, Abhandlung über die Verbesserung des Verstandes, XI)

Entsprechend dieser unpersonalistischen, objektiven, rigorosen Wissens- und Philosophieauffassung ist auch die *Ethik* Spinozas als ein System sich gegenseitig begründender Definitionen, Propositionen und Demonstrationen konstruiert, in dem die im absoluten Wissen gegründete wahre Lebensweise vorgeführt wird.

Im Alltag haben die Menschen zahlreiche Vorstellungen über die Welt und sich selbst, die falsch und unwissenschaftlich sind. So gibt es, um nur ein Beispiel zu nennen, diverse alltagssprachliche, populäre Sprachspiele über den menschlichen Willen oder über menschliche Absichten, die, auf verworrenen Wahrnehmungen oder Urteilen basierend, die wahren Ursachen des menschlichen Wollens eher verschleiern als durchleuchten. Sie stellen ein unklares, konfuses und nichtdistinktes Wissen bzw. Nichtwissen (Ignoranz) dar, das nach Spinoza unfrei macht. Spinozas *Ethik* sagt diesen Vorstellungen und falschen Wissensmomenten den Kampf an. Er will beispielsweise klare und deutliche Begriffe der einzelnen Affekte erarbeiten, damit der Mensch um sie und ihre wahren Ursachen weiß.

Im dritten Teil der *Ethik* unter dem Titel »Über den Ursprung und die Natur der Affekte« kann man sehen, wie Spinoza diesen intellektuellen Kampf systematisch führt. Er geht davon aus, daß es allgemeine Gesetze und Regeln der Natur gibt, nach denen ausnahmslos alles (das menschliche Agieren und Interagieren eingeschlossen) geschieht und die man erkennen kann. Er bestimmt dann im einzelnen die verschiedenen menschlichen Affekte wie Lust, Unlust, Bewunderung, Verachtung, Liebe, Haß, Zuneigung, Abneigung, Ergebenheit, Hoffnung, Furcht, Zuversicht, Verzweiflung, Freude, Niedergeschlagenheit, Hochmut, Scham, Zorn, Grausamkeit u.a. (Spinoza, 134 und 195ff.) Dabei geht Spinoza von zwei wichtigen theoretischen Prämissen aus: 1) Der Mensch ist Teil der Natur, und wie jedes Naturding auch strebt er danach, in seinem Sein zu verharren (*conetur perseverare*). So lautet der neunte Lehrsatz: »Der Geist strebt, sowohl sofern er klare und bestimmte als auch sofern er auch verworrene Ideen hat, in seinem Sein auf unbestimmte Dauer zu verharren, und er ist sich dieses Strebens bewußt.« In einer Anmerkung heißt es erläuternd dazu: »Dieses Bestreben wird, wenn es auf den Geist allein bezogen wird, Wille genannt; wird es aber auf Geist und Körper zugleich bezogen, so heißt es Verlangen; welches also nichts anderes ist als des Menschen Wesen selbst, aus dessen Natur das, was zu seiner Erhaltung dient, notwendig folgt, weshalb der Mensch bestimmt ist, es zu tun ...« (Spinoza, Ethik, 144f.) 2) Die von jedem Menschen angestrebte Vollkommenheit besteht in einem Tätigsein, das passive (untätige) Leidenszustände überwindet. Hierzu heißt es bei Spinoza selbst: »Ich sage, daß wir tätig sind (handeln), wenn etwas in uns oder außer uns geschieht, dessen adäquate Ursache wir sind, d.h. wenn etwas in uns oder außer uns aus unserer Natur erfolgt, das durch sie allein klar und deutlich erkannt werden kann. Dagegen sage ich, daß wir leiden, wenn in uns etwas geschieht oder aus unserer Natur etwas folgt, wovon wir nur die partiale Ursache sind.« (Spinoza, Ethik, 134f.) Für die Affekte bedeutet dies: »Unter Affekte verstehe ich die Erregungen des Körpers, durch welche das Tätigkeitsvermögen des Körpers vergrößert oder verringert, gefördert oder gehemmt wird ... Wenn wir also die adäquate Ursache dieser Erregungen sein können, verstehe ich unter Affekt eine Tätigkeit (Handlung), im andern Falle ein Leiden.« (Spinoza, Ethik, 135)

Spinozas streng wissenschaftlich vorgehende *Ethik* ist eine naturalistisch-rationalistische Theorie menschlichen Handelns und Strebens, die von der Macht der Vernunfterkenntnis überzeugt ist und begriffliche Aufklärungsarbeit leistet, damit die vernünftige Erkenntnis auch im konkreten Leben über die Affekte herrschen kann und der Mensch ein geistiges, freies, glückseliges Leben führen kann. Denn nach Spinoza bestehen »die Freiheit des Geistes« und »die Glückseligkeit« gerade in der Vernunftherrschaft, die mit der Einsicht ins Notwendige-Objektive anfängt. (Spinoza, Ethik, 294) Der sechste Lehrsatz des fünften Teils der *Ethik* (ein Teil, der den Titel »Über die Macht der Erkenntnis oder die menschliche Freiheit« trägt) lautet: »Sofern der Geist alle Dinge als notwendige erkennt, insofern hat er eine größere Macht über die Affekte oder leidet er weniger von ihnen.« Mit anderen Worten: Der Weg zum Glück führt nach Spinoza über das wahre, vernünftige Erkennen resp. Einsehen des Notwendigen.

# IV. Ethik im 18. Jahrhundert

Das achtzehnte Jahrhundert ist das Jahrhundert der Aufklärung und der Kritik, ein Jahrhundert, in dem alles, was bis dahin faktisch gegolten hat, potentieller Gegenstand einer kritischen Prüfung durch die Vernunft wird. Die Welt der Normen und Geltungen wird nun in dem Sinne entzaubert, daß der sich emanzipierende, autonom werdende, selbstdenkende Mensch anfängt, alles zu prüfen, faktische Geltungen bis auf weiteres zu suspendieren.

Mittels einer kritischen Vernunft, die rücksichtslos alles verobjektivieren kann, emanzipiert sich der Mensch aus der Welt des geschichtlichen Herkommens. Er befreit sich von allen Autoritäten, Lehren, Ordnungen, Bindungen, Institutionen, Normen und Konventionen und läßt nur die Vernunft gelten und das, was sich in einem kritischen Prüfungsverfahren als geltungs- und verallgemeinerungsfähig erwiesen hat. Nichts ist dieser kritisch prüfenden Vernunft heilig. Immanuel Kant gibt den Zeitgeist des 18. Jahrhunderts treffend wieder, wenn er in seiner Vorrede zur ersten Auflage der *Kritik der reinen Vernunft* formuliert:

»Unser Zeitalter ist das eigentliche Zeitalter der Kritik, der sich alles unterwerfen muß. Religion, durch ihre Heiligkeit, und Gesetzgebung, durch ihre Majestät, wollen sich gemeiniglich derselben entziehen. Aber alsdenn erregen sie gerechten Verdacht wider sich, und können auf unverstellte Achtung nicht Anspruch machen, die die Vernunft nur demjenigen bewilligt, was ihre freie und öffentliche Prüfung hat aushalten können.«

Die »gereifte Urteilskraft« des Zeitalters, die sich nicht länger durch Scheinwissen hinhalten lassen will, prüft alles. Sie ist allerdings durch ein positives Interesse motiviert. Sie will wissen, deutlich sehen (das »Helldenken« bzw. die »aufhellende Klärung« ist neben dem Motiv des »Selbstdenkens« das zweite Leitmotiv des Aufklärungszeitalters), was einer kritischen Prüfung standhalten kann, um es zu retten. Alle grundlosen Anmaßungen, alle nicht berechtigten Machtansprüche sollen als solche entlarvt werden, damit das Generalisierbare und Geltungswürdige in den Vordergrund treten und der Mensch dadurch eine vernünftige Orientierung gewinnen kann.

Dieser Prozeß des Transparentmachens und der Kritik läßt das entstehen, was Jürgen Habermas in seiner mittlerweile klassischen Untersuchung *Der Strukturwandel der Öffentlichkeit* (1962) die »bürgerliche Öffentlichkeit« genannt hat. In dieser »bürgerlichen Öffentlichkeit« kommen die Bürger zusammen, um räsonierend die alle betreffenden Angelegenheiten zu regeln. In ihr gilt das Prinzip *veritas facit legem*, das das Gegenprinzip zur Maxime der Arkanpolitik der feudalen Fürsten (*auctoritas facit legem*) darstellt.

Der konkrete Aufklärungsprozeß des öffentlichen kritischen Räsonierens hat sich in den einzelnen europäischen Ländern unterschiedlich gestaltet. Während er in Frankreich im Zuge einer scharfen Polemisierung radikale Formen annimmt, verläuft er in Deutschland moderat in dem Sinne, daß stets Kompromißlösungen mit den einzelnen geltenden Traditionen gesucht und gefunden werden, ähnlich wie in England, wo bei aller Traditionskritik das traditionsbejahende, Üblichkeiten aufrechterhaltende Verhalten eine wichtige Rolle gespielt hat.

Das achtzehnte Jahrhundert stellt eine Zäsur in der Geschichte der westlichen Welt dar. Gleichgültig ob man diese tiefenstrukturelle Zäsur in Wirtschaft, Politik, Kultur und Ideologie anhand des politischen Ereignisses der Französischen Revolution anschaulich festmacht oder, wie der Begriffshistoriker Reinhart Koselleck, anhand semantischer Bedeutungsverschiebungen, durch die bestimmte Begriffe wie »Freiheit«, »Recht«, »Geschichte«, »Revolution« usw., die bis jetzt in der Pluralform gebraucht wurden, nun in der Singularform vorkommen und eine ganz neue dynamisierte, prospektiv auf Zukunft hin geöffnete Bedeutung erhalten, ist eines unbestreitbar: im achtzehnten Jahrhundert findet eine allgemeine Revolutionierung der Denkart sowie der Lebensverhältnisse statt, die zu einer radikalen Veränderung der kulturellen Matrix führt.

Für die Ethik ist das achtzehnte Jahrhundert von kaum zu unterschätzender Bedeutung, da, wie im folgenden anhand der französischen Aufklärung, der empirischen Moralphilosophie in England und Schottland und der kritischen Philosophie Immanuel Kants gezeigt werden soll, mehrere »paradigmatische«, schulbildende Ausprägungen der ethischen Reflexion in diesem Jahrhundert entwickelt wurden, ohne die die philosophische Ethik in ihrer gegenwärtigen Gestalt nicht möglich wäre. Kants paradigmatische Behandlung des Universalisierungsprinzips, die englischen und schottischen Darlegungen über das moralische Gefühl und die Vermittlungsprobleme von privaten Tugenden und allgemeinen Interessen sowie die naturalistischen Kritikstrategien am Traditionellen, Hergebrachten seitens der französischen Aufklärer stellen fundamentale Modelle in der Geschichte der Ethik dar. Auf diese Modelle rekurrieren gegenwärtig einzelne Moraltheoretiker, wenn sie ihre Ansätze und Theoriemodelle zu begründen versuchen.

## *1. Die französischen Aufklärer*

Die zentrale Fragestellung der französischen Aufklärer lautet: wie ist Emanzipation der einzelnen Individuen und der ganzen Gattung möglich? Die konkreten Antworten, die die französischen Aufklärer erarbeitet haben, bemühen sich um die Klärung dessen, was Emanzipation genau sei, sowie um die Erörterung des Zusammenhangs von Emanzipation und Fortschritt der menschlichen Gattung.

Die philosophische Reflexion, die Denkarbeit, ist für die französischen Aufklärer keine neutrale Tätigkeit, sondern emanzipationsinteressierte ethische Reflexion, in der es um den Menschen, seine Fähigkeiten und Möglichkeiten geht, die sich in der durch Vorurteile, Machtprivilegien und Ungerechtigkeiten charakterisierten Gesellschaft des *ancien régime* nicht angemessen entwickeln können. Eine solche philosophische Reflexion ist unmittelbar praktische Philosophie, Ethik als Gesellschaftsphilosophie. (Mensching, 178ff.)

Der schlechten Realität der existierenden Gesellschaft setzen die französischen Aufklärer die Natur entgegen, eine Größe, die beim jeweiligen Philosophen anders aufgefaßt wird.

Von exemplarischer Bedeutung ist die als Abschluß einer ganzen Entwicklung (welche mit dem Buch *De l'esprit* Helvétius' ihren Anfang genommen hatte) 1770 erschienene Schrift *Système de la nature* des Barons d'Holbach (1723–1789), in der Gesellschaftsphilosophie im weitesten Sinne dieses Begriffes als Naturphilosophie entwickelt wird. Alle Argumente, die damals gegen das *ancien régime* und seine wichtigsten Repräsentanten vorgetragen wurden, findet man in dieser Schrift versammelt.

Die sensualistischen Thesen des für die französische Aufklärung so wichtigen englischen Philosophen John Locke (1632–1704) werden im *System der Natur* eingeführt und polemisch gegen die von der idealistischen Moralphilosophie behauptete Transzendenz der moralischen Prinzipien gewendet. Moral erscheint somit als Produkt eines beschreibbaren empirischen Erfahrungsprozesses. (d'Holbach, 68ff.)

Ein gründliches Naturstudium, und nicht die idealistische Spekulation über den Menschen wird von d'Holbach empfohlen, denn nur ein solches Studium könne über die wahren Gesetzmäßigkeiten der physischen und der moralischen Welt aufklären. So lautet d'Holbachs Fazit am Ende des ersten Teils seines *Systems der Natur*

»Aus allem, was bisher gesagt wurde, geht offensichtlich hervor, daß alle Irrtümer der Menschheit in jedem Fall daher rühren, daß die Menschen auf die Erfahrung, auf das Zeugnis der Sinne, auf die gesunde Vernunft verzichtet haben, um sich von der trügerischen Einbildungskraft und von der immer verdächtigen Autorität leiten zu lassen. Der Mensch wird immer sein wahres Glück verkennen, sobald er es unterläßt, die Natur zu studieren, ihre unveränderlichen Gesetze zu erforschen und in ihr selbst die wirklichen Heilmittel gegen solche Übel zu suchen, die notwendige Folgen seiner gegenwärtigen Irrtümer sind.« (d'Holbach, 291)

Die naturalistische bzw. materialistische Philosophie d'Holbachs ist als ganze gesellschaftskritisch ausgerichtet. Denn, wenn es so ist wie d'Holbach behauptet, sind viele Einrichtungen der Gesellschaft, die auf irrtümlichen, verworrenen Ideen und Vorstellungen basieren, nutzlos und schädlich. Sie sollen nun radikal kritisiert werden, damit sie dann abgeschafft werden können.

»Aus mangelnder Kenntnis seiner eigenen Natur, seiner eigenen Bestimmung, seiner Bedürfnisse und seiner Rechte ist der Mensch als gesellschaftliches Wesen aus der Freiheit in die Sklaverei geraten ...«, heißt es bei d'Holbach. (d'Holbach, 21) Als Gegenmittel schlägt d'Holbach vor: Aufklärung über die wahren Gesetze und Ursachen. Und so sieht man d'Holbach gegen tradiertes Gültiges polemisieren, das seiner Meinung nach auf falschen Vorstellungen, auf Irrtümern beruht, beispielsweise gegen Strafgesetze, die unaufgeklärt, idealistisch die Täter bzw. Verbrecher für uneingeschränkt verantwortlich halten, ohne in Rechnung zu stellen, daß diese als Besondere die Unvernünftigkeit des Allgemeinen widerspiegeln.

Auf die Kritik der unaufgeklärten Kriminaljustiz seiner Zeit konzentriert sich d'Holbach besonders. Die feudale Bestrafungspraxis, die auf einer primitiven, unaufgeklärten, präjudizierten, individualisierenden oder personalisierenden Attribuierung von Taten und Delikten basiert, könne, so die Argumentation d'Holbachs, keineswegs den der Gesellschaft durch die einzelnen Delikte zugefügten Schaden wiedergutmachen, sondern stelle eher eine Form barbarischer Rache dar. D'Holbachs Ansichten über das geltende Strafrecht seiner Zeit erinnern stark an den leidenschaftlichen Kampf, den Voltaire für die Opfer und gegen die Barbarei und die idealistische Verblendung der französischen Kriminaljustiz geführt hat. Sie lassen sich auch als theoretischer Nachklang zu jenem Kampf Voltaires lesen. (Mensching, 189ff. sowie Jodl, Bd. 1, 455ff.)

Die französischen Aufklärer, allen voran Helvétius, können als Vertreter einer materialistischen, hedonistischen, sensualistischen Moralphilosophie gelten. Sie opponieren gegen die entmaterialisierenden idealistischen moralischen (theologisch verbrämten) Diskurse der etablierten Mächte. Bemerkenswert ist allerdings, daß im Laufe der Zeit die streng mechanistischen, physiologischen Theoreme eines Helvétius bzw. eines La Mettrie (1709–1751, Verfasser der Schrift *L'homme-machine*) aufgrund der Aporien, die sich aus ihnen ergeben, modifiziert werden. Der Mensch wird weiterhin (übrigens nicht ohne Einfluß des Moralisten La Rochefoucauld) als ein selbstsüchtiges natürliches System betrachtet. Zugleich wird aber (zum Beispiel in d'Alemberts und Diderots Auseinandersetzung mit Helvétius' Thesen) eine auf einem natürlichen Sympathiegefühl fußende Mitleidsfähigkeit in die Diskussion eingebracht, die zu einer Erweiterung der materialistischen Grundmatrix der Argumentation führt. (Mensching, 194ff.)

Die nun ebenfalls erörterten Fragen, wie selbstsüchtige Individuen mit ihrem Handeln zum Gesamtwohl der Gesellschaft (die Begriffe *utilité publique*, *bien public* oder *bonheur général* tauchen nun auf) beitragen können oder worin die von der Gesamtgesellschaft bewirkte zivilisatorische Leistung der (in der Begrifflichkeit La Mettries formuliert) »Verfeinerung der Selbstliebe« (*raffinement de l'amour propre*) genau besteht, tragen auch zur Erweiterung der grundsätzlich materialistisch bzw. naturalistisch bleibenden Denkmatrix bei, die aber bis zu diesem Zeitpunkt mehr oder weniger verdrängte Phänomene konzeptualisieren kann.

Die von Shaftesbury (1671–1713), dessen *Essay on Merit and Virtue* Diderot ins Französische übertragen hat, sowie von anderen englischen resp. schottischen Denkern gegen das Prinzip des Egoismus vorgebrachten Argumente haben eine wichtige Rolle bei der sich allmählich durchsetzenden Kritik an der naturalistischen Reduktion aller (auch der scheinbar ganz uninteressierten) Affekte auf Selbstliebe oder Selbstsucht gespielt. Der Grundtenor der sich immer mehr durchsetzenden Argumentation lautet: Neben der Selbstliebe, deren Bedeutung als Triebfeder menschlichen Handelns keineswegs in Frage gestellt wird, existieren Güte, Selbstlosigkeit, Hingabe, Menschenliebe und Aufopferungsfähigkeit, Phänomene, denen man bislang keine große Aufmerksamkeit gewidmet habe und die man auch in Rechnung zu stellen habe. Überhaupt seien die bei Shaftesbury vorhandene Verknüpfung des Ethischen mit dem Ästhetischen und das Phänomen der spontanen Begeisterung für das Gute zu berücksichtigen. Die Konsequenz einer über einen platten Materialismus hinausgehenden erweiterten Sichtweise, die solche Phänomene auch berücksichtigt, kann man anhand einzelner sprachlicher Äußerungen und Bestimmungen konkret sehen. Man redet nun, so d'Alembert in seiner Korrespondenz mit dem preußischen König Friedrich dem Großen, von einer »aufgeklärten Selbstliebe«, welche Quelle von Opfern sein kann und im Sinne einer Familien-, Vaterlands- ja sogar Menschheitsorientierung überindividuellen, kollektiven Werten gegenüber offen ist bzw. von diesen beeinflußt werden kann.

Von der Erziehung und von der Gesetzgebung erhoffen sich die französischen Aufklärer vieles. Sie sind sowohl für die streng naturalistisch argumentierenden als auch für die modifiziert-materialistisch denkenden Autoren die Ansatzpunkte einer allgemeinen aufgeklärten Gesellschaftspolitik, von der diese gesellschaftlich und politisch engagierten *philosophes* erwarten, daß sie bessere Menschen und bessere Lebensverhältnisse bringen werde. (Mensching, 210ff.) Durch die Beseitigung von Vorurteilen und bornierten, unhinterfragten, irrationalen Verhaltensweisen und Denkformen, die nur eine gesellschaftspolitisch implementierte aufgeklärte Philosophie bewirken kann, sowie durch die Einrichtung einer entsprechenden Gesetzgebung als effizientes gesamtgesellschaftlich-politisches Steuerungsmittel, das den alten ungerechten Prozeduren sinnvolle vernünftige institutionelle Konfliktlösungsverfahren entgegensetzen kann, wird man, so der allgegenwärtig fortschrittsoptimistische Glaube, den Rahmen und die mentalen sowie verhaltensmäßigen Qualitäten schaffen, die für eine optimale Förderung individueller und gesamtgesellschaftlicher Möglichkeiten unentbehrlich sind.

Die französischen Aufklärer, diese gesellschaftspolitisch engagierten »philosophes«, sind also nicht nur polemische kritisch-destruktive Autoren gewesen. Die kritische Destruktionsarbeit in ihren Werken ist zwar wichtig, doch stellen sie den kritisierten Modellen der individuellen und kollektiven Lebenspraxis positive Modelle entgegen. Man denke zum Beispiel an Jean-Jacques Rousseaus positive Entwürfe einer nicht entfremdeten Liebesbindung in seinem Roman *La Nouvelle Héloïse*, einer gerechten Vergesellschaftungspolitik im *Contrat Social* und einer Erziehung, die moralisch-natürliche Qualitäten zu fördern vermag, im *Émile* – Alternativkonzepte und -entwürfe, die Rousseau der zerrissenen bürgerlichen Existenz und Gesellschaft entgegensetzt und die die verlorene Ganzheit des glücklichen *homme naturel* wiederzugewinnen versuchen. (Gil, 221 ff.)

Selbst wenn diese französischen *philosophes* die übertrieben optimistische Haltung eines Condorcet nicht ganz teilen, der in seinem *Entwurf* die Fortschritte der Menschheit in der Vergangenheit minutiös registriert und dabei unterstellt, daß eine bessere Zukunft kommen werde, in der es nur freie und emanzipierte Menschen geben werde, besitzt ihre naturalistisch argumentierende praktische Philosophie eine fortschrittsorientierte moralitätsethische Dynamik, die auf ein aufgeklärtes vernünftiges Selbstinteresse setzt und gegen die Praxis von Willkürakten und Sonderprivilegien des etablierten feudalen Staates Freiheit und Gleichheit zu denken und einzuklagen wagt.

## 2. *Empirische Moralphilosophie*

Die geradezu revolutionäre Tat des englischen Philosophen David Hume (1711–1776) bestand darin, im Bereich der Moral die experimentelle Methode radikal angewandt zu haben. Diese Methode, die in der Naturphilosophie zu der großen Veränderung geführt hatte, mit der die neuzeitliche, empirisch verfahrende Naturwissenschaft begründet wurde, sollte nun auch im Bereich der Moralphilosophie fruchtbar gemacht werden und alte rationalistische, abstrakte Denkmuster ein für allemal überwinden. Nicht der Blick auf allgemeine Prinzipien und Sollenssätze sollte in der Ethik dominieren, sondern die Analyse der menschlichen Natur, der menschlichen Leidenschaften, der Gewohnheiten und Üblichkeiten, die das menschliche Handeln bestimmen. Die konkreten Tatsachen des menschlichen Lebens und Handelns sollten Gegenstand der Moralphilosophie werden. Nicht die Apriori-Prinzipien einer universellen Moral, nicht die regulativen Wunschvorstellungen einiger weniger Philosophen und auch nicht irgendwelche kontrafaktischen Sozialentwürfe sollten im Mittelpunkt der Arbeit der Moralphilosophen stehen, sondern die menschliche Natur, wie sie sich faktisch konkret manifestiert. Symptomatisch ist der Untertitel des *Treatise of Human Nature* (*Traktat über die menschliche Natur*) Humes: »An Attempt to introduce the experimental Method of Reasoning into Moral Subjects.«

In dem *Traktat über die menschliche Natur* genauso wie in der *Untersuchung über die Prinzipien der Moral* (*An Enquiry concerning the Principles of Morals*) verfährt Hume entsprechend seiner programmatischen Intention empirisch. Er läßt nur die Tatsachen sprechen. Gegen die spekulativen Moralsysteme werden *facts* und *observation* mobilisiert. (Hume, 1972, 9f.) Nicht die schöne exzellente Idee der Gerechtigkeit an sich interessiert Hume, sondern die Funktionalität der Gerechtigkeit als soziale Tugend, ohne die vieles in der sozialen Welt nicht so gut funktionieren würde. Hume konzentriert seine Aufmerksamkeit auf die Nützlichkeit der Gerechtigkeit für die Gesellschaft und wurde so für die Utilitaristen (insbesondere für Jeremy Bentham) ein Vorfahr. Weil Gerechtigkeit und gerechtes Verhalten nützlich für den Zusammenhalt der Gesellschaft sind, verdienen sie Achtung und Respekt. Die Nützlichkeit und die soziale Konvenienz der Gerechtigkeit machen für Hume ihre moralische Qualität aus.

Die empirische Moralphilosophie David Humes präsentiert sich als revolutionäre Theorie, die metaphysische Fundamente und Letztgewißheiten nicht gelten läßt, sondern nur konkrete faktische Verhaltensweisen, Einstellungen, Interessenkonstellationen und Präferenzen. Sie untersucht deren Nützlichkeit und Funktionalität für die Gesellschaft und die unterschiedlichen sozialen Gruppen. Von moralischen Ideen, kontrafaktischen Unterstellungen und kritischen Alternativentwürfen hält sie nichts. Sie brächten ja nur Instabilität in die funktionierenden Handlungssysteme. Als Fanatiker werden die Menschen denunziert, die sich auf sie berufen.

Bereits in seinen ästhetischen Überlegungen hatte Hume gezeigt, daß die Schönheit keine Qualität in den Dingen selbst ist, sondern lediglich in dem Geist dessen, der sie betrachtet, existiert, also das Resultat eines Geschmacksurteils ist, und so den normativen Begriff des *standard of taste* eingeführt, der die nicht vorhandene objektive Normativität kompensiert. Ähnlich verhält es sich in der Moralphilosophie. Es gibt für Hume keine letzten Wahrheiten und Gewißheiten. Um so wichtiger wird aber für ihn, was traditionellerweise und im Sinne der Usancen, die sich durchgesetzt haben, faktisch gilt. Die faktisch geltenden *standards* der moralischen Beurteilung und des moralischen Handelns sanktioniert er in seiner empirischen Akkommodationsphilosophie. (Hume, 1972, 19ff. und 53ff.)

Die Moralphilosophie David Humes verkörpert das empirische und sozialfunktionalistische Denken, das im 18. Jahrhundert von mehreren englischen und schottischen Autoren in unterschiedlichen Varianten ausgearbeitet worden ist. Dieses Denken kann, entgegen den rationalistischen spekulativen (theologischen) Ethiksystemen die Bedeutung des »moralischen Gefühls« als Instanz des Sittlichen aufzeigen und diverse Konvergenz- und Vermittlungsfiguren individueller Motivlagen und gesamtgesellschaftlicher Zustände darstellen. Die einzelne Ausprägung, die das empirische moralphilosophische Denkmodell bei Shaftesbury, Hutcheson, Mandeville und Smith erhalten hat, ist das Thema der nächsten Seiten.

Selbstverständlich sind die ethischen Theorien dieser Autoren sehr unterschiedlich. Ihre inhaltlichen Positionen tendieren in verschiedene (zum Teil sich widersprechende) Richtungen. Ihnen allen aber gemeinsam ist das empirisch-analytische Vorgehen und eine Reihe von Fragestellungen. Nicht in den gegebenen inhaltlichen Antworten liegt also das Gemeinsame, sondern in den thematisierten Fragestellungen und im Bemühen, die moralphilosophische Reflexion als selbständige empirische Reflexion zu betreiben, die ihre Unabhängigkeit von etablierten Religionen und geltenden Theologieansätzen erzielt hat und methodisch an den Tatsachen des individuellen und kollektiven (sozialen) Lebens ansetzt. Bei David Hume findet man viele (für die empirische Moralphilosophie der englischen und schottischen Autoren repräsentative) Gedankengänge vor, die vor ihm und nach ihm zum Teil präziser und zum Teil ausführlicher formuliert worden sind. Bei Hume läßt sich allerdings die theoretische Radikalität dieser empirischen Moralphilosophie spüren.

Bei Anthony Ashley Cooper, Graf von Shaftesbury (1671–1713) findet man Reflexionen über moralische und ästhetische Fragen in Brief-, Dialog- bzw. Essayform. Shaftesbury konstruiert keine metaphysischen Systeme. Er bietet lediglich unzusammenhängende Bemerkungen und Argumentationen über

Ordnungs-, Harmonie- und Proportionsempfindungen, zu denen die Menschen aufgrund ihrer Natur fähig sind und die sie im geselligen Leben mit anderen Menschen kultivieren können.

Shaftesbury gilt als Begründer der *moral sense*-Schule. Er ist der erste, der in einer wirkungsgeschichtlich relevanten Weise über das innere, unmittelbare moralische Gefühl nachdenkt, welches analog zum ästhetischen Gefühl für Harmonisches und Proportioniertes gedacht wird und eine Art »good taste« der moralischen Lebensführung darstellt.

Shaftesburys Gedanken über das moralische Gefühl, mit dem er das Phänomen des Sittlichen erklärt, sowie seine anthropologischen Ansichten über den Menschen als natürliches, soziales bzw. geselliges Wesen haben einen großen Einfluß auf so unterschiedliche Autoren wie Kant, Goethe, Schiller, Wieland, Herder, Mendelssohn und Leibniz ausgeübt. (Shaftesbury, 400ff.) Francis Hutcheson wird vieles von dem, was Shaftesbury in seinen *Characteristics of Men, Manners, Opinions, Times* (das philosophische Hauptwerk, das eine Sammlung von Essays zu Fragen der Ethik, Ästhetik, Natur- und Religionsphilosophie ist) angedeutet oder festgehalten hat, in einer Art Verteidigungsstrategie Shaftesburys gegen den Autor der Bienenfabel (Mandeville) differenzieren, systematisieren und weiterentwickeln.

Shaftesbury hat als geistiger Anreger gewirkt und diesseits aller metaphysischen Spekulationen auf wichtige (religionsunabhängige) Aspekte und Phänomene aufmerksam gemacht, von denen her das Sittliche in seiner Verbindung mit dem Ästhetischen gedacht werden kann.

Eigensinnig im Denken Shaftesburys ist die Verbindung von platonischem Gedankengut mit den Ideen Lockes. Die Betonung der Einheit von Gutem und Schönem sowie die ganzheitliche Auffassung der Welt, in der davon ausgegangen wird, daß es ein geistiges Prinzip gibt, das die Zweckmäßigkeit und Harmonie des Weltganzen garantiert, sind Momente einer teleologischen Ordnungsphilosophie platonischer Provenienz, die optimistisch einen sinnvollen Weltgesamtplan unterstellt und bei den Menschen eine (sich vom im *Brief über den Enthusiasmus* kritisierten Enthusiasmus unterscheidende) echte und edle Begeisterung für die Gesamtordnung der Welt erwecken möchte. Neben dieser platonischen Grundachse seines Denkens, die Shaftesburys geistige Nähe zu der neuplatonischen Schule von Cambridge markiert, findet man bei Shaftesbury den Einfluß der empirischen Philosophie John Lockes, die nur überprüfbares, in der Erfahrung begründetes Wissen gelten läßt.

Für die Ethik ist Shaftesburys *Untersuchung über die Tugend* (*An Inquiry concerning virtue or merit*) die wichtigste Referenzschrift. In ihr weist Shaftesbury nach, daß die Menschen ein ursprüngliches, unmittelbares, durch keine spekulative Meinung oder Glaubenslehre aufhebbares »natürliches und richtiges Gefühl von Recht und Unrecht« haben und daß tugendhaftes Verhalten mit wohl verstandenen Privatinteressen vereinbar ist. (Shaftesbury, 234ff., 260 und 267) Was das »moralische Gefühl« (*sense of right and wrong*, auch *reflected sense, sense of moral worth and goodness, sense of order and proportion* und *natural moral sense* genannt) angeht, bleibt Shaftesbury wenig explizit, ja unklar und vage, denn er erwähnt es nur gelegentlich, ohne eine systematische Bestimmung seiner Natur und seiner Funktionsweisen zu erarbeiten. Hingegen äußert er sich häufiger und präziser zu der grundsätzlichen Vereinbarkeit von subjektiven und allgemeinen Interessen. Am Ende des ersten Abschnittes des Zweiten Buches der *Untersuchung über die Tugend* heißt es zum Beispiel:

»Wir werden dann sehen, daß dasjenige, was man als eine üble Ordnung und Einrichtung in der Welt vorstellt, indem man moralische Rechtschaffenheit für ein Übel und Laster für das Wohl oder den Vorteil eines Geschöpfes ausgibt, in der Natur gerade das Gegenteil sei, daß Neigung für das allgemeine und Privatwohl nicht nur beieinander bestehen können, sondern unzertrennlich sind und daß folglich moralische Rechtschaffenheit oder Tugend der Vorteil und die Glüchseligkeit, Laster hingegen der Schaden und das Unglück jedes Geschöpfs sein müsse.« (Shaftesbury, 260)

Und einige Seiten weiter, im dritten Abschnitt, heißt es:

»Solchergestalt werden die Neigungen für das Privatwohl zur Tugend notwendig und wesentlich. Freilich kann kein Geschöpf bloß darum tugendhaft oder gut heißen, weil es diese Neigungen besitzt; aber da doch ohne dieselben das Wohl des Ganzen oder des Systems nicht erhalten werden kann, so folgt daraus, daß demjenigen Geschöpf, welches wirklich Mangel daran leidet, notwendig ein gewisser Grad von Tugend und natürlicher Rechtschaffenheit fehle und daß es also mit Recht für lasterhaft und mangelhaft gehalten werden könne.«

Die von Shaftesbury behauptete Konvergenz von Privatinteressen und allgemeinem Wohl setzt allerdings eine bestimmte Einstellung bzw. Handlungsstrategie von seiten der Individuen voraus, die sie befähigt, eine rechte Balance zwischen den wohlwollenden und den selbstischen Neigungen und Handlungen herzustellen. Shaftesbury empfiehlt nachdrücklich Mäßigung als Lebenseinstellung. Jedes Individuum soll maßvolle Verhältnisse der unterschiedlichen Affekte realisieren, damit ein tugendhaftes glückliches Leben möglich wird. Denn werden die Privatneigungen zu stark und mächtig, so machen sie langfristig die von ihnen beherrschten Individuen unglücklich. Werden sie hingegen einem falsch verstandenen Allgemeinen geopfert, so könne das Glück der Individuen nicht zustande kommen. Shaftesbury selbst:

»Überhaupt lassen sich die Neigungen oder Leidenschaften eines Geschöpfs gar füglich mit den Saiten eines musikalischen Instruments vergleichen. Werden diese auch mit Beobachtung des richtigsten Verhältnisses untereinander über einen gewissen Grad hinaus zu hoch gespannt, so ist das mehr, als das Instrument leidet; man hört nicht mehr die Laute oder die Leier, alle Wirkung geht verloren. Sind hingegen zwar einige Saiten gehörig gespannt, andre aber nicht im gehörigen Verhältnisse aufgezogen, so ist auch dann das Instrument in Unordnung und macht widrige Musik ...« (Shaftesbury, 270 und Schrader, 10, 18)

Der von Shaftesbury skizzierte Typos eines Maß-haltenden, tätigen Menschen, der den Sinn für Wahrheit, Ordnung und Harmonie der Welt in der Gemeinschaft Gleichgesinnter kultiviert und intuitiv um die Einheit von Tugend und Schönheit weiß, greift auf Überlegungen Platos im *Symposion* sowie auf die akzeptierten konventionellen Normen der Gentleman-Erziehung zurück.

Francis Hutcheson (1694–1747) unternimmt in seiner Schrift über den Ursprung unserer Ideen von Schönheit und Tugend eine Verteidigung der Ansichten Shaftesburys gegen Mandevilles Thesen, nach denen das menschliche Verhalten ursprünglich und wesentlich durch Selbstliebe bestimmt sei. Die Schrift Hutchesons trägt auch den symptomatischen Titel: *An Inquiry into the Original of our Ideas of Beauty and Virtue; in two Treatises. In which The Principles of the late Earl of Shaftesbury are Explain'd and Defended, against the Author of the Fable of the Bees: and the ideas of Moral Good and Evil are establish'd, according to the Sentiments of the Antient Moralists. With an Attempt to introduce a Mathematical Calculation in Subjects of Morality.*

Mandeville sieht im Menschen »ein außerordentlich selbstsüchtiges und widerspenstiges sowie auch schlaues Tier« und in der Sittlichkeit »ein sozialpolitisches Erzeugnis aus Schmeichelei und Eitelkeit«. (Mandeville, 94 und 101) Gegen diese einseitige Sicht des Menschen, die sich nur auf die Laster, die Leidenschaften und die üblen Seiten seiner Natur konzentriert, will Hutcheson Shaftesburys Ansichten zur Geltung bringen. Er tut dies allerdings, indem er das von Shaftesbury Gesagte präzisiert und systematisiert und dabei die teleologischen Erwägungen Shaftesburys ganz ausblendet.

Hutchesons Untersuchung will aber nicht nur den theoretischen Egoismus widerlegen. Sie wendet sich auch gegen rationalistisch-metaphysische Ansätze (z.B. die Positionen von Clarke und Wollaston), die aprioristisch gewisse Leitsätze aus der Vernunft meinen ableiten zu können. Im Gegensatz zu solchen Versuchen insistiert Hutcheson darauf, daß im Bereich des Moralischen keine demonstrativen Evidenzen im strengen Sinne möglich seien und daß das Sittliche durch die Vernunft nicht adäquat bestimmt werden könne. (Hutcheson, Erläuterungen zum moralischen Sinn, 47ff.) Hutcheson selbst verfährt empirisch-analytisch; er beobachtet (»by distinct Attention«) die Tatsachen des interaktiven Lebens der Menschen und unterscheidet verschiedene Elemente der menschlichen Natur (»sense«, »affections«, »passions« und »calm general desires«). Hierin kontrastiert sein Vorgehen mit Shaftesburys globalerer, auf Einheit hin zielender Denkart.

Auf zwei Hauptfragen versucht Hutcheson eine Antwort zu geben. Die erste zielt auf die Motive ab, die die Menschen in ihrem konkreten Handeln bewegen. Die zweite will klären, aufgrund welchen Vermögens die Menschen zwischen moralisch guten und schlechten Handlungen unterscheiden. (Hutcheson, Erläuterungen zum moralischen Sinn, 5f.) Gegen die Annahme der Rationalisten, die in der Vernunft das gesuchte Vermögen sehen, behauptet Hutcheson, Shaftesburys Reflexionen aufgreifend, es sei ein in allen Menschen von Natur aus vorhandener »moralischer Sinn« die Instanz, die dazu führe, daß wir bestimmte Handlungen billigen bzw. mißbilligen. Aufgrund des »moralischen Sinnes« billigen die Menschen wohlwollende Handlungen bzw. mißbilligen sie die entgegengesetzten Handlungen, ohne rationale Gründe, indem wohlwollende Handlungen (oder auch Neigungen) als wertvoll (und gut unabhängig von unseren eigenen Interessen) und nichtwohlwollende Handlungen (und Neigungen) als moralisch nicht-wertvoll und nichtgut erfahren werden. Kategorisch behauptet also Hutcheson:

»... daß wir nicht nur Eigenliebe empfinden, sondern verschiedene starke wohlwollende Neigungen auch gegenüber anderen hegen, die uns deren Glück als einen letzten Zweck erstreben lassen; und daß wir einen moralischen Sinn oder die geistige Veranlagung haben, jede wohlwollende Neigung in uns selbst oder in anderen und alle allgemein nützlichen Handlungen, von denen wir vermuten, daß sie von einer solchen Neigung herrühren, zu billigen, ohne daß wir dabei an unser eigenes Glück denken.« (Hutcheson, Erläuterungen zum moralischen Sinn, 9)

In der zweiten Abhandlung der Untersuchung über den Ursprung unserer Ideen von Schönheit und Tugend formuliert Hutcheson

»... Nachdem wir diese falschen Quellen tugendhaften Handelns beseitigt haben, wollen wir als nächstes die wahren aufstellen, nämlich eine gewisse Veranlagung unserer Natur, das Wohl anderer zu erstreben; oder einen gewissen Instinkt, der allen Gründen des Interesses vorausgeht und der uns zur Liebe für andere veranlaßt ... Dieser uneigennützige Affekt mag denjenigen als fremd anmuten, denen von der Kanzel, den Schulen, den Systemen und den durch sie beherrschten Unterredungen her der Begriff der Selbstliebe als das einzige Motiv zum Handeln eingeprägt worden ist. Aber wir wollen ihn in seinen stärksten und einfachsten Formen betrachten, und wenn wir seine Möglichkeit in diesen Fällen sehen, werden wir seine universale Verbreitung leicht entdecken.« (Hutcheson, Über den Ursprung unserer Ideen von Schönheit und Tugend, 55)

Wohlwollende Handlungen und Neigungen sind demnach diejenigen, die uns, wo immer wir sie entdecken und beobachten, zur Billigung bewegen. Nicht der Erfolg und das tatsächliche Ergebnis einer Handlung (denn wir können die Auswirkungen der Handlungen nicht immer genau kennen) sind für das moralische Empfinden und Fühlen der Maß-gebende Faktor, sondern die in einer spezifischen Weise qualifizierte Motivlage oder Triebfeder der Handlung, ihre intentionale Ausrichtung. Hutcheson formuliert prägnant die Quintessenz seiner Argumentation: »Gibt es eine bestimmte Eigenschaft, die, wo immer sie wahrgenommen wird, Billigung findet und deren Gegenteil Mißbilligung erregt? Wir werden feststellen, daß diese Eigenschaft in wohlwollender Neigung oder im Streben nach dem Wohl der anderen besteht, soweit stimmen die moralischen Sinne der Menschen im allgemeinen überein.« (Hutcheson, Erläuterungen zum moralischen Sinn, 65)

Das Wohlwollen, das wir spontan als wertvoll erfahren bzw. schätzen, ist der Grund unserer moralischen Billigung. Und hierin sind sich alle Menschen einig, selbst wenn es im einzelnen eine verwirrende Vielfalt von Vorstellungen und Meinungen über moralische Fragen gibt, die Hutcheson sehr ernst nimmt, der er aber die universelle Grundübereinstimmung aller Menschen im spontanen, unmittelbaren Schätzen und Billigen des Wohlwollens entgegenhält.

Francis Hutcheson vernachlässigt keineswegs die Handlungsfolgen. Er spricht auch der Vernunft eine wichtige Rolle im Bereich des Moralischen zu, da sie ein unentbehrliches Mittel zur Beurteilung von Handlungssituationen und Handlungskonsequenzen darstellt. Ähnlich wie später die Utilitaristen wendet Hutcheson die mathematische Methode in einem moralischen Kalkül an, das den Moralitätsgrad einer Handlung berechnen soll, und prägt die Formulierungen, die für die utilitaristischen Ethikansätze grundlegend sind (zum Beispiel die Rede vom »größten Glück der größten Zahl« usf.). (Hutcheson, Über den Ursprung unserer Ideen von Schönheit und Tugend, 61ff. sowie Schrader, 95ff.)

Dennoch unterscheidet sich die Moralphilosophie Hutchesons von der utilitaristischen Ethik. Hutcheson beurteilt Handlungen vor allem im Hinblick auf die ihnen zugrunde liegenden Motive. Das Wohlwollen als Motiv, und nicht das Resultat der Handlung, steht im Mittelpunkt seiner moralphilosophischen Argumentation. In den *Erläuterungen zum moralischen Sinn* begründet Hutcheson seine theoretische Option:

»Die gewöhnlichen Auswirkungen unserer eigenen Handlungen können wir nicht immer kennen, wir können aber sicherlich wissen, daß wir uns ehrlich und aufrichtig bemüht haben, in einer Weise zu handeln, die nach allen Anhaltspunkten, die zu erhalten gegenwärtig in unserer Macht liegt, höchstwahrscheinlich zum allgemeinen Wohl tendiert. Wenn wir uns dieses aufrichtigen Strebens bewußt sind, werden uns die üblen Folgen, welche wir nicht vorhersehen konnten, niemals dazu bringen, unser Verhalten zu mißbilligen. Aber ohne dieses aufrichtige Bestreben billigen wir gegenwärtig vielleicht etwas, was wir später mißbilligen.« (Hutcheson, Erläuterungen zum moralischen Sinn, 68f.)

Bernard Mandeville (1670–1733) und Adam Smith (1723–1790) formulieren ein für die neuzeitliche Sozialethik relevantes Argument, das man auch in den kleinen geschichtsphilosophischen Schriften Immanuel Kants finden kann und das eine wichtige Rolle in der Philosophie Georg Wilhelm Friedrich Hegels spielen wird: Egoistische Privatinteressen können positive Effekte für das Gesamtwohl der Gesellschaft haben, denn mittels einer »Unsichtbaren Hand«, so Smith (Kant redet von »Naturabsicht« und Hegel von »List der Vernunft«), geschieht eine Transformationsarbeit, welche aus Schlechtem Gutes werden läßt.

In Mandevilles satirischem Gedicht *Die Bienenfabel*, durch das er berühmt wurde, sind der Egoismus und das Laster die Triebfeder des gesamten sittlichen und kulturellen Lebens: »So klagt denn nicht: ... für Tugend hat's in großen Staaten nicht viel Platz ... Mit möglichstem Komfort zu leben, Im Krieg zu glänzen und doch zu streben, Von Lastern frei zu sein, wird nie Was andres sein als Utopie. Stolz, Luxus und Betrügerei Muß sein, damit ein Volk gedeih'.« (Mandeville, 92) Denn, wie jeder wissen kann, so die Ausführungen Mandevilles weiter, werden der Weinhändler und der Seidenwarenhändler reich und tragen zum Reichtum ihrer Nation bei, weil es Trunksucht, Eitelkeit und Luxus gibt. Und tugendhafte Frauen und Keuschheit gebe es, weil es auch Prostitution und Unsittlichkeit gibt, so daß die höchsten der Tugenden nicht ohne die schlimmsten Laster vorkommen.

Adam Smith argumentiert ähnlich, wenn er die Aufmerksamkeit seiner Leser auf den Egoismus der Händler und Handwerker lenkt, die durch ihre Arbeit zum Reichtum der Nation und somit zum Gesamtwohl beitragen, denn: »Nicht vom Wohlwollen des Metzgers, Brauers und Bäckers erwarten wir das, was wir zum Essen brauchen, sondern davon, daß sie ihre eigenen Interessen wahrnehmen. Wir wenden uns nicht an ihre Menschen- sondern an ihre Eigenliebe, und wir erwähnen nicht die eigenen Bedürfnisse, sondern sprechen von ihrem Vorteil.« (Smith, Der Wohlstand der Nationen, 17) Aus privaten Lastern kann sich also Positives für die Gesamtheit ergeben, und umgekehrt erzeugen manchmal die besten Absichten die schlechtesten Resultate.

Adam Smith ist auch der Autor einer umfangreichen Theorie der moralischen Gefühle, in der er sich unter dem Einfluß Hutchesons gegen die Egoismusmoral wendet und die Sympathie (die Fähigkeit des Mitfühlens) zur Grundlage der Ethik macht. (Smith, Theorie der ethischen Gefühle, 1ff.)

In seiner Theorie der moralischen Gefühle führt Smith den Begriff des »unparteischen Zuschauers« ein, durch den er das Kriterium des Sittlichen operationalisieren will. Gut ist demnach für Smith diejenige Handlung oder Charaktereigenschaft, die uns auch dann noch als gut erscheint, wenn wir sie von dem Standpunkt des vorgestellten »unparteischen Zuschauers« aus betrachten. (Smith, Theorie der ethischen Gefühle, LXIIf., 28 und 106f.) Die Idee des »unparteischen Zuschauers« Adam Smiths stellt den Versuch einer Überwindung der subjektivistischen Elemente der Gefühlsmoral dar. Dieser Begriff verweist auf Kants Theorie der Moral und läßt sich als eine Antizipation des Kategorischen Imperativs lesen.

Für jede empirische Handlung, die vollzogen wird, lassen sich subjektive Gründe angeben, die den Handelnden leiten. Man kann sagen, daß jedes Handeln subjektive Grundsätze voraussetzt, die plausibel machen, warum jemand auf bestimmte Art und Weise gehandelt hat. Jeder Mensch hat bestimmte Absichten, Pläne oder Projekte, nach denen er sein Handeln gestaltet. Man will so oder so leben, man will immer und überall das eigene Leben so oder so gestalten. Diese Pläne sind wie Programme, nach denen die einzelnen Individuen vorgehen und tätig sind: subjektive Prinzipien des Wollens, subjektive Prinzipien oder Grundsätze zu handeln, wie Immanuel Kant (1724–1804) sagen würde.

Diese Prinzipien oder Grundsätze sind praktische Regeln, nach denen gehandelt wird. Kant nennt sie »Maximen«. In der Einleitung zur *Metaphysik der Sitten* werden sie folgendermaßen definiert: »Die Regel des Handelnden, die er sich selbst aus subjektiven Gründen zum Prinzip macht, heißt seine Maxime; daher bei einerlei Gesetzen doch die Maximen der Handelnden sehr verschieden sein können.« (Kant, Bd. VIII, 331) Und ein wenig weiter heißt es: »Maxime ist aber das subjektive Prinzip zu handeln, was sich das Subjekt selbst zur Regel macht (wie es nämlich handeln will).« (Kant, Bd. VIII, 332)

Jeder Handelnde hat seine Maxime, seine Leitregel, seinen Grundsatz, nach dem er handeln will, und, da es unterschiedliche Charaktere und Lebensläufe gibt, gibt es auch unterschiedliche Maximen und Handlungsregeln. Die einen wollen zum Beispiel, wann immer sie nur können, genießen und intensiv die Gegenwart auskosten. Andere nehmen Anstrengungen in Kauf und praktizieren ständig das, was die Psychologen »delayed gratification« nennen, um aus ihren Unternehmungen so viel monetären (oder anderen) Nutzen wie nur eben möglich zu ziehen. Dem empirischen Verhalten dieser idealtypischen Klassen von Menschen liegen bestimmte Grundsätze und Leitmaximen zugrunde, nach denen situativ angepaßt gehandelt wird.

Hinter jedem empirischen Handeln steht also eine es anleitende Maxime. Diese Maxime ist die subjektive Leitregel, der subjektive Grundsatz, nach dem der Handelnde handelt. Die Frage nun, die moralitätsrelevant ist und die im Mittelpunkt der Kantischen Ethik steht, lautet: Wie muß die jeweils subjektive Maxime qualifiziert sein, damit sie ein praktisches »Gesetz«, d.h. eine allgemeine Maxime mit universeller Geltung für alle Menschen werden kann? Mit anderen Worten: Es geht in der Moralphilosophie Immanuel Kants darum, die einzelnen subjektiven Maximen daraufhin zu untersuchen, ob sie geeignet sind, als allgemeine praktische Gesetze zu gelten bzw. zu solchen Gesetzen erhoben zu werden.

Das Verallgemeinerungsprinzip, das als formales Verfahren die Universalisierbarkeit, d.h. die Verallgemeinerungsfähigkeit und Verallgemeinerungswürdigkeit der einzelnen Maximen prüft, ist die Antwort, die Kant in seiner Moralphilosophie auf die Frage nach der Moralität gibt. Nur jene Maximen also, die verallgemeinert werden können, verdienen nach Kant als moralische Maximen betrachtet zu werden. Moralität ist demnach die Qualität der praktischen Maximen und subjektiven Grundsätze, die dazu führt, daß man von diesen Maximen und Grundsätzen wollen kann, daß sie den Status von praktischen Gesetzen erhalten resp. daß sie Prinzipien einer allgemeinen moralischen Gesetzgebung werden. Nicht die Praktikabilität oder Funktionalität von empirischen konkreten subjektiven Handlungsmaximen, nicht also ihr praktischer Erfolg und ihre praktischen Regulierungs- und Steuerungsleistungen erzeugen bereits Moralität, sondern allein ihre prinzipielle Verallgemeinerbarkeit.

Der »Kategorische Imperativ«, mit dem man die Kantische Ethik spontan in Verbindung bringt, enthält die Anweisung, die Verallgemeinerbarkeit der eigenen Maximen zu prüfen. Kant hat den kategorischen Imperativ mehrfach und dabei unterschiedlich formuliert. Man kann eine Grundformel und drei Unterformeln unterscheiden. Die Grundformel lautet: »handle nur nach derjenigen Maxime, durch die du zugleich wollen kannst, daß sie ein allgemeines Gesetz werde.« (Kant, Bd. VII, 51) Die drei Unterformeln können als Weisen betrachtet werden, »das Prinzip der Sittlichkeit« vorzustellen. Eine der drei Unterformeln zum Beispiel bezieht sich auf die Form von Maximen und ist für uns die interessanteste: »handle so, als ob die Maxime deiner Handlung durch deinen Willen zum allgemeinen Naturgesetz werden sollte.« (Kant, Bd. VII, 51) Eine zweite Unterformel bezieht sich auf die Materie und geht davon aus, daß der Mensch als vernünftiges Lebewesen immer Zweck an sich ist: »Handle so, daß du die Menschheit, sowohl in deiner Person, als in der Person eines jeden andern, jederzeit zugleich als Zweck, niemals bloß als Mittel brauchest.« (Kant, Bd. VII, 61)

Die Formel des Kategorischen Imperativs, die sich auf die

Form der Maximen bezieht, zeigt, worum es Kant eigentlich geht, nämlich um die Maximen, die zu »allgemeinen Naturgesetzen« werden können. In einer erklärenden Anmerkung definiert er eindeutig die beiden zentralen Begriffe der Maximen und Gesetze

»Maxime ist das subjektive Prinzip zu handeln, und muß vom objektiven Prinzip, nämlich dem praktischen Gesetze, unterschieden werden. Jene enthält die praktische Regel, die die Vernunft den Bedingungen des Subjekts gemäß (öfters der Unwissenheit oder auch den Neigungen desselben) bestimmt, und ist also der Grundsatz, nach welchem das Subjekt handelt; das Gesetz ist aber das objektive Prinzip, gültig für jedes vernünftige Wesen, und der Grundsatz, nach dem es handeln soll, d.i. ein Imperativ.« (Kant, Bd. VII, 51)

Bedenkt man, daß der Naturphilosoph Isaac Newton für Kant der bewunderte prototypische Repräsentant der objektiven nomologischen Naturwissenschaft ist, in dessen Werk dem Begriff »Gesetz« eine zentrale Bedeutung zukommt, so ist es nicht erstaunlich, daß Kant die Begrifflichkeit »objektives Prinzip«, »objektives Gesetz« in seiner Philosophie zentral verwendet. Mit dem Begriff »Gesetz« meint er das, was objektiv und universell gilt und unbedingt bindet. In der Moralphilosophie ist »Gesetz« der Begriff, mit dem Kant jenen für seine Ethik so fundamentalen Übergang von der subjektiven zu der objektiven Willensbestimmung bezeichnet.

Das Nichtdenkenkönnen, daß eine bestimmte Maxime verallgemeinert und somit zu einem universellen, für alle vernünftigen Wesen gültigen Gesetz erhoben werden kann, weist für Kant auf die Anwesenheit von äußeren, materiellen, abhängig machenden partikularen Zwecken, Neigungen und Interessen hin, welche bestimmend sind und dadurch die »Autonomie des Willens« aufheben. Die Autonomie des Willens ist aber in der Kantischen Moralphilosophie das Prinzip der Moralität und der Grund der Würde der Vernunftwesen. Nur eine autonome Gesetzgebung kann zu Recht Universalität beanspruchen und ist eine moralische Gesetzgebung, in der und durch die die reine praktische Vernunft den Willen bestimmt.

Die Moralphilosophie Immanuel Kants ist aber nicht so einheitlich, wie die gerade gemachten Ausführungen über das Verallgemeinerungsprinzip, den Kategorischen Imperativ und die Autonomie des Willens nahelegen. Neben der formalistischen Seite, die in der Kantischen Ethik überwiegt und die Grundlage für das (in der Hauptsache durch die Stilisierungsarbeit der Neukantianer herausgearbeitete sogenannte) »Kantianische«

bildet, findet man in der Moralphilosophie Kants eine Reihe von Formulierungen, die auf mehr als formale Momente seiner Argumentation hinweisen. Das hat dazu geführt, daß man von zwei Ethiken in der Philosophie Immanuel Kants bzw. (wenn nicht von zwei vollständig ausgearbeiteten Ethiken mindestens) von zwei Inspirationsquellen seiner Moralphilosophie gesprochen hat. (Singer, 175ff.; Jodl, Bd. 2, 34ff. und Topitsch, 82ff.)

Mehrere Interpreten (J. Silber, Y. Yovel, K. Düsing, E. Topitsch, G. Krämling, M.B. Zelding u.a.) haben in der Moralphilosophie Kants verschiedene heterogene Elemente ausfindig gemacht, die schwer miteinander vermittelt werden können bzw. sich nicht leicht unter das weit verbreitete formalistische Interpretationsschema subsumieren lassen. So indiziert beispielweise die Mensch-Zweck-Formel bei Kant die Präsenz eines mehr als formalen, inhaltlich bestimmten, solidarischen moralischen Denkens, das mit dem formal-prozeduralen, auf Universalisierung fixierten Denken kontrastiert.

Der Begriff des Höchsten Gutes bereitet ebenfalls allen formalistischen Interpretationen Schwierigkeiten. Er markiert nämlich die Präsenz ethischer Argumentationen, die material-inhaltlich perspektiviert sind. Diese inhaltlich bestimmten Argumentationen Kants lassen sich im Zweiten Teil der *Kritik der praktischen Vernunft*, in der *Kritik der Urteilskraft*, in der Religionsschrift, in der *Metaphysik der Sitten* sowie in einigen der sogenannten kleineren Schriften der letzten Jahre finden, während der formalistische universalistische Ansatz in der Hauptsache in der *Grundlegung zur Metaphysik der Sitten* und in der Analytik der *Kritik der praktischen Vernunft* zur Geltung kommt.

In den sogenannten kleinen geschichtsphilosophischen Schriften (*Idee zu einer allgemeinen Geschichte in weltbürgerlicher Absicht*, *Beantwortung der Frage: Was ist Aufklärung?*, *Über den Gemeinspruch: Das mag in der Theorie richtig sein, taugt aber nicht für die Praxis*, *Zum ewigen Frieden. Ein philosophischer Entwurf* und *Der Streit der Fakultäten*) findet man außerdem verschiedene Gedankenreihen und Vorstellungen, die schwer mit den freiheitspostulativen Passagen im Werk Kants im allgemeinen und mit dem Kantischen moralphilosophischen Formalismus im besonderen vermittelbar sind.

Kants Ausführungen zur Französischen Revolution im Kontext der Erörterung der Frage, ob es einen (über den bloßen Fortschritt der menschlichen Gattung bezüglich der Legalität hinausgehenden) moralischen Fortschritt der Menschheit gebe, operieren mit dem Begriff des Enthusiasmus. Ein Begriff also, der auf eine Gefühlslage im psychischen Haushalt einzelner aber auch von Gruppen hinweist, der moralische Qualität zugesprochen wird, da in der Kantischen Argumentation ein solcher teilnehmender Enthusiasmus als Ursache nur »eine moralische Anlage im Menschengeschlecht« haben kann.

Vom Enthusiasmus als Zustand des Gemüts hatte es in der »Kritik der Urteilskraft« geheißen, er sei erhaben, denn er bewirke eine »Anspannung der Kräfte durch Ideen«, welche dem Gemüt einen Schwung geben. In einer längeren Passage der Schrift »Der Streit der Fakultäten« heißt es über diese affektvolle Parteinahme für das Gute, ohne die niemals in der Welt etwas Großes ausgerichtet worden sei bzw. werden könne:

»Die Revolution eines geistreichen Volks, die wir in unseren Tagen haben vor sich gehen sehen, mag gelingen oder scheitern; sie mag mit Elend und Greueltaten dermaßen angefüllt sein, daß ein wohlwollender Mensch sie, wenn er sie, zum zweitenmale unternehmend, glücklich auszuführen hoffen könnte, doch das Experiment auf solche Kosten zu machen nie beschließen würde – diese Revolution, sage ich, findet doch in den Gemütern aller Zuschauer (die nicht selbst in diesem Spiele mit verwickelt sind) eine Teilnehmung dem Wunsche nach, die nahe an Enthusiasm grenzt und deren Äußerung selbst mit Gefahr verbunden war, die also keine andere, als eine moralische Anlage im Menschengeschlecht zur Ursache haben kann. Diese moralische einfließende Ursache ist zwiefach: Erstens die des Rechts, daß ein Volk von anderen Mächten nicht gehindert werden müsse, sich eine bürgerliche Verfassung zu geben, wie sie ihm selbst gut zu sein dünkt; zweitens die des Zwecks (der zugleich Pflicht ist), daß diejenige Verfassung eines Volks an sich rechtlich und moralisch-gut sei, welche ihrer Natur nach so beschaffen ist, den Angriffskrieg nach Grundsätzen zu meiden, welche keine andere, als die republikanische Verfassung, wenigstens der Idee nach, sein kann ...« (Kant, Bd. XI, 358)

Und einige Zeilen weiter:

»Dies also und die Teilnehmung am Guten mit Affekt, der Enthusiasm ... daß wahrer Enthusiasm nur immer aufs Idealische und zwar rein Moralische geht, dergleichen der Rechtsbegriff ist, und nicht auf den Eigennutz gepfropft werden kann. Durch Geldbelohnungen konnten die Gegner der Revolutionierenden zu dem Eifer und der Seelengröße nicht gespannt werden, den der bloße Rechtsbegriff in ihnen hervorbrachte ...« (Kant, Bd. XI, 359)

Ich habe diese längeren Textstellen zitiert, da sie meines Erachtens höchst repräsentativ für die Kantische Moralphilosophie sind. Der Begriff des Enthusiasmus, den sie enthalten, erinnert an den uneigennützigen »moralischen Sinn« Shaftesburys und

Hutchesons, durch den die britischen Philosophen versucht hatten, das Sittliche zu erklären. Kant kombiniert in seinen Ausführungen über die begeisterte Anteilnahme von nicht unmittelbar an der Französischen Revolution beteiligten Zuschauern dieses emotionale bzw. gefühlspsychologische Moment mit seiner moralphilosophischen Grundeinsicht, nach der Moralität nur ein Produkt von Ideen, des Idealischen sein kann. Das Idealische (d.h. hier konkret der Rechtsbegriff) wirkt nach der Kantischen Darlegung unmittelbar in den Gemütern der teilnehmenden Zuschauer, so daß es punktuell eine Verbindung mit Affekten eingeht. Das Universalgültige, zu dessen identifizierender Verortung Kant das formale Verfahren der als Gedankenexperiment durchzuführenden Verallgemeinerung faktisch vorhandener subjektiver Maximen herausgearbeitet hatte, ist nach Kants Aussage in der Lage, partikulare Gefühls- und Stimmungslagen zu affizieren bzw. sich mit diesen zu vermitteln, indem dabei materiale Gehalte und inhaltliche Bestimmungen als echte repräsentative Verkörperung des Moralischen zutage treten. Das Allgemeine-Universelle drückt sich dann im Empirischen, Kontingenten einer Geschichtsentwicklung und einer subjektiven Bewußtseins- und Gemütslage aus.

Schaut man auf solche und ähnliche Stellen, die eine Vielfalt von Momenten in nicht immer gut gelingender Verbindung enthalten, dann werden einige Aspekte der Vernunft- und Moralitätsethik Immanuel Kants sichtbar, die formalistische Interpretationen verdrängen mußten. Die Rede von zwei Ethiken bei Kant mag gewagt sein. Dennoch kann man begründeterweise von unterschiedlichen Inspirationsquellen seiner Moralphilosophie sprechen, die bei einer keineswegs in Zweifel zu ziehenden Präponderanz und Überdeterminierung seitens der formalistischen und universalistischen Momente für eine komplexe Mehrschichtigkeit oder Mehrdimensionalität seiner Moralphilosophie sorgen.

# V. Ethik im 19. Jahrhundert

## *1. Hegel*

Die Vernunft war für Kant die Instanz, die allein Moralität erzeugen konnte. Weder eine spezifische psychische Struktur (wie zum Beispiel eine bestimmte Gefühls- und Empfindungslage in Anbetracht der Leiden der Anderen oder schlechter und ungerechter sozialer Verhältnisse) noch eine sozial und institutionell etablierte Autorität, noch ein Urtext konnten nach Kant das Moralische erzeugen. Wohl konnten subjektive Motivlagen und empirische, objektiv existierende Instanzen ein gesetzmäßiges oder gesetzkonformes Handeln entstehen lassen, das mit den Forderungen des Sittengesetzes (äußerlich) übereinstimmt und förderlich für den Einzelnen und die Gesamtheit ist. Die Moralität im strengen Sinne war aber für Kant Sache einer objektiven Gesetzgebung des Willens, durch die die Vernunft selbst praktisch werden konnte, indem sie den Willen bestimmte. Die Vernunft, als praktisch bestimmende Vernunft, war für Kant der alleinige Ursprung der moralisch richtigen Gesinnung, ja der Moralität. Eine solche Vernunft war allerdings eine formale, unabhängig von empirischen Einrichtungen und Strukturen geltende, abstrakte Vernunft.

Georg Wilhelm Friedrich Hegel (1770–1831) hat im *System der Sittlichkeit*, in den als *Jenaer Realphilosophie* bekannten Vorlesungen von 1805–1806, in der *Phänomenologie des Geistes* und in den *Grundlinien der Philosophie des Rechts* u.a. immer wieder darauf hingewiesen, daß eine solche formale Vernunft und die Bestimmungen, die sie erzeugen kann, abstrakt, d.h. unvermittelbar mit der empirischen Realität, bleiben müssen.

Hegel formuliert in der Hauptsache vier Einwände gegen die Kantische Moraltheorie. Jürgen Habermas hat diese Einwände idealtypisiert und sie bei der Ausarbeitung der Diskursethik in Rechnung gestellt. (Habermas, 9ff.) Der erste Einwand Hegels trifft den Formalismus der Kantischen Moralphilosophie. Er lautet: Da der Kategorische Imperativ verlangt, daß man von allen besonderen Inhalten der Handlungsmaximen und der einzelnen bestimmten Pflichten abstrahiert, muß die Anwendung eines solchen Moralprinzips zu tautologischen Urteilen führen.

In der Schrift *Über die wissenschaftlichen Behandlungsarten des Naturrechts, seine Stelle in der praktischen Philosophie und sein Verhältnis zu den positiven Rechtswissenschaften* formuliert Hegel den Einwand folgendermaßen:

»... daß der praktischen Vernunft aller Stoff des Gesetzes abgeht und daß sie nichts mehr als die Form der Tauglichkeit der Maxime der Willkür zum obersten Gesetze machen könne. Die Maxime der Willkür hat einen Inhalt und schließt eine Bestimmtheit in sich; der reine Wille dagegen ist frei von Bestimmtheiten; das absolute Gesetz der praktischen Vernunft ist, jene Bestimmtheit in die Form der reinen Einheit zu erheben, und der Ausdruck dieser in die Form aufgenommenen Bestimmtheit ist das Gesetz ... Aber die Materie der Maxime bleibt, was sie ist, eine Bestimmtheit oder Einzelheit; und die Allgemeinheit, welche ihr die Aufnahme in die Form erteilt, ist also eine schlechthin analytische Einheit, und wenn die ihr erteilte Einheit rein als das, was sie ist, in einem Satze ausgesprochen wird, so ist der Satz ein analytischer und eine Tautologie. Und in der Produktion von Tautologien besteht nach der Wahrheit das erhabene Vermögen der Autonomie der Gesetzgebung der reinen praktischen Vernunft ...« (Hegel, Jenaer Schriften, 460)

Der zweite Einwand Hegels zielt auf den abstrakten Universalismus der Kantischen Ethik ab. Weil der Kategorische Imperativ verlangt, so läßt er sich zusammenfassen, daß das Allgemeine vom Besonderen getrennt wird, müssen die nach einem solchen Prinzip gültigen Urteile für die besondere Natur und den konkreten Zusammenhang des jeweils zu lösenden Problems unsensibel bleiben. Sie bleiben den einzelnen Problem- und Konfliktfällen letzten Endes äußerlich. Das moralische Bewußtsein interessiert sich nicht für die Bestimmtheiten der einzelnen Fälle. In dem Abschnitt über »Die moralische Weltanschauung« in der *Phänomenologie des Geistes* heißt es bei Hegel:

»Was ... die vielen Pflichten betrifft, so gilt dem moralischen Bewußtsein überhaupt nur die reine Pflicht in ihnen; die vielen Pflichten als viele sind bestimmte und daher als solche für das moralische Bewußtsein nichts Heiliges ... die reine Pflicht (sei) gleichgültig gegen allen bestimmten Inhalt, und die Pflicht ist nur diese Gleichgültigkeit gegen ihn.« (Hegel, Phänomenologie des Geistes, 448)

Der dritte Einwand Hegels richtet sich gegen die Ohnmacht des bloßen Sollens, die in der Kantischen Ethik etabliert und perpetuiert werde. Das bloße, reine Sollen sei bei Kant zur Ohnmacht verurteilt, es vermöge in der Wirklichkeit nichts zu bewirken. Am Anfang des Abschnitts über »die moralische Weltanschauung« beschreibt Hegel, wie die moralische Weltanschauung sich konstituiert, indem die Natur vergleichgültigt wird und die Pflicht als allein wesentlich gesetzt wird, und dann heißt es weiter:

»Zuerst also ist das moralische Bewußtsein überhaupt vorausgesetzt; die Pflicht gilt ihm als das Wesen ... Das unmoralische Bewußtsein dagegen findet vielleicht zufälligerweise seine Verwirklichung, wo das moralische nur Veranlassung zum Handeln, aber durch dasselbe nicht das Glück der Ausführung und des Genusses der Vollbringung ihm zuteil werden sieht. Es findet daher vielmehr Grund zu Klagen über solchen Zustand der Unangemessenheit seiner und des Daseins (den) und der Ungerechtigkeit, die es darauf einschränkt, seinen Gegenstand nur als reine Pflicht zu haben, aber ihm denselben und sich verwirklicht zu sehen versagt.« (Hegel, Phänomenologie des Geistes, 443f.)

Der Kantischen Ethik des bloßen Sollens und der reinen Gesinnung hält Hegel vor, und dies ist sein vierter Einwand, sie könne terroristische Folgen haben, wenn bestimmte soziale Akteure zu Anwälten der moralischen Weltanschauung würden und versuchten, die reinen Forderungen der von geschichtlichen Konkretionen abgetrennten praktischen Vernunft unmittelbar zu realisieren. Sie würden dann für eine Politik optieren, die um höherer Zwecke willen (nämlich der Realisierung der Vernunft in der Geschichte) unmoralische Handlungen billigend in Kauf nimmt. In dem Abschnitt »Die Tugend und der Weltlauf« der »Phänomenologie des Geistes« setzt sich Hegel mit dem jakobinischen Gesinnungsterror auseinander, der veranschaulicht, wie die abstrakte, eine unbedingte totale Realisierung anstrebende Moral Unmoral als Resultat haben kann.

»Die Tugend ... wollte darin bestehen, durch Aufopferung der Individualität das Gute zur Wirklichkeit zu bringen ... Das Gute sollte dasjenige sein, was an sich und dem, was ist, entgegengesetzt ist ...« (Hegel, Phänomenologie des Geistes, 289)

Die Folgen, die sich daraus ergeben, werden in dem Abschnitt »Die absolute Freiheit und der Schrecken« geschildert:

»Das einzige Werk und Tat der allgemeinen Freiheit ist daher der Tod, und zwar ein Tod, der keinen inneren Umfang und Erfüllung hat; denn was negiert wird, ist der unerfüllte Punkt des absolut freien Selbsts; er ist also der kälteste, platteste Tod, ohne mehr Bedeutung als das Durchhauen eines Kohlhaupts oder ein Schluck Wassers.« (Hegel, Phänomenologie des Geistes, 436)

Gegenstand der Hegelschen Kritik an der Kantischen Moraltheorie, so ließen sich die vier Einwände zusammenfassen, ist die in ihr durchgeführte Trennung von Intelligiblem und Empirischem. Kant dissoziere, so die Hegelsche Argumentation, das Reich des Intelligiblen, das Reich der Pflicht und des freien Willens, das Reich der Freiheit und der Ideen von dem Reich des Phänomenalen, Empirischen, von dem Reich der Neigungen, Affekte, der bloß subjektiven Motive und Gefühlslagen, von dem Reich der Institutionen des Staates und der Gesellschaft.

Die Kantische Ethik etabliert in der Tat eine Kluft, einen Hiatus zwischen der Ideenwelt, der Welt der Ideale auf der einen und der realen Welt der empirischen Begebenheiten und Realitäten auf der anderen Seite. Beide Welten existieren bei Kant getrennt und unvermittelt nebeneinander, und es gibt keine Übergangsmöglichkeiten von der einen in die andere.

Kant selbst hat das Problem dieser Kluft gesehen und erörtert. Er hat nämlich eine Reihe von Begriffen geprägt und verwendet, die die Funktion haben, konzeptuell zwischen Intelligiblem und Empirischem zu vermitteln, so zum Beispiel die Begriffe »Enthusiasmus«, »Achtung«, »Interesse«, »Publizität« und allen voran den Begriff des Rechts. Dennoch bleiben bei Kant beide Sphären oder Bereiche getrennt. Ethisch gesehen, besagt dies nicht nur Negatives. Im Gegenteil. Nur weil Kant (oder besser: ein bestimmter Kant) Moralität streng von der Vernunft her konzipiert, hat er ein Beurteilungskriterium gegenüber empirischen Phänomenen und Entwicklungen, das diesen extrinsisch ist. Er kann sich auch kritisch, und nicht bloß affirmativ, zu faktischen Geltungen verhalten. Die sogenannte Abstraktion hat demnach auch positive Aspekte für die ethische Reflexion.

Gegenüber den negativen Momenten einer abstrakt-universalistischen, formalistischen Ethik oder einer solchen Philosophie hat die Hegelsche Philosophie-Konzeption viele Vorzüge. Hegel will keineswegs abstrakt verfahren. Er will konkret sein und denken, das heißt: er will präzise nachzeichnen, wie die Wirklichkeit zu dem geworden ist, was sie ist, wie sie zu einem Konkretum von vielen einzelnen sich dynamisierenden, ergänzenden und widersprechenden Momenten zusammengewachsen (con-crescere) ist. Er will zum Beispiel begrifflich wiedergeben, wie Quantitäten in Qualitäten umschlagen können und wie Qualitatives und Quantitatives aufeinander angewiesen sind, sich gegenseitig potenzieren oder aber sich gegenseitig einschränken.

Die Hegelsche Philosophie ist spekulative (reflektierend abbildende) konzeptuelle Vermittlungsforschung. Sie bringt die objektiven, real stattfindenden Vermittlungsvorgänge in der Wirklichkeit auf den Begriff. Moralität ist für sie, spätestens seit der Französischen Revolution, etwas, das sie nicht zu postulieren braucht und jenseits der empirischen Realität zu denken hat, sondern etwas, das immer schon mit Sittlichkeit vermittelt ist und das die Philosophie im Sinne eines realitätsaffirmativen Denkens zu erkennen hat. Moralität als praktische Vernünftigkeit ist verobjektivierte Realität, die die vernünftig vorgehende (d.h. die Perspektive der Vernunft zur Geltung bringende) Philosophie in der Wirklichkeit zu erkennen hat.

In den *Vorlesungen über die Philosophie der Weltgeschichte* hatte Hegel drei verschiedene Typen von Geschichtsschreibung mit der Absicht unterschieden, das spezifisch Philosophische auf den Begriff zu bringen: »die ursprüngliche Geschichte«, »die reflektierte Geschichte«, »die philosophische Geschichte«. Während die erste (durch Herodot und Thukydides u.a. vertreten) sich damit begnügt, vornehmlich erlebte Taten, Begebenheiten und Zustände in das Reich der geistigen Vorstellung dadurch zu erheben, daß sie zu einem im »Tempel der Mnemosyne« aufbewahrbaren Ganzen komponiert werden, verarbeiten die diversen Unterarten des zweiten reflektierenden Typus der Geschichtsschreibung (die panoramatische, die pragmatische, die kritische und die Spezialgeschichte) den geschichtlichen Stoff, indem z B. alle vorhandenen Daten zur Gesamtgeschichte eines Landes kompilativ stilisiert werden, oder die Vergangenheit so präsentiert wird, daß sie für die Gegenwart lehrreich wird, oder die Geschichte eines spezifischen Kulturbereichs (der Kunst, der Religion oder des Rechts) historisch-kritisch geschrieben wird. Hiervon unterscheidet Hegel »die philosophische Weltgeschichte«, die »die denkende Betrachtung« der Geschichte ist. Sie ist allein philosophisch in einem strikten Sinne. Der einzige Gedanke, den diese philosophische Geschichtsschreibung mitbringt, ist der einfache Gedanke, »daß die Vernunft die Welt beherrscht, daß es also auch in der Weltgeschichte vernünftig zugegangen ist.« Mit anderen Worten:

»Den Glauben und Gedanken muß man zur Geschichte bringen, daß die Welt des Wollens nicht dem Zufall anheimgegeben ist. Daß in den Begebenheiten der Völker ein letzter Zweck das Herrschende, daß Vernunft in der Weltgeschichte ist, – nicht die Vernunft eines besondern Subjekts, sondern die göttliche, absolute Vernunft – ist eine Wahrheit, die wir voraussetzen; ihr Beweis ist die Abhandlung der Weltgeschichte selbst: sie ist das Bild und die Tat der Vernunft.« (Hegel, Vorlesungen über die Philosophie der Weltgeschichte, 3ff., 28 und 29)

Wer diesen philosophischen Gedanken mitbringt und somit streng philosophisch denkt, wer sich also die Welt vernünftig ansieht, den sieht sie vernünftig an, so daß er Vernünftiges, Substantielles in ihr zu sehen vermag. Um das Allgemeine, das Vernünftige, das Wesentliche und Substantielle zu erkennen, muß man die Vernunft mitbringen und (das heißt für Hegel) philosophisch denken.

»Der große Inhalt der Weltgeschichte ist aber vernünftig und muß vernünftig sein; ein göttlicher Wille herrscht mächtig in der Welt und ist nicht so ohnmächtig, um nicht den großen Inhalt zu bestimmen. Dieses Substantielle zu erkennen, muß unser Zweck sein; und das zu erkennen muß man das Bewußtsein der Vernunft mitbringen, keine physischen Augen, keinen endlichen Verstand, sondern das Auge des Begriffs, der Vernunft, das die Oberfläche durchdringt und sich durch die Mannigfaltigkeit des bunten Gewühls der Begebenheiten hindurchdringt. Nun sagt man, wenn man so mit der Geschichte verfahre, so sei dies ein apriorisches Verfahren und schon an und für sich unrecht. Ob man so spricht, ist der Philosophie gleichgültig. Um das Substantielle zu erkennen, muß man selber mit der Vernunft daran gehen.« (Hegel, Vorlesungen über die Philosophie der Weltgeschichte, 32)

Die Hegelsche vernünftig betrachtende und vernünftig vorgehende Philosophie ist Philosophie des Geistes und Theorie der Realisationen der Vernunft in der Geschichte. Eine Ethik im engen, expliziten Sinne wird man im philosophischen System Hegels nicht finden können. Dennoch kann man sagen, daß die Geist- und Vernunftphilosophie Hegels eine Philosophie der menschlichen Praxis und der vernünftigen Realisationen der menschlichen Gattung ist. Sie thematisiert die Vernünftigkeit des Realen und wie die Vernunft immer wieder real werden kann. Die Entwicklung vernünftiger Lebensverhältnisse, das Realwerden der Idee, die Formwerdungen des Geistes sind ihr Gegenstand. Die Hegelsche Philosophie ist also eine Vernunfttheorie der Praxis und ihrer Formen. In dem Abschnitt »Der Gang der Weltgeschichte« der *Vorlesungen über die Philosophie der Weltgeschichte* findet man jene Passage über die Konstitutionsgeschichte des Freiheitsbewußtseins, die die geschichtsphilosophisch fundierte Vernunft- und Geisttheorie Hegels, ja seine Vernunfttheorie des Praktischen zusammenfasst.

»Die Weltgeschichte stellt nun den Stufengang der Entwicklung des Prinzips dar, dessen Gehalt das Bewußtsein der Freiheit ist ... Die nähere Bestimmung dieser Stufen ist in ihrer allgemeinen Natur logisch, in ihrer konkretern aber in der Philosophie des Geistes anzugeben. Es ist von diesem Abstrakten hier nur dies anzuführen, daß die erste Stufe als die unmittelbare innerhalb des vorhin schon herausgehobenen Versenktseins des Geistes in die Natürlichkeit fällt, in welcher er nur in unfreier Einzelheit ist (Einer ist frei). Die zweite aber ist das Heraustreten desselben in das Bewußtsein seiner Freiheit. Dies erste Losreißen ist aber unvollkommen und partiell (Einige sind frei), indem es von der mittelbaren Natürlichkeit herkommt, hiemit auf sie bezogen und mit ihr, als einem Momente, noch behaftet ist. Die dritte Stufe ist die Erhebung aus dieser noch besondern Freiheit in die reine Allgemeinheit derselben (der Mensch als Mensch ist frei), – in das Selbstbewußtsein und Selbstgefühl des Wesens der Geistigkeit.« (Hegel, Vorlesungen über die Philosophie der Weltgeschichte, 155 f.)

Zusammenfassend heißt es dann:

»Die Weltgeschichte stellt ... die Entwicklung des Bewußtseins des Geistes von seiner Freiheit und der von solchem Bewußtsein hervorgebrachten Verwirklichung dar. Die Entwicklung führt es mit sich, daß sie ein Stufengang, eine Reihe weiterer Bestimmungen der Freiheit (ist) ...« (Hegel, Vorlesungen über die Philosophie der Weltgeschichte, 167)

Die Konstitutionsgeschichte der Freiheit ist das zentrale Thema der Hegelschen Rechtsphilosophie, ja die Hegelsche Rechtsphilosophie ist Theorie der Freiheit und ihrer Verwirklichung. Sie ist eine Theorie realisierter Moralität: die Theorie der objektiven, real existierenden Vermittlungsformen von Subjektivität und Sittlichkeit. Im Wirklichen findet sie das Vernünftige (die Freiheit, die Moralität). Das Vernünftige betrachtet sie als Verwirklichtes. So kann Hegel in der Vorrede formulieren: »... daß die Philosophie, weil sie das Ergründen des Vernünftigen ist, eben damit das Erfassen des Gegenwärtigen und Wirklichen, nicht das Aufstellen eines Jenseitigen, ist, das Gott weiß wo sein sollte, – oder von dem man in der Tat wohl zu sagen weiß, wo es ist, nämlich in dem Irrtum eines einseitigen, leeren Räsonnierens ...« (Hegel, Grundlinien, 14) Und dann kommt jener berühmte Satz: »Was vernünftig ist, das ist wirklich; und was wirklich ist, das ist vernünftig.«

Der Hegelschen Philosophie geht es demnach darum, im Gegenwärtigen, Wirklichen, im Zeitlichen und Vorübergehenden »die Substanz«, »das Ewige« zu erkennen und zu erfassen. »Das was ist zu begreifen, ist die Aufgabe der Philosophie, denn das, was ist, ist die Vernunft ... so ist auch die Philosophie, ihre Zeit in Gedanken erfaßt.« (Hegel, Grundlinien, 16)

Für die philosophische Theorie des Staates zum Beispiel heißt das, daß sie den Staat als ein in sich Vernünftiges zu begreifen und darzustellen hat. Philosophie wird zur Theorie des Staates oder des Rechts, der Familie, der bürgerlichen Gesellschaft. Sie begreift, wie der Geist, indem er sich verobjektiviert, eine Vergeistigungsdynamik entfaltet, die die unterschiedlichen Handlungssphären der Lebenswirklichkeit der Menschen erfaßt und durch die die Vernunft wirklich werden kann. Die menschliche Geschichte wird somit als Vernunft- und Geistesgeschichte lesbar. Philosophie erkennt, was ist, was geworden ist und wie es wurde. Sie erfaßt begrifflich die Sittlichkeit gewordene Moralität, die Wirklichkeit gewordene Vernunft. Sie belehrt nicht, sie postuliert nicht, sie entwirft nicht alternative Welten. Sie begreift das Vernünftige des Wirklichen und die Wirklichkeit der Vernunft. »Um noch über das Belehren, wie die Welt sein soll, ein Wort zu sagen, so kommt dazu ohnehin die Philosophie immer zu spät. Als der Gedanke der Welt erscheint sie erst in der Zeit, nachdem die Wirklichkeit ihren Bildungsprozeß vollendet und sich fertig gemacht hat ... die Eule der Minerva beginnt erst mit der einbrechenden Dämmerung ihren Flug.« (Hegel, Grundlinien, 17) Die Hegelsche geschichtsphilosophisch fundierte Vernunft- und Geisttheorie rekonstruiert philosophisch die Geschichte der Realwerdung der Idee. Als philosophische Theorie der vernünftigen Wirklichkeit und der Wirklichkeit der Vernunft ist sie eine Vernunfttheorie des Praktisch- und Realwerdens des Moralischen.

## *2. Marx, Kierkegaard, Stirner*

Die Versöhnung von Vernunft und Realität, die Hegel in seinem philosophischen System meinte unterstellen und begreifen zu können, ist für Karl Marx (1818–1883) ein Produkt der ideologischen Geistmystifikation, die das Hegelsche philosophische System ausmacht. Die Marxsche Philosophie als ganze läßt sich als Protesthandlung gegen eine solche Geistmystifikation lesen. Einzelne Fakten der konkreten Lebenswirklichkeit der Menschen werden gegen die spekulative Theorie des Geistes und seiner Manifestationen mobilisiert und ein theoretisches Gegenkonzept entworfen, das viele Denkfiguren und -modelle noch mit Hegel gemeinsam hat. Kierkegaard und Stirner revoltieren auch in je eigener Weise gegen die Geschlossenheit und Abstraktheit des Hegelschen Systems. Sie weisen hin auf die einzelnen konkreten Individuen und Menschen, auf das Tragische, schwer Verstehbare und nicht begrifflich Subsumierbare, auf die

Konkretheit der menschlichen Existenz und die Eigenheit, auf das, was spekulativen Abstraktionen Widerstand leistet.

Der französische Philosoph Louis Althusser unterscheidet im Werke Karl Marx' zwei Diskurse: den »ideologischen« Diskurs des jungen Marx (bis 1844) und den »wissenschaftlichen« Diskurs im *Kapital.* Die Marxschen Frühschriften gelten ihm als humanistische Schriften, in denen der Gesichtspunkt der entmenschlichenden Entfremdung bzw. der systemischen Verhinderung der Entfaltung der menschlichen Fähigkeiten und Gattungskräfte zentral ist. Erst der späte Marx könne einen »epistemologischen Bruch« (»coupure epistémologique«) vollziehen, durch den die Alltagsevidenzen und das konkretistisch-humanistische Denken in Frage gestellt würden und ein wissenschaftlicher komplexer Diskurs über die realen Bedingungszusammenhänge, Determinations- und Überdeterminationsprozesse des konkreten menschlichen Lebens überhaupt möglich würde. Althussers These ist: Während der späte, reife Marx, der Marx des *Kapitals,* der Entdecker einer neuen Wissenschaft sei, der Wissenschaft von der ökonomischen (subjektlosen) Struktur der Gesellschaft, bleibe der junge, humanistisch denkende Marx in ideologischen idealistischen Denkmustern verstrickt, die seiner edlen Gesinnung entsprächen, die aber ganz ungeeignet seien, das in Frage Stehende adäquat konzeptualisieren zu können. (Oelmüller, 259ff. und 238ff.)

Gegen die radikale These des epistemologischen Bruchs im Werke Marx' wird man mit Helmut Fleischer argumentieren können und betonen, daß im Marxschen sozialphilosophischen Denken drei unterschiedliche Ansätze zu einer Theorie der gesellschaftlichen Praxis (ein anthropogenetischer oder anthropologischer, ein nomologischer und ein pragmatologischer Ansatz) enthalten sind und daß die von Althusser behauptete Zäsur abstrakt und materialungerecht ist, da Anliegen und Momente, die beim sogenannten späten Marx zur Geltung kommen, bereits beim jungen Marx präfiguriert werden. Zudem sei, was Marx in den strengen politisch-ökonomischen Abhandlungen der späten Zeit erörtert, ohne das in den frühen Schriften Entwickelte nicht zu denken, selbst wenn es zwischen dem frühen und dem späteren Marx Themen- und Perspektivenverschiebungen gibt. (Fleischer, 13)

Für die Ethik ist der junge Marx der Frühschriften interessanter, selbst wenn dieser Marx, der eine Theorie der ganzheitlichen Menschwerdung (anthropogenetischer Ansatz) und der nichtentfremdeten geschichtlichen Praxis (pragmatologischer

Ansatz) grundrißhaft skizziert, ohne den reiferen Marx, welcher Gesetzmäßigkeiten der Kommodifizierungslogik und des Geschichtsprozesses (nomologischer Ansatz) formuliert, nicht zu denken ist. Das absolute ethische Kriterium der Sozialphilosophie Karl Marx', das ein Verständnis seiner Argumentationen und Theorieansätze ermöglicht, ist die Idee einer ganzheitlichen Entwicklung der Fähigkeiten und Kompetenzen der einzelnen Individuen und der menschlichen Gattung. Verhältnisse, die eine solche allseitige Entwicklung von Gattungskräften verhindern und ab ovo unmöglich machen, werden von Marx scharf kritisiert.

Die Kritikarbeit vollzieht Karl Marx konkret als Analysearbeit, die die verhindernden, krankmachenden Strukturen und Lebensbedingungen in ihrer Funktionsweise entlarvt. Die begriffliche, theoretische Erhellung des Schlechten ist der erste und wichtigste Schritt der Marxschen Sozialphilosophie, die man als Ethik, d.h. als Theorie der Praxis und Theorie von praktischen Lebensformen, lesen könnte. Gesellschaftsformationen, die eine solche Selbstverwirklichung der Individuen und der Gattung nicht ermöglichen, werden von Marx verurteilt.

Die Sozialphilosophie Karl Marx' analysiert Gesellschaftsformationen und Vergesellschaftungsformen, indem sie prüft, ob das menschliche Potential in ihnen voll zur Geltung kommen kann. Deswegen kann man sagen, daß die Marxsche Gesellschaftstheorie eine Sozialethik darstellt, die zentral die Realisationsbedingungen der moralischen Ideen erörtert. Die Marxsche Ethik ist kritische Analyse der Kontexte menschlichen Handelns: normative Theorie der konkreten menschlichen Praxis.

Hegel gegenüber betont Karl Marx, daß man nicht vom absoluten Geist ausgehen könne, sondern vom konkreten leibhaftigen Menschen. Der konkrete leibhaftige Mensch sei aber die Welt des Menschen. In der Einleitung *Zur Kritik der Hegelschen Rechtsphilosophie* heißt es: »Aber der Mensch, das ist kein abstraktes, außer der Welt hockendes Wesen. Der Mensch, das ist die Welt des Menschen, Staat, Sozietät.« (Marx, Bd. 1, 488)

Am Naturalismus Ludwig Feuerbachs kritisiert Karl Marx dessen abstrakt-ontologischen Charakter, indem er Natur und Naturbewußtsein auf den Lebensprozeß der Gesellschaft bezieht. In den *Thesen über Feuerbach* formuliert Karl Marx: »Der Hauptmangel alles bisherigen Materialismus (den Feuerbachschen mit eingerechnet) ist, daß der Gegenstand, die Wirklichkeit, Sinnlichkeit, nur unter der Form des Objekts oder der

Anschauung gefaßt wird; nicht aber als sinnlich menschliche Tätigkeit, Praxis; nicht subjektiv ...« Die fünfte Feuerbach-These lautet: »Feuerbach, mit dem abstrakten Denken nicht zufrieden, will Anschauung; aber er faßt die Sinnlichkeit nicht als praktische menschlich-sinnliche Tätigkeit.« (Marx, Bd. 2, 1f.)

In der Hauptschrift *Die Deutsche Ideologie*, die den Untertitel *Kritik der neuesten deutschen Philosophie in ihren Repräsentanten Feuerbach, B. Bauer und Stirner, und des deutschen Sozialismus in seinen verschiedenen Propheten* trägt, entwickelt Karl Marx systematisch seine Kritikstrategie des abstrakten Materialismus-Naturalismus Feuerbachs. Ausgangspunkt Karl Marx' ist dabei der Mensch: die lebendigen menschlichen Individuen, die unter bestimmten materiellen Lebensbedingungen ihr Leben produzierend reproduzieren. (Marx, Bd. 2, 16) Karl Marx selbst beschreibt seine eigene Verfahrensweise folgendermaßen:

»Ganz im Gegensatz zur deutschen Philosophie, welche vom Himmel auf die Erde herabsteigt, wird hier von der Erde zum Himmel gestiegen. D.h., es wird nicht ausgegangen von dem, was die Menschen sagen, sich einbilden, sich vorstellen, auch nicht von den gesagten, gedachten, eingebildeten, vorgestellten Menschen, um davon aus bei den leibhaftigen Menschen anzukommen; es wird von den wirklich tätigen Menschen ausgegangen und aus ihrem wirklichen Lebensprozeß auch die Entwicklung der ideologischen Reflexe und Echos dieses Lebensprozesses dargestellt.« (Marx, Bd. 2, 23)

Die konkreten, wirklichen Menschen sind für Marx demnach sinnlich-tätige, geschichtliche Individuen, was Feuerbach vernachlässigt habe: »Soweit Feuerbach Materialist ist, kommt die Geschichte bei ihm nicht vor, und soweit er die Geschichte in Betracht zieht, ist er kein Materialist. Bei ihm fallen Materialismus und Geschichte ganz auseinander ...« (Marx, Bd. 2, 28)

Für Marx ist der Mensch ein naturhaft-gesellschaftlich-geschichtliches Wesen, dessen Natur gesellschaftlich-geschichtlich vermittelt wird und dessen Geschichte eine naturhaft-gesellschaftliche Basis hat. Der Mensch ist »das Ensemble gesellschaftlicher Verhältnisse«, d.h. der Mensch ist die Gesamtheit der konkreten Lebenskontexte der Menschen: Der Mensch ist seine Praxis und die Kontexte, in denen diese Praxis vollzogen wird und die diese Praxis selbst mitschafft. Die Marxsche Sozialtheorie des Menschen und seiner Praxis will radikal sein, d.h. »die Sache an der Wurzel fassen«. Sie ist darüber hinaus normativ, da sie kategorisch gebietet, alle Verhältnisse umzustürzen, in denen der Mensch erniedrigt und geknechtet wird und in denen seine Möglichkeiten nicht zur Entfaltung kommen können. Die normative Grundeinsicht Karl Marx', Ausgangspunkt und Resultat seiner Sozialphilosophie zugleich, lautet: »Die Kritik der Religion endet mit der Lehre, daß der Mensch das höchste Wesen für den Menschen sei, also mit dem kategorischen Imperativ, alle Verhältnisse umzuwerfen, in denen der Mensch ein erniedrigtes, ein geknechtetes, ein verlassenes, ein verächtliches Wesen ist ...« (Marx, Bd. 1, 497) Diese theoretisch-praktische Grundeinsicht ist das Ergebnis der theoretischen Auseinandersetzung Karl Marx' mit der klassisch-deutschen Philosophie und Religionskritik; sie ist außerdem die Leiteinsicht, die die politökonomische Konzeptualisierungsarbeit inspirieren und steuern wird. Terry Eagleton schreibt über die Marxsche Philosophie:

»... the goal of human life, for Marx, as for Aristotle, is not truth, but happiness or well-being. His work is an extensive enquiry into what material conditions would be necessary for this goal to be realized as a general human condition, and thus belongs to the discourse of classical morality. Marx is a moralist in the most traditional sense of the term, which is to say that he is concerned with the political determinations of the good life.« (Eagleton, 227)

Sören Kierkegaard (1813–1855) bekämpft ebenfalls die Hegelsche Philosophie des absoluten Geistes. Er will die wirkliche Existenz des Menschen, sein konkretes reales Dasein in den Mittelpunkt der philosophischen Reflexion stellen. Gegenüber der angeblichen Daseinsvergessenheit des absoluten Idealismus betont Kierkegaard die Existenz des Menschen und die verschiedenen Möglichkeiten, die dem Menschen zur Verfügung stehen, sein Leben konkret zu gestalten. Kierkegaard redet von drei unterschiedlichen »Stadien« oder »Sphären« der menschlichen Existenz, die drei verschiedene Modelle von Lebensgestaltung sind: das Ästhetische, das Ethische und das Religiöse. (Theunissen, 177) Der maßgebliche Text für die Präsentation und Kontrastierung der zwei ersten Daseinsmodi oder Lebensanschauungen (des Ästhetischen und des Ethischen) ist das Erstlingswerk Kierkegaards *Entweder-Oder*. In diesem Werk kommen zwei Repräsentanten der beiden Existenzweisen zu Wort: Im ersten Teil sind die Papiere eines »A« genannten unbekannten Ästhetikers gesammelt; der zweite Teil enthält die Abhandlungen eines Ethikers »B« (der Wilhelm heißt und als Gerichtsrat tätig ist).

»A« bringt die ästhetische Lebensanschauung zum Ausdruck. Das Ästhetisch-Schöne ist für ihn nicht nur Sinn und Zweck künstlerischer Darstellungen, sondern Sinn und Zweck der menschlichen Existenz überhaupt. Für »A« hat der Mensch die existentielle Aufgabe, künstlerisch oder poetisch zu leben: ein Künstler in der Schöpfung seiner eigenen Existenz zu werden. In der Tradition der Frühromantik stehend, sind die Aufsätze von »A« Reflexionen über Kunst und damit über Daseinsprobleme im allgemeinen. Demnach behandeln die kunstkritischen Abhandlungen von »A« Inhalte, die mit dem Projekt einer ästhetischen Lebensgestaltung in einem Zusammenhang stehen: Liebe und Sinnlichkeit, Tragik und Trauer. Ästhetische Lebensgestaltung im Programm von »A« bedeutet ein poetisches, künstlerisches Leben, in dem der Einzelne mit der Souveränität eines kreativen, schaffenden Künstlers sich selbst entwirft. Vorhandenes wird zum Anlaß oder Anstoß für die künstlerische Gestaltungskraft des Einzelnen. Das Leben ist, poetisch gelebt, ein Genußleben. Im »Tagebuch des Verführers« kommt das Programm dieser ästhetischen Daseinsgestaltung zweifach zum Ausdruck: in der beschriebenen souveränen unmittelbaren Bindungslosigkeit und Freiheit des Verführerdaseins selbst und in dem beschreibenden reinen Kunstwerk des das Erlebte schildernden Tagebuches. (Kierkegaard, Bd. 1, 351 ff.) Das ästhetische Genußleben ist ein natürliches, unmittelbares Lebensmodell, in dem das Emotionale, das Affektmäßige, das Begehren und das Leidenschaftliche überwiegen.

»B« verkörpert die ethische Lebensweise. Die Substanz dieser Lebensform liegt für den Gerichtsrat Wilhelm in der freien Selbstbestimmung, die Selbsterkenntnis und Selbstdurchsichtigkeit voraussetzt. Erst wenn der Mensch die ästhetische Existenz überwindet, die durch die Abhängigkeit vom Gegenständlichen, die (aufgrund der ständigen Drohung des Scheiterns sowie des Gegründetseins auf Endlichem zustande kommende) Verzweiflung und die (ästhetisch nicht bewältigbare) Vergänglichkeit gekennzeichnet ist, wird er fähig sein, »die Selbstwahl« zu vollziehen, durch die der Mensch allein ein Selbst werden und sein kann. Erst dann kann man von »wirklicher Schönheit« reden. Wenn der einzelne Mensch bewußt optiert, nachdem er sich selbst transparent geworden ist und sich der Existenzaufgabe gestellt hat, erreicht er ein Wahrhaftigkeits- und Redlichkeitsniveau seines Existierens, das die ethische Qualität ausmacht. Über die ethische Selbstwahl heißt es bei Kierkegaard

»Wer ... sich selbst ethisch wählt, der wählt sich konkret als dieses konkrete Individuum ... Das Individuum wird sich also seiner bewußt als dieses bestimmte Individuum, mit diesen Fähigkeiten, diesen Neigungen, diesen Trieben, diesen Leidenschaften, als beeinflußt von dieser bestimmten Umgebung, als dieses bestimmte Produkt einer bestimmten Umwelt. Indem der Mensch aber solchermaßen sich seiner bewußt wird, übernimmt er es alles unter seine Verantwortung ... und diese Wahl ist die Wahl der Freiheit, dergestalt, daß man, indem er sich selbst als Produkt wählt, ebensogut von ihm sagen kann, er produziere sich selbst ... Er ist ein bestimmtes Individuum, in der Wahl macht er sich selbst zu einem bestimmten Individuum, zu demselben nämlich; denn er wählt sich selbst.« (Kierkegaard, Bd. 2, 816f.)

Durch die ethische Selbstkonstitution in der existentiellen Wahl des Selbst kann das Individuum die Abhängigkeit des Menschen vom Vergänglichen überwinden und Lebenssinn und Lebenserfüllung finden. Allerdings entpuppt sich, nach Kierkegaard, bei näherer Betrachtung diese angebliche Lebenserfüllung der ethischen Existenz als Täuschung. Seine Stadienlehre endet nämlich nicht beim Ethischen, sondern beim religiösen Glauben an einen persönlichen Gott. (Kierkegaard, Bd. 2, 915ff.)

Gegen jede überindividuelle Instanz wendet sich Max Stirner (literarischer Deckname von Johann Kaspar Schmidt, 1806–1856). »Staat«, »Kirche«, »Gott«, »Sittlichkeit«, »Gewissen«, »Gesetz«, »Pflicht«, »Ordnung« sind die überindividuellen Größen und Gedanken, denen Stirners Kampf und Polemik gelten. Sie seien »Flausen«, mit denen man den Menschen den Kopf und das Herz vollgepfropft und sie verrückt gemacht habe. (Stirner, 79 und 179) Selbst Ludwig Feuerbach ist in den Augen Stirners nicht weit genug gegangen, denn er ersetzt alte Allgemeinbegriffe durch neue und verrät somit, worauf es allein ankommt, nämlich »den Einzigen und sein Eigentum«. Über Ludwig Feuerbach heißt es: »Feuerbach z.B. meint, wenn er das Göttliche vermenschliche, so habe er die Wahrheit gefunden. Nein, hat Uns der Gott gequält, so ist »der Mensch« im Stande, Uns noch marternder zu pressen. Daß Wir's kurz sagen: Daß Wir Menschen sind, das ist das Geringste an Uns und hat nur Bedeutung, insofern es eine unserer Eigenschaften, d.h. unser Eigentum ist.« (Stirner, 191) Das Menschliche ist für Stirner also eine Abstraktion.

Auch der Liberalismus abstrahiert vom konkreten Menschen und glorifiziert den abstrakten Menschen, die Menschheit:

»Wen sieht der Liberale für Seinesgleichen an? Den Menschen! Sei Du nur Mensch – und das bist Du ja – so nennt der Liberale Dich seinen Bruder. Er fragt nach deinen Privatmeinungen und Privatnarrheiten sehr wenig, wenn er nur den »Menschen« in Dir erblicken kann. Da er aber dessen wenig achtet, was Du privatim bist, ja bei strenger Befolgung seines Prinzips gar keinen Wert darauf legt, so sieht er in Dir nur das, was Du generatim bist. Mit andern Worten; er sieht in Dir nicht Dich, sondern die Gattung, nicht Hans oder Kunz, sondern den Menschen, nicht den Wirklichen oder Einzigen, sondern dein Wesen oder deinen Begriff, nicht den Leibhaftigen, sondern den Geist.« (Stirner, 189)

Die verschiedenen Freiheiten, die im Programm des politischen Liberalismus vorkommen, sind genauso abstrakt wie der Mensch, dem die Liberalen huldigen:

»Politische Freiheit sagt dies, daß die Polis, der Staat, frei ist, Religionsfreiheit dies, daß die Religion frei ist, wie Gewissensfreiheit dies bedeutet, daß das Gewissen frei ist; also nicht, daß Ich vom Staate, von der Religion, vom Gewissen frei oder, daß Ich sie los bin. Sie bedeutet nicht Meine Freiheit, sondern die Freiheit einer Mich beherrschenden und bezwingenden Macht; sie bedeutet, daß einer Meiner Zwingherrn, wie Staat, Religion, Gewissen, frei sind. Staat, Religion, Gewissen, diese Zwingherrn, machen Mich zum Sklaven, und ihre Freiheit ist Meine Sklaverei.« (Stirner, 117)

Die Ideologie des Bürgertums erkennt den Menschen nur an, sofern er ein guter Staatsbürger ist. Der konkrete Mensch erhält vom Staat seinen Wert. Ähnlich verhält es sich mit der Ideologie des »sozialen Liberalismus«. Nur als Gesellschaftsmensch ist der Mensch im »sozialen Liberalismus« wertvoll, als Arbeiter, der Wohlstand für alle schafft. »Die Gesellschaft (an einer anderen Stelle wird diese Gesellschaft »heilige Gesellschaft« genannt – T.G.), von der Wir alles haben, ist eine neue Herrin, ein neuer Spuk, ein neues »höchstes Wesen«, das Uns »in Dienst und Pflicht nimmt!«« (Stirner, 135)

Überall meint Stirner »höchste Wesen« und »überindividuelle Instanzen« finden zu können, die den realen, egoistischen, konkreten Menschen, »Mich« verachten. Ein höherer, wahrer, heiliger Mensch wird durch einen Mechanismus der Verallgemeinerung und Abstraktion kreiert und gegen den gewöhnlichen, sinnlichen, egoistischen Menschen, der ist, aber nicht sein sollte und nicht zu sein hat, gewendet. Überall gebe es Eiferer verschiedener Couleur, die für das sogenannte Gute, Heilige, für das Wohl der Menschheit kämpfen und dabei den realen Menschen zu opfern bereit sind. Überall herrschten die Universalien: Gott, Menschheit, Staat, Gesellschaft, das Übernatürliche, die höheren Zwecke. Und überall gebe es die konsequente, systematische Unterwerfung des Einzelnen, Einzigen.

Den vielen möglichen abstrakten »Über«-Instanzen und »höchsten Wesen« setzt Stirner seinen radikalen Individualismus entgegen. Ethisch ist dieser Individualismus als Kritik am schlechten und falschen Allgemeinen. Die Protest- und Revolteintention Stirners gegen das abstrakte Allgemeine kommt bereits in den ersten Zeilen seiner Schrift »Der Einzige und sein Eigentum« zum Ausdruck. Dort heißt es:

»Was soll nicht alles Meine Sache sein! Vor allem die gute Sache, dann die Sache Gottes, die Sache der Menschheit, der Wahrheit, der Freiheit, der Humanität, der Gerechtigkeit; ferner die Sache Meines Volkes, Meines Fürsten, Meines Vaterlandes; endlich gar die Sache des Geistes und tausend andere Sachen. Nur Meine Sache soll niemals Meine Sache sein. »Pfui über den Egoisten, der nur an sich denkt!«« (Stirner, 3)

Und ein wenig weiter:

»Das Göttliche ist Gottes Sache, das Menschliche Sache »des Menschen«. Meine Sache ist weder das Göttliche noch das Menschliche, ist nicht das Wahre, Gute, Rechte, Freie usw., sondern allein das Meinige, und sie ist keine allgemeine, sondern ist – einzig, wie ich einzig bin. Mir geht nichts über Mich.«

## *3. Schopenhauer*

Zwei kleine Preisschriften (*Über die Freiheit des menschlichen Willens* und *Über die Grundlage der Moral*), die Arthur Schopenhauer (1788–1860) abfaßte, um die von der Königlich-Norwegischen Gesellschaft der Wissenschaft zu Drontheim und der Königlich-Dänischen Societät der Wissenschaft gestellten Preisfragen zu beantworten, sowie die in den *Parerga und Paralipomena* (Nebenwerke und Zurückgebliebenes) zu findenden berühmten *Aphorismen zur Lebensweisheit* enthalten die wichtigsten Reflexionen Arthur Schopenhauers zur philosophischen Ethik. Während die Preisschriften wissenschaftliche Abhandlungen darstellen, die sich mit philosophischen Fundierungsproblemen beschäftigen, stellen die *Aphorismen zur Lebensweisheit* eine Sammlung von knappen Sentenzen und Leitsätzen, Lebens- und Führungsregeln dar, die an Seneca, die französischen Moralisten und Gracián u.a. erinnern. Zwei Denkstile also, die zu zwei verschiedenen Ethiken führen: eine in Auseinandersetzung mit der philosophischen Tradition der Ethik (in der Hauptsache mit der Kantischen Moralphilosophie) entwickelte Mitleidsethik und eine Ethik als konkrete Lebenskunst mit vielen Maximen und Leitregeln, die die tagtägliche Daseinsbewältigung anleiten und steuern sollen.

In der zweiten akademischen Preisschrift *Über die Grundlage der Moral* aus dem Jahre 1839, abgefaßt als Antwort auf die Preisfrage »Ist die Quelle und Grundlage der Moral zu suchen in einer unmittelbar im Bewußtsein (oder Gewissen) liegenden Idee der Moralität und in der Analyse der übrigen, aus dieser entspringenden, moralischen Grundbegriffe, oder aber in einem andern Erkenntnisgrunde?«, kritisiert Schopenhauer die Kantische Konzeption von Moralität. Die Moralphilosophie Kants ist für Schopenhauer zu abstrakt, da sie die Vernunft überschätze und unter einem Mangel an realem Gehalt leide, sowie subtil egoistisch, denn sie stelle denjenigen, die dem kategorischen Imperativ folgten, schließlich doch eine (jenseitige) Belohnung in Aussicht. (Schopenhauer, 1977, 183, 189f. und 197f.)

Schopenhauer rekonstruiert im einzelnen die Theorie der praktischen Vernunft Kants. Er legt dar, worin »die glänzendste und die folgenreichste Entdeckung« Kants besteht und wie Kant diese Entdeckung überall anwendet, denn in der Tat versucht Kant nach Schopenhauer die Methode der »Scheidung des a priori von dem a posteriori«, welche Kant in der Erkenntnistheorie entwickelt hatte, auch auf die Ethik anzuwenden, mit der Folge, daß auch die Ethik in zwei Teile eingeteilt wird: einen reinen, a priori erkennbaren Teil und einen empirischen Teil, der für die Begründung der Ethik als unzulässig abgewiesen wird. (Schopenhauer, 1977, 169) Somit gründe Kant die Ethik nicht auf eine empirische Grundlage, irgendein objektives Verhältnis der Dinge in der Außenwelt oder irgendeine nachweisbare »Thatsache des Bewußtseins«, wie »die Philosophaster neuerer Zeit«, über die Schopenhauer ironisiert, unterstellen, sondern auf reine Begriffe apriori. Mit dieser Kantischen Begründungsstrategie ist für Schopenhauer eine Reihe von problematischen Vorstellungen gekoppelt, die er bespricht und ablehnt. Seine Kritik kulminiert in der folgenden These:

> »Ich muß hier, wo die Sache nur beiläufig zur Sprache kommt, es bei der bloßen Assertion des Gegentheils bewenden lassen, daß nämlich die Vernunft, wie das Erkenntnißvermögen überhaupt, ein Sekundäres, ein der Erscheinung Angehöriges, ja durch den Organismus Bedingtes, hingegen der eigentliche Kern, das allein Metaphysische und daher Unzerstörbare im Menschen sein Wille ist.« (Schopenhauer, 1977, 172)

Die Fundierungsstrategie Kants ist für Schopenhauer abstrakt. Kant will das Moralgesetz auf reine Begriffe a priori, folglich auf reine Vernunft gründen, wodurch es nicht bloß für den Menschen, sondern für alle vernünftigen Wesen als solche gültig sein soll. Reine abstrakte Begriffe a priori ohne realen Gehalt und ohne jegliche empirische Grundlage könnten aber, so die Argumentation Schopenhauers, Menschen nie in Bewegung setzen. Sie hätten keine Möglichkeit, das wirkliche Handeln der Menschen zu beeinflussen: der Mangel an empirischer Realität in der Kantischen Moraltheorie führe also zu einem Mangel an Wirksamkeit. Das Fundament der Kantischen Moral »... schwebt in der Luft, als ein Spinnengewebe der subtilsten, inhaltsleersten Begriffe, ist auf nichts basirt, kann daher nichts tragen und nichts bewegen.« (Schopenhauer, 1977, 183) Und dennoch habe ein solches Fundament eine schwere Last von Kant aufgebürdet bekommen, nämlich die Freiheit möglich zu machen bzw. die Möglichkeit von Freiheit zu demonstrieren. Außerdem übersehe Kant, daß Vernünftigkeit nicht unbedingt Rechtschaffenheit und Menschenliebe bedeutet.

»Keineswegs aber implicirt dieses (das vernünftige Handeln – T.G.) Rechtschaffenheit und Menschenliebe. Vielmehr kann man höchst vernünftig, also überlegt, besonnen, konsequent, planvoll und methodisch zu Werke gehn, dabei aber doch die eigennützigsten, ungerechtesten, sogar ruchlosesten Maximen befolgen. Daher ist es vor Kant keinem Menschen je eingefallen, das gerechte, tugendhafte und edle Handeln mit dem vernünftigen Handeln zu identifizieren...« (Schopenhauer, 1977, 189f.)

Schopenhauers eigene Begründungsstrategie des Fundaments der Moral basiert auf der weit verbreiteten natürlichen Grundintuition, nach der die Abwesenheit von egoistischen Motiven gerade den moralischen Wert von Handlungen (oder Personen) ausmacht. Im § 16 der Schrift *Über die Grundlage der Moral*, der den Titel »Aufstellung und Beweis der allein ächten moralischen Triebfeder« trägt, weist Schopenhauer die wahre, allen Handlungen von echtem moralischem Wert zugrunde liegende Triebfeder nach. Nachdem er die Prämissen, die die Voraussetzungen der Beweisführung sind und als Axiomata vorgestellt werden, dargelegt hat, hält Schopenhauer das Ergebnis seiner Beweisführung, seine Konklusion fest: »Dieses Mitleid ganz allein ist die wirkliche Basis aller freien Gerechtigkeit und aller ächten Menschenliebe. Nur sofern eine Handlung aus ihm entsprungen ist, hat sie moralischen Werth: und jede aus irgend welchen andern Motiven hervorgehende hat keinen.« (Schopenhauer, 1977, 248) Die Axiomata der Beweisführung Schopenhauers sind folgende: a) keine Handlung kann ohne zureichendes Motiv geschehen; 2) ebensowenig kann eine Handlung bei vorhandenem zureichendem Motiv unterbleiben, es sei denn, ein stärkeres

Motiv macht ihre Unterlassung notwendig; 3) was den Willen bewegt, ist allein Wohl oder Wehe überhaupt, so daß jedes Motiv auf Wohl und Wehe bezogen sein muß; 4) folglich bezieht sich jede Handlung auf ein für Wohl und Wehe empfängliches Wesen; 5) dieses Wesen ist entweder der Handelnde selbst oder ein anderer; 6) jede Handlung, deren letzter Zweck das Wohl und Wehe des Handelnden selbst ist, ist eine egoistische; 7) das von Handlungen Gesagte gilt auch für Unterlassungen; 8) Egoismus und moralischer Wert einer Handlung schließen sich schlechthin aus; 9) die moralische Bedeutsamkeit einer Handlung kann nur in ihrer Beziehung auf Andere (ihr Wohl und Wehe) liegen.

Der Beweisgang Schopenhauers bestätigt also die natürliche Grundintuition, nach der nur die Handlungen, denen keine eigennützigen Interessen zugrunde liegen, den Anspruch erheben können, einen moralischen Wert zu haben. Die Handlungen, die eigennützig motiviert sind, können nicht (nach dieser natürlichen Grundintuition) einen moralischen Wert haben. Nicht eigennützige Handlungen sehen vom eigenen Wohl und Wehe ab und konzentrieren sich auf das Wohl und Wehe des anderen, so daß dieser der letzte Zweck des Willens des Handelnden wird. Dies erfordert aber, daß der Handelnde in der Lage sein muß, das Wohl und Wehe des anderen zu kennen, damit er sich mit ihm mindestens punktuell identifizieren kann und der Unterschied zwischen ihm und dem anderen, auf dem der Egoismus beruht, wenigstens graduell aufgehoben werden kann.

Die emotional-kognitive Fähigkeit, die Lage des anderen zu erkennen und mit ihm in dieser Lage zu empfinden, ist das alltägliche Phänomen des Mitleids: die ganz unmittelbare, von allen anderweitigen Rücksichten unabhängige Teilnahme am Leiden und am Wohl eines anderen, die Schopenhauer zum Fundament einer jeden Moral deklariert. Durch das Mitleid wird man fähig, mit dem anderen zu empfinden und zu leiden, dessen Interessen wahrzunehmen. Das Wohl und Wehe des anderen kann durch das Mitleid zu meinem Motiv werden, und ich werde durch das Mitleid überhaupt fähig, von meiner eigenen Interessenlage abzusehen. Der andere kann somit der letzte Zweck meines Willens werden, ganz so wie sonst ich selbst es bin; ich vermag dann sein Wohl zu wollen und sein Wehe nicht zu wollen. Das Mitleid allein kann für Schopenhauer das Fundament jeglicher Moral sein.

Der moralische Grundsatz, den Schopenhauer formuliert

und der sich vom Mitleidsprinzip problemlos ableiten läßt, lautet: »Neminem laede; imo omnes, quantum potes, juva« (verletze niemanden; vielmehr hilf allen, soweit du kannst). Von dieser moralischen Grundmaxime heißt es, daß sie der Satz ist, welchen zu begründen alle Ethiker sich bemüht haben, bzw. daß sie das Resultat der so verschiedenartigen Deduktionen der Ethiker ist. (Schopenhauer, 1977, 176f.)

Nachdem Schopenhauer das Fundament der Moral nachgewiesen und den moralischen Grundsatz aufgestellt hat, kann er einige Differenzierungen und begriffliche Festlegungen vornehmen, die ein besseres Verständnis der klassischen Probleme und Diskussionsthemen der philosophischen Ethik ermöglichen. Am Anfang des § 17 formuliert er:

»Bei näherer Betrachtung des oben als ethisches Urphänomen nachgewiesenen Vorgangs des Mitleids ist auf den ersten Blick ersichtlich, daß es zwei deutlich getrennte Grade gibt, in welchen das Leiden eines Andern unmittelbar mein Motiv werden, d.h. mich zum Thun oder Lassen bestimmen kann: nämlich zuerst nur in dem Grade, daß es, egoistischen oder boshaften Motiven entgegenwirkend, mich abhält, dem Andern ein Leiden zu verursachen, also herbeizuführen was noch nicht ist, selbst Ursache fremder Schmerzen zu werden; sodann aber in dem höhern Grade, wo das Mitleid positiv wirkend, mich zu thätiger Hülfe antreibt. Die Trennung zwischen sogenannten Rechts- und Tugend-Pflichten, richtiger zwischen Gerechtigkeit und Menschenliebe, welche bei Kant so gezwungen herauskam, ergibt sich hier ganz und gar von selbst, und bezeugt dadurch die Richtigkeit des Princips: es ist die natürliche, unverkennbare und scharfe Gränze zwischen dem Negativen und Positiven, zwischen Nichtverletzen und Helfen.« (Schopenhauer, 1977, 252)

Anschließend definiert er die Begriffe der Gerechtigkeit, der Tugend und der Pflicht, erörtert die Aufgaben des Staates und erarbeitet eine Theorie der Lüge, die als »Notwehr gegen unbefugte Neugier« vorgestellt wird. Schopenhauer beansprucht dabei, in Übereinstimmung mit den unmittelbaren natürlichen Intuitionen der meisten Menschen argumentieren und denken zu können, so daß seine prinzipiellen oder begrifflichen Festlegungen jederzeit durch Rekurs auf Alltagssituationen, Alltagseinstellungen und Alltagsbeurteilungen bestätigt werden können.

Bemerkenswert sind Schopenhauers Gedanken über das Mitleid gegenüber Tieren und über die Funktion des Mitleids als mögliche Linderungsstrategie der zahllosen und vielgestalteten Leiden, denen unser Leben ausgesetzt ist, sowie als Gegengewicht des allgegenwärtigen Egoismus. (Schopenhauer, 1977, 278ff. und 284ff.) Unter den Klassikern der Philosophie ist es Rousseau, jener »Kenner des menschlichen Herzens«, jener »Feind der Vorurtheile« und »Zögling der Natur«, auf den sich Schopenhauer bei der Entfaltung seiner Miteleidsethik berufen kann. (Schopenhauer, 1977, 285ff.)

In den *Aphorismen zur Lebensweisheit* präsentiert Schopenhauer eine Technik der konkreten Lebensgestaltung, eine Lebenskunst also, die es mit dem eigenen Glückserwerb zu tun hat. In der Ethik der *Aphorismen* geht es um eine Anpassung, eine Akkommodation an das Prinzip der Selbsterhaltung. Es geht in ihr konkret um eine Anweisung zu einem glücklichen, maßvollen und klugen Leben, die von metaphysischen Überlegungen absieht und auf dem empirischen Standpunkt bleibt. Die in den *Aphorismen* vorgetragene »Philosophie für die Welt« ist eine Überlebens- und Selbsterhaltungsklugheitslehre, die die Dimensionen des Seins (»was Einer ist«), des Habens (»was Einer hat«) und des Geltens (»was Einer vorstellt«) berücksichtigt und in stoischer Manier eine Diätetik oder Politik der Lebensführung vorführt. Schopenhauer plädiert hier für einen Rückzug. Sein Ideal ist die Autarkie des Individuums, dessen Selbstgenügsamkeit. Das Individuum müsste lernen, Genuß aus sich selbst zu ziehen, aus seinen geistigen Anlagen, seiner Phantasie und Einbildungskraft, seinem Temperament und seinen eigenen Fähigkeiten, und dies nicht durch die Gesellschaft, sondern trotz der Gesellschaft. (Schopenhauer, 1980, 15f., 17ff. sowie Safranski, 494ff.)

Zwei Musterbeispiele der Empfehlungen Schopenhauers sollen kurz aufgegriffen werden, die die von Schopenhauer gepriesene Fähigkeit der klugen Lebenssorge veranschaulichen. In ihnen geht es um eine kluge Glücks- und Lebenspolitik, die auf Vorsicht und Nüchternheit setzt. Schopenhauer empfiehlt:

»Man sollte beständig die Wirkung der Zeit und die Wandelbarkeit der Dinge vor Augen haben und daher bei Allem, was jetzt Statt findet, sofort das Gegentheil davon imaginieren; also im Glücke das Unglück, in der Freundschaft die Feindschaft, im schönen Wetter das schlechte, in der Liebe den Haß, im Zutrauen und Eröffnen den Verrath und die Reue, und so auch umgekehrt, sich lebhaft vergenwärtigen. Dies würde eine bleibende Quelle wahrer Weltklugheit abgeben, indem wir stets besonnen bleiben und nicht so leicht getäuscht werden würden.« (Schopenhauer, 1980, 221f.)

Und er empfiehlt:

»Über keinen Vorfall sollte man in großen Jubel oder große Wehklage ausbrechen; theils wegen der Veränderlichkeit aller Dinge, die ihn jeden Augenblick umgestalten kann; theils wegen der Trüglichkeit unsers Urtheils über das uns Gedeihliche, oder Nachtheilige; in Folge welcher fast Jeder einmal gewehklagt hat über Das, was nachher sich als sein wahres Bestes auswies, oder gejubelt über Das, was die Quelle seiner größten Leiden geworden ist.« (Schopenhauer, 1980, 225)

## *4. Bentham und Mill*

Jeremy Bentham (1748–1832), ein praktisch veranlagter Philosoph und Reformer, der Erfahrungen mit dem inneren Widersinn der englischen Rechtsverhältnisse machen konnte, hatte in seiner Schrift *Einführung in die Prinzipien von Moral und Gesetzgebung* ein Kriterium zur Prüfung vorhandener juristischer Regelungssysteme systematisch eingeführt und erörtert, das bereits vor ihm formuliert worden war: das Nützlichkeitsprinzip. Nicht »das Naturgesetz« und auch nicht »ein Urvertrag« (zwei Begriffe, die als vage und konfuse Vorstellungen kritisiert werden) sollen nach Bentham der Rechtfertigungsmaßstab sozialen oder politischen Handelns sein, sondern das Nützlichkeitsprinzip, dessen Anwendungsmöglichkeiten und überhaupt Effizienz Bentham in seiner Schrift nachweisen will. Von Helvetius hat Bentham, wie er selbst sagt, dieses Kriterium übernommen. (Mill, 1962, 90, 118)

Am Anfang der *Einführung in die Prinzipien von Moral und Gesetzgebung* redet Bentham von der Konformität des Nützlichkeitsprinzips mit der Natur des Menschen und mit jenen »zwei souveränen Gebietern« der Menschheit »Leid und Freude«, die bestimmen, was die Menschen tun, sagen und denken werden. Anschließend erläutert Bentham:

»Unter dem Prinzip der Nützlichkeit ist jenes Prinzip zu verstehen, das schlechthin jede Handlung in dem Maß billigt oder mißbilligt, wie ihr die Tendenz innezuwohnen scheint, das Glück der Gruppe, deren Interesse in Frage steht, zu vermehren oder zu vermindern, oder ... dieses Glück zu befördern oder zu verhindern. Ich sagte: schlechthin jede Handlung, also nicht nur jede Handlung einer Privatperson, sondern auch jede Maßnahme der Regierung.«

Und dann heißt es weiter:

»Unter Nützlichkeit ist jene Eigenschaft an einem Objekt zu verstehen, durch die es dazu neigt, Gewinn, Vorteil, Freude, Gutes oder Glück hervorzubringen (dies alles läuft im vorliegenden Fall auf das gleiche hinaus) oder (was ebenfalls auf das gleiche hinausläuft) die Gruppe, deren Interesse erwogen wird, vor Unheil, Leid, Bösem oder Unglück zu bewahren; sofern es sich bei dieser Gruppe um die Gemeinschaft im allgemeinen handelt, geht es um das Glück der Gemeinschaft; sofern es sich um ein bestimmtes Individuum handelt, geht es um das Glück dieses Individuums.« (Höffe, 56 resp. Mill, 1962, 34f.)

Das von Bentham favorisierte Kriterium ermöglicht eine Beurteilung von Handlungen, Handlungsprogrammen und Politikmaßnahmen, die sich an effektiven, realen Ergebnissen und Konsequenzen orientiert. Die adäquate Anwendung des Utilitätsprinzips setzt voraus, daß die jeweilige Handlungssituation und die jeweilige Handlungsstrategie gründlich analysiert werden. Man muß wissen, welche Faktoren im jeweiligen Handlungskontext involviert sind und wie sich eine bestimmte Handlungsstrategie genau auswirken wird, was ja nicht immer voraussehbar ist. Objektive Ergebnisse, und nicht die Intentionen der Beteiligten, das Askese-Prinzip, Sympathie- und Antipathie-überlegungen oder gar »der Wille Gottes«, sind maßgeblich für die utilitaristische Urteilsbildung, die Bentham überall, wo Entscheidungen zu treffen sind, durchgeführt wissen möchte. Zu diesem Zweck erarbeitet Bentham eine Reihe von Anwendungsstrategien, die Operationalisierungsmodelle des Utilitätsprinzips darstellen und einen Vergleich bzw. eine Berechnung der jeweils involvierten Lust- und Unlustmomente ermöglichen. Durch diese Anwendungsstrategien soll konkret in der jeweiligen Situation die größte Wohlfahrt in der weitesten Ausbreitung realisiert werden.

Bentham unterscheidet vier Quellen von Freude und Leid (eine physische, eine politische, eine moralische und eine religiöse) und diverse Umstände von Freude und Leid (wie Intensität, Dauer, Gewißheit oder Ungewißheit, Nähe oder Ferne, Folgenträchtigkeit und Reinheitsgrad) sowie verschiedene Arten von Freude und Leid (Sinnesfreuden, gesellschaftlich fundierte Freuden, Freuden des Reichtums, der Kunstfertigkeit, der Freundschaft, des guten Rufes, der Macht, der Frömmigkeit, des Wohlwollens, der Erinnerung, der Einbildungskraft, der Erwartung, der Entspannung sowie die Leiden der Entbehrung, der Sinne, der Unbeholfenheit, der Feindschaft, des schlechten Rufes, der Frömmigkeit, der Mißgunst, der Erinnerung usf.). (Höffe, 74ff., 79ff. und 82f sowie Mill, 1962, 59ff., 64ff. und 68ff.)

Trotz all dieser Unterscheidungen und Differenzierungen, mit denen Bentham operiert, erweist sich der quantifizierend vorgehende Nutzenkalkül J. Benthams (dessen »felicific calculus«) als kritikwürdig, denn er stellt eine Reihe von Problemen und Schwierigkeiten nicht genügend in Rechnung, auf die John Stuart Mill (1806–1873) aufmerksam machen wird. In seiner Abhandlung über Bentham listet John Stuart Mill, nachdem er Bentham aufgrund seiner Verdienste (der analytischen, induktiven Methode, die er systematisch angewandt habe, sowie der vielen Klassifikationen, die er durchgeführt habe) gelobt hat, die Defizite seiner Position auf. Kritisiert wird dabei hauptsächlich Benthams letzten Endes zu enge Konzeption des Menschen und seiner Motivlagen, die dazu führe, daß das Gewissen, die Selbstachtung, die Ehre, die Ordnungs- und Schönheitsliebe, die Tatkraft und die Tatlust unberücksichtigt blieben. Der Mensch werde demnach bei Bentham nicht als Wesen anerkannt, das geistige Interessen und Motive haben könne. Bentham berücksichtige ja nur »the business part« menschlicher Angelegenheiten; im Zuge einer falschen Verallgemeinerung nehme er dann den Teil für das Ganze. (Mill, 1962, 100ff., 103, 105f. und 121f.)

John Stuart Mill selbst geht wie Bentham davon aus, daß Lust und das Freisein von Unlust die einzigen Dinge sind, welche als Endzwecke wünschenswert sind, und daß alle anderen wünschenswerten Dinge wünschenswert sind, entweder weil sie selbst lustvoll sind oder weil sie Mittel zur Beförderung von Lust und zur Vermeidung von Unlust sind. (Höffe 86 resp. Mill, 1962, 257) Mill weist dennoch ständig darauf hin, daß es qualitative Unterschiede gibt zwischen der Lust, die Tiere empfinden, und der von Menschen empfundenden Lust. Auch die Quellen der Lust seien andere für Menschen und Tiere. »Die Menschen haben höhere Fähigkeiten als bloße tierische Gelüste und vermögen, sobald sie sich dieser einmal bewußt geworden sind, nur darin ihr Glück zu sehen, worin deren Betätigung eingeschlossen ist.« (Höffe, 87) So können die Menschen im Unterschied zu den Tieren die Freuden des Verstandes, der Empfindung, der Vorstellungskraft und des sittlichen Gefühls u.a. genießen und kultivieren. Mill hat in diesem Argumentationszusammenhang jenen bekannt gewordenen Satz geprägt, der für den intellektuellen Hedonismus, den er vertritt, repräsentativ ist: »Es ist besser, ein unzufriedener Mensch zu sein als ein zufriedengestelltes Schwein; besser ein unzufriedener Sokrates als ein zufriedener Narr.« (Höffe, 89)

Der Mensch ist nach Mill fähig, sich geistig zu bilden, seine sinnlichen Fähigkeiten zu kultivieren, deswegen ist er in der Lage, andere, höhere Freuden als die Tiere zu empfinden: »Ein gebildeter Geist ... findet Quellen eines unerschöpflichen Interesses in Allem, was ihn umgibt, in den Gegenständen der Natur, in den Werken der Kunst, in den Schöpfungen der Dichtung, in den Begebenheiten der Geschichte, in den Zuständen der Menschheit in Vergangenheit und Gegenwart, wie in ihren Aussichten in die Zukunft.« (Mill, 1968, 142) Der Mensch kann seine Freuden geistig-kulturell diversifizieren, kultivieren und intensivieren. Dies können die Tiere nicht.

Es ist geradezu charakteristisch für den Menschen, daß er fähig ist, gerade im Verzicht oder den Verzicht zu genießen bzw. aus der Selbstaufopferung eine höhere Freude zu ziehen. Mill betont bezüglich der Opferbereitschaft und Opferfähigkeit von Menschen aber, daß es dabei nie nur um den Verzicht oder die Opferleistung geht, sondern daß die Opferleistung immer ein Mittel ist, um eine höhere, subtilere Freude zu erzielen:

»Die utilitaristische Moral erkennt menschlichen Wesen die Kraft zu, ihr eigenes höchstes Gut für das Gut Anderer zu opfern. Sie weigert sich nur zuzugeben, daß dies Opfer an und für sich ein Gut sei. Ein Opfer, welches die Gesamtsumme der Glückseligkeit nicht vermehrt oder sie nicht zu vermehren strebt, betrachtet sie als Verschwendung. Die einzige Art der Selbstentsagung, welcher die utilitaristische Moral ihren Beifall zollt, ist die Hingebung für die Glückseligkeit, oder für einige der Mittel zur Glückseligkeit Anderer ...« (Mill, 1968, 145)

Mills Beurteilung von Handlungen ist genauso wie die Beurteilung Benthams an den Ergebnissen interessiert, an den guten Taten und an den guten Resultaten. Wer einen Mitmenschen vor dem Ertrinken rettet, tut nach Mill, was moralisch recht und richtig ist, selbst wenn sein Beweggrund nicht die Pflicht gewesen ist, sondern die Hoffnung, daß er für seine Mühe bezahlt werde. Und derjenige, der einen Freund betrügt, der ihm sein Vertrauen geschenkt hat, macht sich eines Verbrechens schuldig, selbst wenn seine Absicht die gewesen ist, einem anderen Freund dadurch einen Dienst zu leisten. (Mill, 1968, 147)

Trotz dieser Orientierung an den Ergebnissen oder Folgen einer Handlung weiß Mill um die Bedeutung der Intention für die Handlung: »Sie (die Utilitarier -T.G.) wissen auch recht wohl, daß eine gute Handlung nicht nothwendig einen tugendhaften Charakter anzeigt, und daß Handlungen, die an und für sich tadelnswerth sind, oft aus Eigenschaften entspringen, die auf Lob Anspruch machen können.« (Mill, 1968, 149) Dennoch konzediert er den guten Taten und Ergebnissen die Priorität: »Bei Allem dem aber gebe ich zu; daß sie (die Utilitarier – T. G.) der Meinung sind, daß im Verlaufe der Zeit der beste Beweis eines guten Charakters gute Handlungen sind, und daß sie es entschieden zurückweisen, irgendeinen Seelenzustand als gut gelten zu lassen, dessen vorherrschende Richtung sich in schlechtem Verhalten äußert.« (Mill, 1968, 149f.)

John Stuart Mill ist der Meinung, daß Glück der einzige Zweck menschlichen Handelns ist und daß die Beförderung des Glücks der Maßstab ist, an dem alles menschliche Handeln gemessen werden muß. Selbst derjenige, der die Tugend um ihrer selbst willen erstrebt, tut dies letzten Endes, weil er meint, auf diese Weise glücklich werden zu können, so daß das Glück auch in diesem Fall der Endzweck des Handelns ist. Mills Argumentation:

»Es ergibt sich aus den vorangehenden Überlegungen, daß in Wirklichkeit nichts anderes begehrt wird als Glück. Alles, was nicht als Mittel zu einem Zweck und letztlich als Mittel zum Glück begehrt wird, ist selbst ein Teil des Glücks und wird erst dann um seiner selbst willen begehrt, wenn es dazu geworden ist. Wer die Tugend um ihrer selbst willen erstrebt, erstrebt sie entweder deshalb, weil das Bewußtsein, sie zu besitzen, lustvoll ist oder weil das Bewußtsein, sie nicht zu besitzen, unlustvoll ist oder aus beiden Gründen zugleich ... Empfände man das eine nicht als lustvoll, das andere nicht als unlustvoll, hätte man keinen Grund nach Tugend zu streben ... wenn die menschliche Natur so beschaffen ist, daß sie nichts begehrt, was nicht entweder ein Teil des Glücks oder ein Mittel zum Glück ist, dann haben wir keinen anderen und benötigen keinen anderen Beweis dafür, daß dies die einzigen wünschenswerten Dinge sind. In diesem Fall ist Glück der einzige Zweck menschlichen Handelns ... woraus notwendig folgt, daß es das Kriterium der Moral sein muß ...« (Höffe, 96 resp. Mill, 1962, 292)

Damit allerdings das Gesamtwohl des gesellschaftlichen Ganzen als Resultat der verschiedenen Handlungen und Aktionen der Einzelnen zustande kommen kann, sieht John Stuart Mill ein, daß eine gewisse Steuerung als Erziehungs- und Planungsfunktion nötig ist, denn nur so werden die einzelnen Individuen das wollen, was für die Gesamtgesellschaft gut ist. Das Rechttun, das Tun des Richtigen, müßte also im Bewußtsein der Einzelnen mit Freude und Lust und das Unrechttun, das Tun des Nichtrichtigen, mit Leid verknüpft werden. Nur so werden nach Mill jener Wille zur Tugend und jenes Verhalten, das zum Gesamtnutzen der Gesellschaft beiträgt, Realität werden können. (Mill, 1962, 294 resp. Mill, 1968, 172)

Der Utilitarismus J. Benthams und J. S. Mills stellt eine progressive Denkform bürgerlicher Rationalität dar, die im spätfeudalen Kontext Englands an demokratischen Prinzipien festhält (so zum Beispiel Benthams Diktum: »everybody to count for one, nobody for more than one« – »Jeder für Einen gerechnet, Keiner für mehr als Einen«) und Funktionalitäts- bzw. Nützlichkeitsüberlegungen konsequent favorisiert. Der Utilitarismus ist eine liberale Philosophie, weil er die Individualität der einzelnen Menschen als einen Wert einschätzt und sich für die Schaffung einer Atmosphäre der Freiheit einsetzt, in der allein innovative starke Individuen entstehen und leben können. Gleichzeitig insistiert der Utilitarismus auf das Prinzip der Gesamtnützlichkeit und legitimiert bestimmte kollektive Machtformationen, die das Interesse der Gesamtheit zu vertreten haben. In seiner klassisch gewordenen Abhandlung »On Liberty« formuliert Mill zwei wichtige Maximen oder Grundsätze der utilitaristischen Ethik:

»Diese Sätze lauten also: erstlich, kein Individuum ist der Gesellschaft für seine Handlungen verantwortlich, insofern diese die Interessen zweiter Personen nicht herrühren. Rath, Unterweisung, Überredung und Meidung des Verkehrs mit ihm, soweit Andere dies in ihrem Interesse für nothwendig halten; sind die einzigen Mittel, durch welche die Gesellschaft ihre Unzufriedenheit mit seinem Verhalten oder ihre Mißbilligung desselben auszudrücken berechtigt ist. Zweitens: das Individuum ist für solche Handlungen, welche die Interessen Anderer beeinträchtigen, verantwortlich und darf gesellschaftlicher oder gesetzlicher Strafe unterworfen werden, wenn die Gesellschaft sie zu ihrem Schutze für nöthig hält.« (Mill, 1968, 99)

Die Relevanz dieser zwei Elemente (die Individuen und kollektive Instanzen) für das Gesamtwohl der Gesellschaft kommt in prägnanter Weise am Ende der Freiheitsschrift noch einmal zur Sprache: »Der Werth eines Staates ist auf die Dauer doch nur der Werth seiner Bürger; und ein Staat ..., der seine Menschen zu Zwergen macht, um an ihnen gefügigere Werkzeuge selbst für heilsame Zwecke zu gewinnen, wird bald erfahren, daß sich mit kleinen Menschen nichts Großes wahrhaft vollführen läßt ...« (Mill, 1968, 122f.)

Der Utilitarismus Jeremy Benthams und John Stuart Mills war das wissenschaftliche Instrumentarium für eine radikale reformerische Gesellschaftsplanung und Gesellschaftspolitik. Bei Henry Sidgwick (1838–1900) wird der Utilitarismus eine akademische Position, ein Ethikmodell und ein Theorieansatz. In seinen zwei Bänden über *Die Methoden der Ethik* präsentiert Sidgwick die wohl differenzierteste Darstellung des klassischen

Utilitarismus, in der die normative Ethik des Utilitarismus mit der Metaethik eines qualifizierten Intuitionismus verknüpft wird.

Gedanken und Argumentationen des klassischen Utilitarismus sind im 20. Jahrhundert aufgegriffen und mit den Mitteln und Modellen der Entscheidungs- und Spieltheorie sowie der Wohlfahrtsökonomie weitergeführt worden, um auf folgende Fragen angemessene Antworten zu finden: 1) wie und auf welchem Meßniveau Teilnutzenwerte meßbar und alsdann 2) zu Gesamtfolgen aggregierbar sind, 3) wie sich dann aus den letzteren im Falle von Risiko und Unsicherheit rational die persönlichen Handlungsnutzen berechnen, 4) wie und auf welchem Meßniveau diese interpersonal zu vergleichen und zu aggregieren sind, 5) welches Aggregationsresultat hierbei als »gerecht« gelten kann, und 6) welche weiteren Informationen neben Nutzenwerten berücksichtigt werden müssen. Rainer W. Trapp faßt die mit diesen Fragen beschäftigten Transformationsformen des Utilitarismus unter dem Begriff »Interessenaggregationsethik« zusammen. Trapp versteht die Interessenaggregationsethik als eine »nicht-klassische« Variante des Utilitarismus. (Trapp, in: Pieper, Bd. 2, 306ff. sowie Trapp, 1988) Sie ist konsequentialistisch bzw. teleologisch (nichtdeontologisch), da sie den Handlungen an sich keinen intrinsichen Wert, sondern nur einen extrinsischen, instrumentellen und von ihren Folgen her zu bestimmenden Wert zuspricht.

## 5. *Nietzsche*

Die Philosophie Friedrich Nietzsches (1844–1900) ist materialistisch, denn in ihr stehen die materiellen Bedingungen des menschlichen Lebens im Mittelpunkt. Radikal geht Nietzsche von dem menschlichen Körper (von dem »Leib«) aus, von seinen Regungen und Bewegungen, Wünschen und Strebungen, von seinem Schicksal und von seiner Leidensgeschichte. Wie Dynamit muß eine solche Philosophie wirken. Für sie ist nämlich nichts heilig. Tradiertes wird dem Feuer der Kritik übergeben. Geltende Werte und überlieferte Normen werden radikal in Frage gestellt. Der Materialismus Friedrich Nietzsches ist angewandte Physio-logie, Sprachwerdungsprozeß der Physis. (Sloterdijk, 140ff. sowie Eagleton, 234f.)

Die Methode, der sich Nietzsches Kritik bedient, um die

Destruktionsarbeit des als heilig und gut Geltenden und Überlieferten zu verrichten, nennt Nietzsche selbst »genealogische« Methode. Sie besteht darin, daß die miserable Geschichte der Entstehung der großen Werte und Realisationen der Menschheit rekonstruiert wird. Auf diese Weise meint Nietzsche, die wirklichen Fundamente und Entstehungsbedingungen der Tugenden, der Werte, der Moral, der Seele, der Kultur, der Subjektivität und überhaupt von allem, was dem Okzident gut und teuer ist, freilegen zu können. Die dunkle Werkstatt des Edlen wird von Nietzsche beleuchtet, die kranke und krankmachende Infrastruktur der Kulturerrungenschaften aufgedeckt. Dieser Enthüllungsvorgang bringt ans Licht, was das Anerkannte-Edle voraussetzt und worauf es gründet: pathologische masochistische Dispositionen; Selbstverstümmelungstechniken; eine jahrhundertelang erfolgreich praktizierte Repressionspolitik; barbarische verinnerlichte Gesetze; Selbsthaß und Ressentiment, deformierte Willens- und Machtstrebungen.

In der *Genealogie der Moral*, dem systematischsten Buch Nietzsches, in dem Gilles Deleuze die Nietzschesche Variante der Kantischen »Kritik der reinen Vernunft« erblickt, nennt Friedrich Nietzsche, welche die anstehende Aufgabe sei und wie sie konkret zu meistern sei:

»... diese neue Forderung: wir haben eine Kritik der moralischen Werthe nötig, der Werth dieser Werthe ist selbst erst einmal in Frage zu stellen – und dazu tut eine Kenntniss der Bedingungen und Umstände noth, aus denen sie gewachsen, unter denen sie sich entwickelt und verschoben haben (Moral als Folge, als Symptom, als Maske, als Tartüfferie, als Krankheit, als Missverständniss; aber auch Moral als Ursache, als Heilmittel, als Stimulans, als Hemmung, als Gift), wie eine solche Kenntniss weder bis jetzt da war, noch auch nur begehrt worden ist. Man nahm den Werth dieser »Werthe« als gegeben, als tatsächlich, als jenseits aller In-Frage-Stellung; man hat bisher auch nicht im entferntesten daran gezweifelt und geschwankt, »den Guten« als höherwerthig als »den Bösen« anzusetzen ... Wie? wenn das Umgekehrte die Wahheit wäre? Wie? wenn im »Guten« auch ein Rückgangssymptom läge, insgleichen eine Gefahr, eine Verführung, ein Gift, ein Narkotikum, durch das etwa die Gegenwart auf Kosten der Zukunft lebte?... So dass gerade Moral daran schuld wäre, wenn eine an sich mögliche höchste Mächtigkeit und Pracht des Typus Mensch niemals erreicht würde? So daß gerade die Moral die Gefahr der Gefahren wäre ...?« (Nietzsche, VI2, 265)

Was ansteht und nötig ist, ist also eine Suspendierung der alttradierten Bewertungen, eine Neubewertung, eine Umwertung. Die alten Bewertungen werden aber nur relativierbar, wenn man ihre Entstehungsgeschichte rekonstruiert, d.h. wenn man die Bedingungen und Umstände, aus denen sie hervorgegangen sind, in einer vergegenwärtigenden Erzählung zur Sprache bringt. Diese Erzählung kann die dunkle Werkstätte, in der Ideale, Werte, Normen und Wertungen fabriziert worden sind, offenbaren. Sie kann manifestieren, wie Schwächen zu Verdiensten umgelogen werden, wie Ohnmacht zur Güte und ängstliche Niedrigkeit zur Demut wird. Sie kann weiterhin die Ursprünge der Geduld, dieser höchsten Tugend, entlarven und zeigen, wie aus Vergeltungssucht der Durst nach Gerechtigkeit wurde: »Diese Werkstätte, wo man Ideale fabrizirt – mich dünkt, schreibt Nietzsche, sie stinkt vor lauter Lügen.« (Nietzsche, VI2, 296)

Aufgrund einer Umwertung und Umkehrung ursprünglicher, aristokratischer Werte, dies ist die Hauptthese Nietzsches, war eine »Herden«- und »Sklavenmoral« entstanden: die Moral des »kleinen Mannes« und des »Pöbels, die gegen »die Herren«, die Vornehmen, die Guten, die Mächtigen, die Schönen und die Glücklichen konspirierte und verkündete, daß allein die Elenden, die Armen, die Ohnmächtigen, die Niedrigen, die Leidenden, die Entbehrenden, die Kranken und die Häßlichen die Guten sind. (Nietzsche, VI2, 118f. und 280ff.) Die ursprüngliche »Heiterkeit«, »die Freude und die Unschuld der Tiere«, »die natürlichen Hänge« des Anfangs, »die leibhafte Vergeßlichkeit« und »der Augenblicksverstand« wurden im Zuge der weltweiten Durchsetzung einer solchen »Sklavenmoral« ausgerottet und ein neues Geschlecht von Menschen wurde herangezüchtet: Menschen mit Gedächtnis und historischem Sinn, vernünftige und affektkontrollierte Menschen, mitleidende Menschen mit schlechtem Gewissen und Schuldgefühlen, Menschen mit Aspirationen zum Jenseitigen, Sinnenwidrigen, Instinktwidrigen, Naturwidrigen und Tierwidrigen, Menschen voller falscher und verlogener Ideale. (Nietzsche, VI2, 313, 318f. und 351f.) Nietzsche will eine so wirkungsreiche »Sklavenmoral« destruieren. Der erste Schritt dazu ist deren »genealogische« Dekonstruktion.

Die schematisch verfahrende und von Blitzgedanken geführte radikale dekonstruktive Kritik Friedrich Nietzsches ist in einem konstruktiven Projekt eingebettet bzw. wird von einem solchen konstruktiven Projekt begleitet, das das Leben bejahen und steigern will und neue Werte, positive, affirmative, ja-sagende Werte schaffen soll. In antichristlicher, antijüdischer Fixierung und als aristokratischer Radikalismus artikuliert sich bei Nietzsche das Projekt eines neuen Menschen, eines »Übermenschen«, welcher Schöpfer und Geschöpf seiner selbst zugleich zu sein hat: Künstler und Kunstwerk, Form- und Gesetzgeber sowie Geformtes und Gesetztes. Dieser neue Mensch muß sich selbst erfinden, gestalten, formieren. Er muß die Energien des Lebens, seine ganzen Kräfte mobilisieren, um aus sich ein Kunstwerk zu machen. Er stellt Reichtum, Überschuß und Lebenskraft dar; er verneint nicht, sondern verhält sich zu sich als Werdendem und zur Welt affirmativ. Über diesen neuen Menschen schreibt Nietzsche in der *Genealogie der Moral«:*

»Aber irgendwann, in einer stärkeren Zeit, als diese morsche, selbstzweiflerische Gegenwart ist, muss er uns doch kommen, der erlösende Mensch der grossen Liebe und Verachtung, der schöpferische Geist, den seine drängende Kraft aus allem Abseits und Jenseits immer wieder wegtreibt ... Dieser Mensch der Zukunft, der uns ebenso vom bisherigen Ideal erlösen wird als von dem, was aus ihm wachsen musste, vom grossen Ekel, vom Willen zum Nichts, vom Nihilismus, dieser Glockenschlag des Mittags und der grossen Entscheidung, der den Willen wieder frei macht, der der Erde ihr Ziel und dem Menschen seine Hoffnung zurückgibt, dieser Antichrist und Antinihilist, dieser Besieger Gottes und des Nichts – er muss einst kommen ...« (Nietzsche, VI2, 352)

Dieser neue, kommende, lebensbejahende, erlösende Mensch ist der Inhalt des großen Projekts, das Nietzsche verkündet, bzw. die Erfüllung der großen Aufgabe der Selbststilisierung, auf die Nietzsche in einer Kanzel und Katheder hinter sich lassenden Sprache ständig hinweist. Die Menschen haben sich selbst zu schaffen, einen neuen, nie da gewesenen Lebensstil zu erfinden, sich selbst so zu stilisieren, daß sie bejahende energetische Kraftwesen werden. In den Reden Zarathustras wird dieser neue Lebensstil vorgeführt. Zarathustra ist der Lehrer neuer Wertetafeln und neuer Tugenden; er geht wie ein Tänzer; zum unschuldigen, spielenden Kind verwandelt, ist Zarathustra ein Erwachter. Er verkündet den neuen Menschen, den »Übermenschen«:

»Der Übermensch ist der Sinn der Erde. Euer Wille sage: der Übermensch sei der Sinn der Erde! Ich beschwöre euch, meine Brüder, bleibt der Erde treu und glaubt Denen nicht, welche euch von überirdischen Hoffnungen reden! Giftmischer sind es ... Verächter des Lebens sind es, Absterbende und selber Vergiftete ...« (Nietzsche, VI1, 8f.)

Am gegenwärtigen Menschen schätzt Zarathustra, daß er Brücke und kein Zweck ist, das heißt, daß er »Übergang« und »Untergang« ist. (Nietzsche, VI1, 10f.)

Nietzsches Philosophie ist praktische, lebensbezogene, kritisch-konstruktive »Experimental-Philosophie«: ein Selbstversuch des Philosophierens, um herauszubekommen, ob und wie Philosophieren unter modernen Bedingungen möglich ist. (Kaulbach und Gerhardt, 1988, 163ff.) Bei diesem Selbstversuch wird die philosophische Reflexion gesteigert und energetisch aufgeladen; der Reflektierende kann dann, indem er das stattfindende intensivierte Reflexionsgeschehen bejaht, neue Möglichkeiten des Lebens erdenken und erleben. Das Leben wird dabei zum Gegenstand des Denkens, zu seinem Fundament und zu seinem Ziel. Die von Nietzsche betriebene, an der neuzeitlichen Wissenschaft orientierte, kritisch-skeptische Experimentalphilosophie will konstruktiv sein: Sie will einen neuen Lebensstil schaffen und ein höheres Wissen und Können erzeugen. Sie demonstriert, daß Philosophie eine neue Lebensweise zu sein hat und daß das Leben ein reflektiertes Kunstwerk werden kann.

Volker Gerhardt hat versucht, in Anlehnung an Nietzsche eine Theorie des souveränen, autonomen, sich selbst begründenden »übersittlichen Invidualismus« zu skizzieren, die die Defizite der »ontotheologischen« und »theophilen« Begründungsansätze der Moral überwindet. Die Theorie will die ursprüngliche Intention Nietzsches aufdecken und hinter dem sogenannten Immoralismus Nietzsches jene Nietzschesche Moral für freie, sich selbst bestimmende Geister und »große Seelen« entdecken, die energetisch in der Lage sind, durch ihr starkes Wollen und Können (d.h. als »Herren« und »Inhaber« eines freien und unzerbrechlichen Willens) aus Ursachen Gründe zu machen und somit sich selbst zu begründen und sich selbst zu schaffen. Diese starken Individuen repräsentieren das Prinzip der »Übersittlichkeit«, denn die überlieferten geltenden Normen, Sitten und Werte sind für sie nicht mehr der letzte Maßstab ihres Handelns. Als geschichtlich bedingte und relative in einer genealogischen Kritikarbeit entlarvt, verdienen diese überlieferten Normen, Sitten und Werte nicht mehr, letztendlich maßgebend zu sein. Die radikale Selbstgestaltungsaufgabe des Menschen läßt sich dann nicht mehr verdrängen: der Mensch ist für sich selbst allein verantwortlich und hat dementsprechend die Aufgabe, sich selbst so zu formen und zu stilisieren, daß er diese Gestaltung und Stilisierung immer wieder wollen kann. Die häßlichen Maßlosigkeiten und Konnotationen mancher Passagen im Werk Nietzsches werden in dieser Theorie der sich selbst begründenden »übersittlichen Individuen« zum Verschwinden gebracht. Die Theorie weiß aber selbst, daß, selbst wenn man heute an Nietzsche nicht vorbeikommt, er auch nicht für eine praxisbezogene normative Theorie ethischer Verbindlichkeiten ganz ausreicht. (Gerhardt, 1992, 40ff. und 47ff.)

# VI. Ethik im 20. Jahrhundert

## *1. Materiale Wertethik*

Im ersten Jahrzehnt dieses Jahrhunderts veröffentlichte Max Scheler (1874–1928) im »Jahrbuch für Philosophie und phänomenologische Forschung«, dessen Mitarbeiter er war, unter dem Titel *Der Formalismus in der Ethik und die materiale Wertethik* die Ethik, die er in Vorlesungen an der Münchener Universität entwickelt hatte. Max Scheler hatte in Berlin bei Wilhelm Dilthey, Carl Stumpf und Georg Simmel sowie in Jena bei Rudolf Eucken und Otto Liebmann studiert und die Philosophie Edmund Husserls und Henri Bergsons kennen- und schätzengelernt. Zusammen mit Husserl, Adolf Reinach, Moritz Geiger, Dieter von Hildebrand, Theodor Conrad, Hedwig Conrad-Martius, Jean Hering, Roman Ingarden, Fritz Kaufmann, Alexander Koyré und Edith Stein bildete er 1910 den Göttinger Kreis der Phänomenologie.

Max Scheler setzt die von Husserl als Ergebnis langjähriger Bemühungen entwickelte philosophische Forschungsmethode um. Die phänomenologische Methode ist für Scheler eine Technik reflexiver Arbeit und ein Mittel, konkrete Sachforschung zu betreiben. In den Gebieten der Biologie, Psychologie, Erkenntnistheorie, Soziologie, Religionsphilosophie, Metaphysik und Ethik bringt er die Husserlsche Forschungsmethode zur Anwendung, indem er davon ausgeht, daß es objektive Gegenstandswelten gibt, die dem schauenden und erkennenden Menschen vorgegeben sind und deren Wesensgesetze und Wesenheiten dieser erkennen kann. Philosophie faßt er dabei als Wesenswissenschaft auf, in der es immer um Wesenseinsichten geht.

In seiner Ethik geht Max Scheler davon aus, daß die Objektivität des Sittlichen nur durch die Annahme eines vom menschlichen Wollen und Entscheiden unabhängigen Werte-Reiches zu begründen ist. Die Menschen stellen nach Scheler an den Dingen unmittelbar Wertqualitäten fest, die vom menschlichen Dafürhalten völlig unabhängig sind. Diese Wertqualitäten sind objektiv, d.h. von den wahrnehmenden, fühlenden und wollenden Menschen nicht geschaffen. Sie sind aber auch etwas Eigenes; sie sind nämlich nicht identisch mit den Dingen. In Frontstellung gegen Kant, der den objektiven Wertgehalt des sittlichen Guten übersehen habe, entwickelt Scheler seine Theorie dieser Wertqualitäten und Werte, von denen er behauptet, daß sie in einem objektiven Wertereich existierten, das hierarchisch gegliedert sei und das die Menschen aufgrund ihrer Fähigkeit, Akte des »Wertfühlens« zu vollziehen, entdecken könnten.

Die eine Ordnung aufweisende Welt der Werte und Wertqualitäten Schelers ist ein eigener Gegenstandsbereich, eine eigene »ideal-objektive« »materiale Wertreihe«, die von der Güterwelt (in der sie sich verkörpert und somit »wirklich« wird) völlig unabhängig ist.

Die »ideal-objektiven« Werte sind auch nicht mit »Zwecken« oder »Endzwecken« (»Willenszwecken« und »Strebenszielen«) zu verwechseln. Werte sind nicht von Zwecken abhängig oder von ihnen abstrahiert, sondern liegen ihnen zugrunde. (Scheler, 37f., 40, 46 und 62ff.)

Die menschliche Handlung ist nach Scheler »gut« in Abhängigkeit von den Werten, die sie wollend bejaht. Sie ist nicht wertvoll oder gut, weil sie ein allgemeingültiges Gesetz werden kann, wie Kant unterstellt, sondern sie kann ein allgemeines Gesetz werden, weil sie sittlich wertvoll ist. Scheler schreibt:

»Unser Wollen ist »gut«, sofern es den in den Neigungen gelegenen höheren Wert erwählt. Das Wollen »richtet sich« nicht nach einem ihm immanenten »formalen Gesetze«, sondern es richtet sich nach der im Vorziehen gegebenen Erkenntnis vom Höhersein der in den Neigungen gegebenen Wertmaterien. Und es ist dann klar, daß sein eigener möglicher sittlicher Wert an erster Stelle davon abhängt, welche Wertmaterien ihm im Streben zur Wahl vorliegen und welche Höhe sie repräsentieren (in der objektiven Ordnung), desgleichen welche Fülle und Differenzierung zwischen ihnen vorliegt.« (Scheler, 63f.)

Im objektiven, in sich gegründeten Wertereich unterscheidet Scheler: Personwerte und Sachwerte; Eigenwerte und Fremdwerte; Aktwerte, Funktionswerte, Relationswerte; Gesinnungswerte, Handlungswerte und Erfolgswerte; Intentionswerte und Zustandswerte; Fundamentwerte, Formwerte und Beziehungswerte; Individualwerte und Kollektivwerte; Selbstwerte und Konsekutivwerte. (Scheler, 120ff.) Scheler glaubt außerdem, fünf allgemeine Kriterien angeben zu können, nach denen höhere von niedrigeren Werten unterschieden werden können. Diese fünf Kriterien haben in der Schelerschen Argumentation die Funktion, die objektive Rangordnung im Reich der Werte zu erklären. Die Kriterien Schelers lauten: »So scheinen die

Werte um so »höher« zu sein, je dauerhafter sie sind; desgleichen um so höher, je weniger sie an der »Extensität« und Teilbarkeit teilnehmen; auch um so höher, je weniger sie durch andere Werte »fundiert« sind; um so höher auch, je »tiefer« die »Befriedigung« ist, die mit ihrem Fühlen verknüpft ist; endlich auch um so höher, je weniger ihr Fühlen relativ ist auf die Setzung bestimmter wesenhafter Träger des »Fühlens« und »Vorziehens«.« (Scheler, 110)

Im zweiten Teil seiner Ethik entwickelt Scheler einen nichtsubstantialistischen und nichtpsychologischen Personbegriff, der von der Aktlehre her konzipiert wird bzw. in dieser gründet. Ein ideales System reiner Wertpersonentypen (die Typen des Heiligen, des Genius, des Helden, des führenden Geistes und des Künstlers des Genusses) stellt am Schluß des zweiten Teiles den Zusammenhang von Person- und Wertlehre her.

Den von Scheler entwickelten Ansatz einer materialen Wertethik hat Nicolai Hartmann (1882–1950) in seiner *Ethik* aufgenommen und systematisch entfaltet. Nicolai Hartmann gehörte ursprünglich zur Marburger Schule des Neukantianismus, gab aber im Lauf der Zeit deren rationalistischen Subjektivismus auf und erarbeitete die Position eines »kritischen Realismus«, für den das Erkennen ein Erfassen eines vor und unabhängig von aller Erkenntnis existierenden Ansichseienden ist. Werterkenntnis ist für Hartmann Seinserkenntnis, Erkennen eines objektiven Wertes, der den erkennenden Subjekten vorgegeben ist und nicht von diesen gesetzt oder geschaffen wird. Werte sind Wesenheiten, d.h. sie sind »ein bedingendes Prius aller Phänomene des moralischen Lebens« und sie haben dem Subjekte als dem Wertenden gegenüber »Absolutheit«. Werte haben ein »Ansichsein«, d.h. sie bestehen unabhängig vom Bewußtsein, das sie erfassen oder verfehlen, aber nicht machen oder setzen kann.

»So kehrt denn an den Werten, expliziert Hartmann, alles wieder, was gnoseologisch allgemein von allem Ansichseienden gilt. Sie sind Gegenstände möglicher Wertschau, aber sie entstehen nicht erst im Schauen, sind keine Anschauungen ... Werterkenntnis ist echte Seinserkenntnis. Sie steht in dieser Hinsicht durchaus auf einer Linie mit jeder Art theoretischer Erkenntnis. Ihr Gegenstand ist dem Subjekt gegenüber ein ebenso selbständiges Seiendes, wie Raumverhältnisse für geometrische Erkenntnis und Dinge für Dingerkenntnis. Ihr »Erfassen« ... ist ein ebenso transzendenter Akt wie jeder Erkenntnisakt ... In diesem »Schauen« ist das Subjekt rein rezeptiv, hinnehmend. Es sieht sich bestimmt durch sein Objekt, den ansichseienden Wert; es selbst aber bestimmt seinerseits nichts. Der Wert bleibt so unberührt durch die Wertschau wie nur je ein Erkenntnisgegenstand durch das Erkanntwerden. Die Spontaneität des Subjekts im ethischen »Verhalten« dagegen setzt erst auf Grund primärer Wertschau ein. Sie ist aber nicht Spontaneität gegen den Wert, sondern gegen andere Personen.« (Hartmann, 149f.)

Die Wertphänomenologie Nicolai Hartmanns ist ein Systemteil seiner umfassenden Ontologie. Die Seinsweise der Werte bestimmt Hartmann im Rahmen seines ontologischen Gesamtentwurfes, der verschiedene Seinsschichten unterscheidet. Werte als »ideales Ansichsein« gehören der Seinsschicht des »idealen Seins« an: »Der Satz, daß Werte ein ideales Ansich haben, ist von ausschlaggebender Bedeutung für die Ethik. Er besagt nämlich mehr als die bloße Apriorität der Wertschau und die Absolutheit der geschauten Werte. Er besagt, daß es ein an sich bestehendes Reich der Werte gibt, ... eine nicht konstruierte, erdichtete oder erträumte, sondern tatsächlich bestehende ideale Sphäre ...« (Hartmann, 156)

Bemerkenswert sind schließlich die Antinomien zwischen Religion und Ethik, die Nicolai Hartmann herausgearbeitet hat. Sie scheinen, wie Wolfgang Stegmüller zu Recht betont, einen postulatorischen Atheismus zu implizieren, der auf die Absolutheit der Sittlichkeit setzt. (Stegmüller, 276ff.)

## 2. *Analytische Ethik*

Herbert Schnädelbach redet von drei Paradigmen, die in der Geschichte des philosophischen Denkens fundamental gewesen sind: das ontologische Paradigma, das mentalistische Paradigma und das linguistische Paradigma. (Martens, Schnädelbach, 37ff.) Die griechische Klassik habe das Seinsdenken begründet, eine Art, Philosophie zu betreiben, die mit dem Staunen anfängt und nach dem Sein des Seienden fragt. In der Neuzeit habe sich dann die Bewußtseinsphilosophie durchgesetzt, eine Philosophie also, die nicht mehr einen unproblematischen Zugang zum Sein unterstellt, sondern ekenntniskritisch die Frage nach der Art, wie wir erkennen oder erkennen können, ja nach den Bedingungen der Möglichkeit von Erkenntnis stellt. Erst Anfang dieses Jahrhunderts habe sich mit dem sogenannten »linguistic turn« die Sprachreflexion als Art, Philosophie zu betreiben, etabliert. Diese Sprachreflexion gehe nicht mehr vom Staunen wie das Seinsdenken oder vom Zweifel wie die Erkenntnis- und Bewußtseinsphilosophie aus, sondern von der Konfusion, die die Sprache verursacht, und versuche, durch Sprachanalyse zu klaren Gedanken und Vorstellungen zu kommen.

Zwei Überzeugungen kennzeichnen die sogenannte sprachanalytische Philosophie, das dritte von Schnädelbach beschriebene Paradigma: a) daß eine philosophische Erklärung des Denkens durch eine philosophische Erklärung der Sprache erreicht werden kann; und b) daß eine umfassende Erklärung nur in dieser und in keiner anderen Weise zu erreichen ist. (Dummett, 11) Diese zwei Überzeugungen teilen folgende Philosophen bzw. Philosophenkonstellationen, was ihre eindeutige Zuordnung zur analytischen Philosophie ermöglicht: die logischen Positivisten; Ludwig Wittgenstein in allen Phasen seines Denkens; die Oxforder Philosophen der normalen Sprache und die nachcarnapschen Philosophen in den Vereinigten Staaten (z.B. Quine und Davidson).

Der von der sprachanalytischen Philosophie bewirkte »linguistic turn«, der einer paradigmatischen Revolutionierung der Art, wie man philosophiert, gleichkommt, ist für die ethische Reflexion besonders wichtig gewesen. Versuchte die voranalytische, traditionelle ethische Reflexion Aussagen darüber zu machen, was wir tun sollen, was gut und was schlecht ist oder ob bestimmte Handlungen richtig oder falsch, verboten oder erlaubt, und wann und unter welchen Bedingungen sie richtig oder falsch, verboten oder erlaubt sind, so beschäftigt sich die analytische Ethik mit dem moralischen Diskurs, mit den moralischen Äußerungen und Sätzen. Deswegen ist sie eine Metaethik, in der es um die Bedeutung von moralischen Wörtern und von moralischen Äußerungen geht. (Grewendorf, Meggle, 7f.)

Viele der Probleme und Fragestellungen, die die philosophische Tradition der Ethik beschäftigt haben, kehren nun in sprachanalytischer Version wieder. Argumente und Positionen, die in der Geschichte der Ethik formuliert worden sind, werden nämlich von den sprachanalytischen Autoren aufgegriffen und anhand des Instrumentariums, das das linguistische Paradigma zur Verfügung stellt, bekräftigt resp. rekonstruiert.

Mit den *Principia Ethica* des englischen Philosophen G. E. Moore (1873–1958), die 1903 zum ersten Mal erschienen, fing die sprachanalytische Revolution innerhalb der Ethik an. Die Veröffentlichung dieses Werkes bedeutete in der Tat eine Revolutionierung der ethischen Reflexion, denn durch dieses Werk wurde die Vormachtstellung eines allgegenwärtigen metaphysizierenden Hegelianismus in der englischen ethischen Theorie, wie F. H. Bradley ihn vertrat, radikal in Frage gestellt. G. E. Moore stellte die einfache Frage, was »gut« bzw. »Gut-sein« heiße. Er fand, daß man das Wort »gut« nicht definieren könne, aber daß wir (als kompetente Sprecher einer bestimmten Sprache und überhaupt als menschliche Wesen) wohl intuitiv wüßten, was damit gemeint sei. Das »Gut-sein« ist undefinierbar und einfach. Gleichzeitig wissen wir, wie man das Adjektiv »gut« prädiziert, d.h. einem Gegenstand die Eigenschaft »gut« zu- oder abspricht.

Einige Dinge besitzen intrinsisch das einfache Merkmal oder die einfache Eigenschaft der Gutheit, und wir können immer wieder, so Moore, solche Dinge, die »guten« Dinge, identifizieren oder wiedererkennen. Moore redet dementsprechend davon, daß das »Gut-sein« eine »matter of recognition« ist. Der Versuch aber, das Gute zu definieren, muß scheitern. Ein solcher Versuch macht auch das aus, was Moore den »naturalistischen Fehlschluß« nennt. Man begeht nach Moore den »naturalistischen Fehlschluß«, den man auch oder eher »Definitionsschluß« (»definist fallacy« – W. Frankena) nennen sollte, wenn man versucht, das Gute zu definieren (»the true fallacy, heißt es bei Moore, is the attempt to define the indefinable«) und zu diesem Zweck »deskriptive« Ausdrücke gebraucht. Die »deskriptiven« Ausdrücke haben im Definitionsversuch die Funktion, »normative« Ausdrücke zu bestimmen, wodurch ein nicht-natürlicher Gegenstand als (»in terms of«) ein natürlicher Gegenstand behandelt wird. So zum Beispiel begehen nach Moore »die Evolutionstheorie« (H. Spencer) und »der hedonistische Utilitarismus« (J. S. Mill) den »naturalistischen Fehlschluß«, wenn sie »gut« (normativer Ausdruck) mit »evoluiert« oder »nützlich« (deskriptive Ausdrücke) gleichsetzen. (Moore, 37ff. und 59ff.)

Das Gute kann man aber, so Moore, nicht analysieren, zergliedern, denn es hat keine Teile. Eine Analyse oder Zergliederung ist nur dort möglich, wo ein aus Teilen oder einzelnen Komponenten Zusammengesetztes vorhanden ist. Die Güte, wie die »Gelbheit« auch, sei (da nicht zusammengesetzt) nicht analysierbar. Ähnlich verhält es sich nach Moore mit den Farbenwörtern. Sie ließen sich auch nicht analysieren oder definieren, selbst wenn man alle physikalischen Faktoren nennen könne, die die Farbenwahrnehmung erzeugen oder möglich machen. Wenn man von »gelb« spreche, meine man keine Lichtstrahlen, sondern etwas Spezifisches, Einfaches, Nichtanalysierbares. Genauso wenn man von »Freude« oder von »Liebe« rede, meine man auch nicht die chemischen Prozesse und die segregierten Substanzen und Flüssigkeiten, die in der Körperfabrik vonstatten gingen bzw. erzeugt würden.

Das »Gute« sei eine nicht-empirische, aber unterscheidbare Eigenschaft von Dingen (»a discernable property of things«), die nicht mit den fünf Sinnen wahrzunehmen sei, sondern mit einem sechsten intuitiven Sinn. Diesen von Moore angesprochenen »sechsten« Sinn hat man in der philosophischen Tradition »moralischen Sinn« (»moral sense«) genannt.

Das Fazit der Analysen Moores lautet also: »Gut« sei eine einfache Eigenschaft von Dingen; wir als kompetente Sprecher könnten das Prädikat »gut« korrekt gebrauchen; das Gut-sein eines Dinges werde mittels eines moralischen Gefühls oder Sinns intuitiv wahrgenommen und unsere Pflicht bestehe darin, und hier wird Moore selbst appellativ-normativ, das Gute in der Welt zu vermehren und die Handlungsstrategien, die zum Guten führen, zu wählen.

G. E. Moore wird aufgrund mancher seiner Aussagen über den »moralischen Sinn« bzw. das intuitive moralische Gefühl als »Intuitionist« behandelt und in eine Reihe mit den Oxford Philosophen Carritt, Prichard, Ross und Joseph und mit dem Cambridge Philosophen C. D. Broad gestellt. (Warnock, 29ff.)

Von den gerade aufgeführten »Intuitionisten« unterscheidet man die sogenannten »Emotivisten«, deren prominentester Vertreter der nordamerikanische Philosoph C. L. Stevenson ist. Die Emotivisten (A. J. Ayer, C. K. Ogden/I. A. Richards – die zum ersten Mal den Begriff »emotive« in ihrem gemeinsamen Werk *The Meaning of Meaning* gebrauchten –, aber auch W. James, J. Dewey und R. B. Perry) trennen die deskriptive von der evaluativen Sprache (resp. den deskriptiven Gebrauch von dem evaluativen Gebrauch der Sprache) und betrachten die moralische Sprache als »emotive« Sprache (oder Sprachverwendung), durch die die Sprecher ihre eigenen Einstellungen, Interessen oder Präferenzen mit der Absicht ausdrücken, einen bestimmten Einfluß auf die Hörer auszuüben.

In den zuerst in der Zeitschrift »Mind« und dann in dem Sammelband *Ethics and Language* erschienenen Artikeln »The Emotive Meaning of Ethical terms« (aus dem Jahre 1937), »Ethical Judgements and Avoidability« und »Persuasive Definitions« (beide aus dem Jahre 1938) von C. L. Stevenson kommt die emotivistische Position am präzisesten zum Ausdruck.

C. L. Stevenson trennt die »deskriptive« Verwendung von der »dynamischen« Verwendung der Sprache:

»Grob gesagt, gibt es zwei verschiedene Zwecke, die uns dazu veranlassen, Sprache zu gebrauchen. Auf der einen Seite gebrauchen wir Wörter (wie in der Wissenschaft), um Bericht zu erstatten, etwas zu klären und Überzeugungen mitzuteilen. Auf der anderen Seite gebrauchen wir Wörter, um unseren Gefühlen Luft zu machen (Interjektionen) oder um Stimmungen hervorzurufen (Poesie) oder um Menschen zu Handlungen und Einstellungen anzuspornen (Rhetorik). Den ersten Typ des Gebrauchs von Wörtern werde ich »deskriptiv«, den zweiten »dynamisch« nennen.« (Grewendorf, Meggle, 124f.)

Die moralische Redeweise (eine unreduzierbare Redeweise, die sich nicht in nicht-moralische Sprache übersetzen läßt) faßt Stevenson als dynamische Rede oder »emotive« Rede auf, wobei er die »emotive« Bedeutung eines Wortes oder einer Äußerung mit der Tendenz dieses Wortes oder dieser Äußerung gleichsetzt, affektvolle Antworten oder Reaktionen hervorzurufen. Mit anderen Worten: Die moralische Rede verwendet die Sprache in dynamischer Form, von der Absicht geleitet, andere Leute zu beeinflussen oder eine Veränderung in den Einstellungen oder in den Interessen anderer zu bewirken.

»Zweifelsohne ist in Moralurteilen immer irgendein deskriptives Element enthalten – aber das ist keinesfalls alles. Die wesentliche Verwendung von Moralurteilen besteht nicht darin, auf Tatsachen zu verweisen, sondern darin, jemanden zu beeinflußen. Moralurteile beschreiben nicht bloß die Einstellungen von Menschen, sondern verändern oder intensivieren sie. Viel eher empfehlen sie eine Einstellung zu einem Gegenstand, als daß sie feststellen, die Einstellung sei bereits gegeben.« (Grewendorf, Meggle, 121f.)

Wenn dem so ist, dann können moralische Urteile und die moralische Rede überhaupt als ein wichtiges Mittel betrachtet werden, durch das Handlungskoordinierung und Vergesellschaftung im allgemeinen konkret vollzogen werden. Moral übt die Funktion eines sozialen Steuerungsinstruments aus: »Moralurteile sind soziale Instrumente. Von ihnen wird in einer Unternehmung Gebrauch gemacht, die gemeinsam betrieben wird und zu einer wechselseitigen Anpassung der menschlichen Einstellungen führt.« (Grewendorf, Meggle, 137)

Die »emotive Bedeutung« von Wörtern und Äußerungen, speziell von moralischen Wörtern und Urteilen, so ließe sich die Position von Stevenson zusammenfassen, ist doppelt dimensioniert: als Ausdrucksfunktion ist sie expressiv, als Beeinflußungsinstrument ist sie persuasiv dimensioniert. »Die emotive Bedeutung eines Wortes, formuliert Stevenson selbst, ist eine starke, im Laufe der Sprachgeschichte entstandene Langzeit-Tendenz, bestimmte Gefühle, Emotionen und Einstellungen des Sprechers direkt (quasi-interjektional) auszudrücken; zugleich ist sie eine Tendenz, entsprechende Gefühle, Emotionen oder Einstellungen, in denen (quasi-imperativisch) hervorzurufen, an die die Bemerkungen des Sprechers gerichtet sind.« (Grewendorf, Meggle, 139)

Kurze Erwähnung verdient auch der von J. O. Urmson in einem in der Zeitschrift »Mind« 1950 unter dem Titel *On Grading* (»Einstufen«) erschienenen Artikel unternommene Versuch, moralische Beurteilungen als Klassifizierungen bzw. Einstufungen zu deuten. Analog zum Bauern, der entsprechend bestimmten Kriterien und Beurteilungsstandards Äpfel sortiert, klassifizieren wir auch Dinge, Verhaltensweisen und Handlungen als moralisch gute oder moralisch schlechte, wenn wir sie ethisch beurteilen und bewerten. Wir beschreiben sie nicht nur, sondern wir stufen sie ein, wir klassifizieren sie. (Grewendorf, Meggle, 140ff.)

Für R. M. Hare (Autor von u.a. *The Language of Morals* – zum ersten Mal 1952 erschienen – und *Moral Thinking* – aus dem Jahre 1981) ist die moralische Sprache eine Unterart der präskriptiven Sprache. Sie empfiehlt Handlungsmöglichkeiten, deutet auf sie hin und schreibt sie zum Teil vor. Hare unterscheidet zwei Klassen von Präskriptionen: a) die Imperative und b) evaluative Urteile und Wörter. Moralische Urteile sind für Hare präskriptiv, aber sie sind keine einfachen oder beliebigen Imperative, da derjenige, der sie ausdrückt, bereit ist, zu argumentieren. (Hare, 1964, 1ff.)

Moralisches Argumentieren, darauf insistiert Hare, zielt auf Universalität hin. Der Argumentierende will nämlich, daß seine Präskriptionen nicht nur für einen Einzelfall gelten, sondern für alle Fälle und Situationen, die ähnlich beschaffen sind.

In *Moral Thinking* unterscheidet Hare zwei bzw. drei Ebenen moralischen Denkens: die »intuitive«, auf der »prima-facie« Pflichten und Prinzipien (zum Beispiel im Alltag zur Anwendung kommende Leitregeln und Leitsätze) ihre Gültigkeit haben; die »kritische« Ebene, auf der Konflikte zwischen »prima-facie« Pflichten und Prinzipien mittels kritischer Reflexion gelöst werden, und die »metaethische« Ebene des analytischen Diskurses über Moral und moralisches Argumentieren. (Hare, 1981, 25f., 38f., 49f. und 60)

Drei Kriterien, Prinzipien oder Wesensmerkmale (Hare redet

auch von »logical canons« unseres moralischen Denkens) kennzeichnen das Moralische nach Hare: a) das Universalitäts- oder Universalisierungsprinzip; b) das Präskriptivitätsprinzip und c) das Prinzip der »unterordnenden Kraft« (»overridingness«), durch welches in bestimmten Konfliktfällen zwischen einzelnen Regeln, Normen und Prinzipien bestimmte Regeln, Normen und Prinzipien bevorzugt und andere hintangesetzt bzw. untergeordnet werden. (Hare, 191, 20f., 24, 55) Hare behauptet, daß man anhand dieser drei Prinzipien den Begriff des Moralischen bestimmen und operationalisieren könne, so daß diese drei Prinzipien als Synonyme der Wörter »Moral« und »Moralisch« gebraucht werden bzw. sie ersetzen könnten.

Viele andere analytische Autoren und Moraltheoretiker müßten noch erwähnt werden: P. H. Nowell-Smith, G. J. Warnock, H. L. A. Hart, G. E. M. Anscombe, D. P. Gauthier, J. L. Mackie, M. Singer, Ch. Taylor und K. Baier. Was all diesen Moralphilosophen trotz aller nicht übersehbarer Differenzen gemeinsam ist, ist eine praktisch-philosophische Reflexion, die als Sprachuntersuchung konkret vonstatten geht. Die klassischen Probleme der Ethik: das Problem des freien Willens, der Intentionalität, der moralischen Instanzen usw. kehren in den analytischen ethischen Diskursen wieder. Diesen analytischen Diskursen verdankt die Ethik eine unverzichtbare bzw. nichthintergehbare Klärungs- und Aufklärungsarbeit bezüglich unserer moralischen Vorstellungen und Orientierungen.

## 3. *Existentialistische Ethik*

Die Ursprungserfahrung Albert Camus' (1913–1960) ist die Erfahrung des Absurden. In der Philosophie genauso wie im Leben des Einzelnen gibt es nach Camus ein Grund- und Hauptproblem, das Sinnproblem: die dringlichste aller Fragen, die Frage nach dem Sinn. Die Erfahrung des Absurden und die damit gekoppelte Frage nach dem Sinn des Lebens tauchen irgendwann im Leben der Individuen plötzlich auf.

»Aufstehen, Straßenbahn, vier Stunden Büro oder Fabrik, Essen, Straßenbahn, vier Stunden Arbeit, Essen, Schlafen, Montag, Dienstag, Mittwoch, Donnerstag, Freitag, immer derselbe Rhythmus – das ist sehr lange ein bequemer Weg. Eines Tages aber steht das »Warum« da, und mit diesem Überdruß, in den sich Erstaunen mischt, fängt alles an ...

Der Überdruß ist das Ende des mechanischen Lebens, gleichzeitig aber auch der Anfang einer Bewußtseinsregung.« (Camus, $^{6}$1963, 16)

»Absurd« ist nicht die Welt an sich. Das Absurde kommt immer als Ergebnis einer Konfrontation, eines Vergleichs von Welt und menschlichen Bedürfnissen und Wünschen zustande. Der Mensch lebt, arbeitet, handelt mechanisch, problemlos, bis er eines Tages anfängt zu überlegen und die Frage nach dem Sinn seines Tuns stellt. Er sieht, daß die Welt sich nicht nach seinen eigenen Wünschen und Bedürfnissen orientiert, ja daß diese, so wie die Welt beschaffen ist, meistens unerfüllt und unbefriedigt bleiben müssen. Gerade diese Konfrontation von Bedürfnissen und Wünschen mit einer Welt, die sich nicht darum kümmert, ist der Konstitutionsort des Absurden. »An sich ist diese Welt nicht vernünftig – das ist alles, was man von ihr sagen kann. Absurd ist aber die Gegenüberstellung des Irrationalen (der Welt also – T.G.) und des glühenden Verlangens nach Klarheit, das im tiefsten Innern des Menschen laut wird. Das Absurde hängt ebensosehr vom Menschen ab wie von der Welt.« (Camus, $^{6}$1963, 23)

Der Mensch konfrontiert sich selbst in einem Reflexionsvorgang mit der Irrationalität der Welt. Er spürt in sich ein Verlangen nach Klarheit (Vernunft) und Glück und sieht gleichzeitig, daß die Welt diesem Verlangen nicht entspricht. »Das Absurde entsteht aus dieser Gegenüberstellung des Menschen, der fragt, und der Welt, die vernunftwidrig schweigt ... Das Absurde ist im wesentlichen ein Zwiespalt. Es ist weder in dem einen noch in dem anderen verglichenen Element enthalten. Es entsteht durch deren Gegenüberstellung.« (Camus, $^{6}$1963, 29 und 31) Das Absurde liegt nicht im Menschen allein und auch nicht in der Welt, sondern in ihrem gemeinsamen und gleichzeitigen Vorhandensein, in ihrer Konfrontation.

Es gibt nach Camus eine Reihe von Mechanismen, anhand derer die Menschen diese Erfahrung des Absurden relativieren. Prototypisch steht Kierkegaard in der Argumentation Camus' für den religiösen-gläubigen »Sprung«, der sich der Erfahrung des Absurden entzieht und ihr gar nicht gerecht werden kann. Kierkegaard könne nicht mit den menschlichen Krankheiten leben, er wolle gesund werden und lasse deswegen die Gegensätze nicht zu, sondern optiere für den irrationalen Weg der Transzendenz, was einem »philosophischen Selbstmord« gleichkäme.

Der von Camus vorgeschlagene redliche Weg, der keine Ausflucht ist, besteht darin, diese Erfahrung des Absurden auszuhalten und »sich auf diesem schwindelnden Grat zu halten«:

»Ich weiß nicht, ob diese Welt einen Sinn hat, der über mich hinausgeht. Aber ich weiß, daß ich diesen Sinn nicht kenne und daß ich ihn zunächst unmöglich erkennen kann. Was bedeutet mir ein Sinn, der außerhalb meiner Situation liegt? Ich kann nur innerhalb menschlicher Grenzen etwas begreifen. Was ich berühre, was mir Widerstand leistet – das begreife ich. Und ich weiß außerdem: diese beiden Gewißheiten – mein Verlangen nach Absolutem und nach Einheit und das Unvermögen, diese Welt auf ein rationales, vernunftgemäßes Prinzip zurückzuführen – kann ich nicht miteinander vereinigen. Was für eine andere Wahrheit kann ich erkennen, ohne zu lügen, ohne eine Hoffnung einzuschalten, die ich nicht habe und die innerhalb meiner Situation nichts besagt?« (Camus, [6]1963, 47)

Drei Gewißheiten leitet Albert Camus aus seiner Analyse des Absurden ab: a) seine eigene Auflehnung, seine eigene Revolte gegen das Irrationale und Widersinnige; b) seine konkrete Freiheit des Anders-handeln-Könnens (nicht die abstrakte allgemeine Freiheit der Menschen) und c) seine Leidenschaft, sein Begehren, seine Lebenskraft. Der Mensch wird, so könnte man nach Camus verallgemeinernd folgern, authentisch und würdevoll leben, wenn er gegen das Irrationale der Welt revoltiert, sich dabei seiner eigenen konkreten Freiheit und seiner vitalen Energien bewußt wird und wenn er souverän sein Schicksal, d.h. seine Beschaffenheit, seine Grenzen und seine Möglichkeiten, bejaht.

In dem Roman *Die Pest* verkörpert der Arzt Bernhard Rieux diese Redlichkeit und Authentizität in der Existenzbewältigung. Angesichts der sinnlosen Pest, die er nicht wie der Jesuitenpater Paneloux im Sinne eines teleologischen Weltplans zu deuten sucht, arbeitet er bis zur Erschöpfung. Wichtig ist ihm nicht das ohnehin entmutigende Ergebnis seines Handelns, sondern die Auflehnung gegen das Verhängnis: die revoltierende tagtägliche Praxis. Diese stiftet keinen Gesamtsinn. Sie vermittelt aber dem Arzt Rieux Klarheit über das, was er eigentlich wollen kann und soll, und das Glück des Tätigseins.

Camus' Revolte ist eine Revolte, die Grenzen anerkennt. Sie legitimiert nicht den politischen Mord, d.h. die Tötung von Menschen, die für ein großes und höheres Geschichtsziel geopfert werden. Diese Revolte kann die konkreten Wahrheiten des Lebens wahrnehmen: das Meer, den Strand, die schönen menschlichen Körper, die Landschaften, die Jugend, die Sonne, die Erde, die Sinnenfreuden, das Licht usw. Camus' libertäre

Praxis- und Existenzphilosophie, die man als »mediterrane Ontophilie« interpretiert hat, »verräumlicht« das Zeitkontinuum und »vergegenwärtigt« das Zukünftige. Sie steht in der Tradition der Moralisten und optiert für die Griechen (gegen die christlich-jüdische Tradition sowie gegen die germanischen Geschichtskonzepte und Ideenkonstruktionen).

Der Existentialismus ist für Jean-Paul Sartre (1905–1980) eine Ideologie, die eine wichtige Funktion zu erfüllen hat, nämlich die Philosophie unserer Epoche, den Marxismus, dort, wo er lückenhaft und schwach ist, zu ergänzen. Da der Marxismus (eine »Philosophie« und nicht bloß eine »Ideologie«) das Problem der Individualität nicht angemessen thematisiert habe, sei die Ideologie des Existentialismus notwendig, um diese vom Marxismus zum Teil vernachlässigte Problematik zentral zu erörtern. Der Existentialismus, so wie Sartre ihn versteht, hat sich »am Saume des Marxismus« entwickelt. Er ist nicht gegen diesen gerichtet. Er lebt in Koalition mit dem Marxismus, diesen ergänzend. Am Anfang der *Kritik der dialektischen Vernunft* formuliert Sartre:

»Es unterliegt wirklich keinem Zweifel, daß der Marxismus heute als die einzig mögliche – d. h. mit Notwendigkeit zugleich historische und strukturelle – Anthropologie erscheint. Sie ist zugleich die einzige, die den Menschen in seiner Totalität, d. h. von der Materialität seiner Bedingungen ausgehend, erfaßt ... Innerhalb der marxistischen Denkentwicklung entdecken wir aber einen Riß, der sich in dem Maße vergrößert, in dem der Marxismus seiner ursprünglichen Eigentendenz zuwider den Fragesteller aus der Untersuchung auszuklammern und aus dem Infragestehenden den Gegenstand eines absoluten Wissens zu machen sucht.« (Sartre, 1977, 230)

Aufgrund dieses Risses im Marxismus (auch »Mangel« des Marxismus, »begrenzte Lücke«, »Loch im Bauch des Wissens«, »allgemeine Blutarmut« genannt) ist der Existentialismus als ergänzende Ideologie und spezieller Forschungszweig im Rahmen des Marxismus notwendig. Erst wenn der Marxismus sich der Untersuchung der menschlichen Dimension (des existentiellen Entwurfs) zentral zugewandt hat, wird der Existentialismus seine Existenzberechtigung verlieren.

Der Existentialismus Sartres ist also ein marxistischer. In *Das Sein und das Nichts*, in *Ist der Existentialismus ein Humanismus?* aber auch in den *Cahiers pour une morale* legt Sartre die Strukturen des menschlichen Daseins frei. In der *Kritik der dialektischen Vernunft* erarbeitet er eine Theorie des Sozialen und des

Geschichtlichen. Sowohl die Subjektontologie als auch die Gesellschafts- und Geschichtstheorie Sartres enthalten viele Bestimmungen und Aussagen, die die Moralphilosophie bzw. die Moralphilosophien, die Sartre angekündigt aber nicht geschrieben hat, im Grundriß erscheinen lassen. Anhand einiger weniger Begriffe und Bestimmungen soll im folgenden kurz dieser Grundriß angedeutet werden.

In der Verteidigungsschrift des Existentialismus *Ist der Existentialismus ein Humanismus?* trägt Sartre seine Hauptthese vor: Es gibt kein Wesen, keine *essentia,* der das menschliche Dasein, die menschliche Existenz zu entsprechen hätte; vielmehr ist der Mensch das, wozu er sich macht.

»Wenn der Mensch, schreibt Sartre, so wie ihn der Existentialist begreift, nicht definierbar ist, so darum, weil er anfangs überhaupt nichts ist. Er wird erst in der weiteren Folge sein, und er wird so sein, wie er sich geschaffen haben wird. Also gibt es keine menschliche Natur, da es keinen Gott gibt, um sie zu entwerfen. Der Mensch ist lediglich so, wie er sich konzipiert – ja nicht allein so, sondern wie er sich will und wie er sich nach der Existenz konzipiert, wie er sich will nach diesem Sich-schwingen auf die Existenz hin; der Mensch ist nichts anderes als wozu er sich macht ... Der Mensch ist zuerst ein Entwurf, der sich subjektiv lebt ... nichts existiert diesem Entwurf vorweg.« (Sartre, 1968, 11)

Diese Sartresche Hauptthese besagt nicht, daß es keine den Menschen prägenden oder determinierenden Bedingungen und Bestimmungen gibt. Die Menschen werden in Sozialisationsprozessen gemacht; bestimmte biologische Anlagen und Prädispositionen bestimmen sie. Dies alles will Sartre keineswegs bestreiten. Es gibt An-Sich-Formationen, Sozialisations- und Individualgeschichtsresultate, »bestimmte« Menschen. Worauf Sartre immer wieder insistiert, ist die Tatsache, daß die Menschen aufgrund ihrer Fähigkeit zu negieren und sich von ihren Bestimmungen abzukoppeln (»le pouvoir de négation« oder »le pouvoir de néantisation« und »le pouvoir de détachement«), aufgrund ihrer Freiheit also, grundsätzlich in der Lage sind, sich zu diesen Resultaten zu verhalten, ihr »An-Sich« bewußt zu übernehmen, zu transformieren oder hinter sich zu lassen, indem sie sich neu entwerfen und aus dem sedimentierten »An-Sich« ein »Für-Sich« machen. (Sartre, 1962, 62ff.)

Natürlich gibt es eine Reihe von Mechanismen, auf die die Menschen immer wieder zurückgreifen, um ihre Freiheit als inexistent zu erklären. Diese Mechanismen beschreibt Sartre in brillanten phänomenologischen Skizzen im Kapitel über die Unwahrhaftigkeit (»mauvaise foi«). Man redet sich ein, man wäre nicht grundsätzlich frei, man könnte nicht den diversen Determinierungsketten und Determinierungsfaktoren entkommen, man wäre ihr Produkt und man glaubt auch daran. Dieser Glaube wird anhand von gewissen Ideologien gerechtfertigt. Mit anderen Worten: Die Menschen finden oder schaffen sich immer wieder vielfältige Möglichkeiten, Mittel und Wege, sich ihrer Grundsituation und Beschaffenheit nicht zu stellen.

Diese Unwahrhaftigkeit oder Unaufrichtigkeit negiert, daß der Mensch sich seine Werte und Normen immer wieder neu schaffen muß, daß es keine übergeordnete Instanz (Gott, die Natur oder die Gesellschaft) gibt, auf die man die absolute Selbstverantwortung übertragen könnte. Für diesen frühen Sartre der subjektontologischen Schriften wäre die richtige Haltung des Menschen zur eigenen Existenz eine Authentizitätshaltung, die im bewußten Akzeptieren, Auf-sich-nehmen und Aushalten der Grundkonstitution der menschlichen Existenz besteht. In den *Cahiers pour une morale*, die Arlette Elkaïm-Sartre posthum herausgegeben hat, lassen sich zahlreiche Stellen finden, die diese Authentizitätshaltung beschreiben. (Sartre, 1983, 488ff. u. a.) Der Mensch, darüber klärt die Existenzontologie auf, ist das Seiende, durch das die Werte überhaupt als Werte existieren. Dies einzusehen und sich dazu adäquat zu verhalten, ist die Leistung der authentischen Haltung, die Sartre als die moralisch richtige ausgezeichnet hat.

Man darf aber nicht übersehen, daß Sartre in seiner Existenzontologie nicht nur das Ich und seine möglichen Verhaltensweisen zu sich selbst behandelt, sondern auch auf die richtige Haltung gegenüber dem Anderen (den anderen Freiheiten) des öfteren zu sprechen kommt: die Haltung der Anerkennung der Werte, Normen und Projekte des Anderen als seine Werte, Normen und Projekte. In der Schrift *Ist der Existentialismus ein Humanismus?* wird man dementsprechend manche Formulierungen finden können, die sehr stark an das Universalisierungsprinzip der Kantischen Moralphilosophie sowie an die Kantische Forderung, den Anderen nie nur als Mittel oder Objekt zu behandeln, erinnern. So kann man dort lesen: »Aber in Wahrheit muß man sich immer fragen, was würde geschehen, wenn wirklich alle Welt ebenso handeln würde?« (Sartre, 1968, 13) Die Differenz zu den formalen und abstrakten Forderungen Kants betont Sartre selbst, indem er die situative Konkretion der jeweiligen moralischen Entscheidung immer wieder emphatisch hervorhebt. (Sartre, 1968, 32f.)

Die Gesellschafts- und Geschichtsphilosophie Sartres, so wie er sie in den zwei Bänden der *Kritik der dialektischen Vernunft* ausgearbeitet hat, stellt den theoretischen Rahmen für einen neuen moralphilosophischen Ansatz zur Verfügung, den Sartre nicht expliziert hat, dessen Hauptmomente aber an vielen Stellen angedeutet werden. Dieser zweite realistische moralphilosophische Ansatz konzentriert sich nicht auf die richtige Haltung des Einzelnen zu sich selbst und zu den Anderen (Authentizitäts- und Anerkennungshaltung), sondern auf die objektiven (sozialen und geschichtlichen) Handlungs- und Lebensbedingungen. Einer reinen idealistischen Gesinnungsethik wird nun eine Absage erteilt. Ein kämpferischer Idealismus beseelt aber dennoch diesen zweiten Ansatz, denn Sartre beschreibt jetzt nicht nur die objektiven Konfliktursachen und Konfliktkonstellationen, sondern definiert auch die Bedingungen gelingender Moralität (zum Beispiel das Verschwinden von Konkurrenz und Kampf bedingender Knappheit) und hält an Moralität als dem treibenden Motor der Emanzipationsgeschichte der Menschheit fest.

Simone de Beauvoirs (1908–1986) Entwurf einer existentialistischen Ethik der Ambivalenz geht von Sartres subjektontologischen Bestimmungen aus und wiederholt Sartres moralphilosophische Authentizitätsforderung. Nur wenn der Mensch mutig genug ist, die Grundambivalenz seiner Existenz zu akzeptieren, ohne sie mittels subtiler Mechanismen und Ideologien aufheben zu wollen, wird er nach Simone de Beauvoir zu sich selbst, zu seinen eigenen Möglichkeiten die richtige Haltung einnehmen und entsprechend seiner somit bejahten Bestimmung sein Leben adäquat konkret gestalten. (S. de Beauvoir, 13, 18, 20, 186ff. und 225ff.)

Für Emmanuel Levinas (geboren 1906) ist das abendländische Denken ein monologisch-subjektzentriertes Denken der Identität gewesen, die entsprechend einer eigenen totalisierenden Logik die Alterität (die Erfahrung des Anderen) ständig negiert hat. Das Andere, der Andere mußten in diesem auf Totalität hin zielenden Denken immer wieder identifiziert werden. Diese ontologische Gewalt des Ich oder des Identischen ist von dem ontologischen Zustand des Krieges (manchmal zum »commercium« gemildert) begleitet gewesen. Der Tod, das Weibliche, der andere Mensch sind immer das Verdrängte und Unterjochte des hegemonialen Identitäts- und Totalitätsdenkens gewesen.

Doch die Alterität bricht nach Levinas immer wieder in das herrschende Denken ein, exemplarisch im »Antlitz« des ohnmächtigen und verwundbaren Anderen, der sich nicht unter die Kategorien des Bewußtseins subsumieren läßt. Dieser »nackte« Andere stellt eine radikale Forderung dar. Er leistet dem gewaltvollen Ich Widerstand. Die Forderung des Anderen lautet: Du kannst mich nicht töten, du sollst mich nicht töten, du sollst mich leben lassen. Erst eine *prima philosophia*, die Ethik geworden ist, kann dieser Forderung gerecht werden.

In der ethischen Forderung des Anderen artikuliert sich ein »Unendliches«, das sich nicht positiv begrifflich fassen läßt, dessen »Spur« aber die Ordnung des Seins störend unterbricht.

»Ohne die Philosophie durch die Eschatologie zu ersetzen, ohne philosophisch die eschatologischen «Wahrheiten« zu »beweisen« – kann man von der Erfahrung der Totalität auf eine Situation zurückgehen, in der die Totalität zerbricht ... Eine solche Situation ist das Erstrahlen der Exteriorität oder der Transzendenz im Antlitz des Anderen. Der Begriff dieser Transzendenz ... findet seinen Ausdruck in dem Terminus des Unendlichen. Diese Offenbarung des Unendlichen führt nicht zur Annahme irgendeines dogmatischen Gehaltes ...» (Levinas, 25)

Zur Spezifizität des Widerstandes seitens des irreduziblen, unvermeidbaren Anderen heißt es bei Levinas:

»... der Widerstand, hart und unüberwindbar, leuchtet im Antlitz des Anderen, in der vollständigen Blöße seiner Augen ohne Verteidigung, in der Blöße der absoluten Offenheit des Transzendenten. Hier liegt nicht eine Beziehung mit einem sehr großen Widerstand vor, sondern mit etwas absolut Anderem: der Widerstand dessen, was keinen Widerstand leistet – der ethische Widerstand ... Die Epiphanie des Antlitzes ist ethisch.« (Levinas, 285f.)

## *4. Piaget und Kohlberg*

Hauptsächlicher Forschungs- und Untersuchungsgegenstand des Biologen, Entwicklungspsychologen und genetischen Epistemologen Jean Piaget (1896–1980) sind die qualitativen Veränderungen kognitiv-intellektueller Strukturen, die als dem beobachtbaren Handeln der Menschen zugrundeliegend angenommen werden. Piaget interessiert sich für das Zustandekommen und die Bedingungen der Erkenntnis. Seine Betrachtungsweise, die schwerpunktmäßig die Entstehungsbedingungen thematisiert und die deswegen mit dem Epitheton »genetisch« am besten charakterisiert werden kann, kombiniert biologische, psychologische und philosophische Methoden und

Argumentationsmuster, mit der Absicht, Gesetzmäßigkeiten der kognitiven Entwicklung konzeptuell zu erfassen.

Für die Ethik sind Piagets Untersuchungen über das moralische Urteil bei Kindern, dessen Entstehen und Transformationen von fundamentaler Bedeutung. Piaget geht von einem Parallelismus von Moralentwicklung und Intelligenzentwicklung aus und kann so Moralität als kognitiv-evolutionäres Resultat begreifen und den Begriff des Lernens für die Moraltheorie fruchtbar machen. (Piaget, 452f.) Die Logik denkt er dabei als Moral des Denkens und die Moral als eine Logik des Handelns.

Konkret geht Piaget so vor, daß er die moralischen Urteile von Kindern resp. die moralischen Beurteilungen bestimmter Problemfälle durch repräsentativ ausgesuchte (die sittliche Sozialisation des durchschnittlichen Westeuropäers vertretende – wie die Kritiker seiner Konzeption gern einzuwenden pflegen –) Kinder klassifiziert und auf Entwicklungsgesichtspunkte hin genau untersucht. Die Problemfälle, die er seinen Befragungen zugrunde gelegt hat, entstammen dem Alltag der Kinder und betreffen die Befolgung von eingespielten Regelsystemen, die Angemessenheit oder Gerechtigkeit bestimmter Sanktionen, Strafen und Bestrafungspraktiken, das Lügen und ähnliche Phänomene, die den Befragten aus ihrem eigenen Leben vertraut sind und die sie in der Befragungssituation zu beurteilen haben. Anschaulicher und konkreter formuliert: Die Befragten müssen zum Beispiel beurteilen, ob es gerecht ist, daß ein kleines Mädchen, das einen Teller zerbrochen hat, oder einen Luftballon hat platzen lassen, oder während des Gottesdienstes Lärm gemacht hat, oder etwas, das nicht wahr ist, gesagt hat, mit dieser oder jener Strafe sanktioniert wird. Unter den von Piaget und seinen Mitarbeitern bzw. Mitarbeiterinnen ausgesuchten Fällen kommen aber auch Lehrer und Lehrerinnen vor, die Kinder wegen Intelligenz oder Kleidung bevorzugen, Mütter, die nicht nur Schokoladenkuchen ungerecht verteilen, sondern auch ihren eigenen Kindern verbieten, mit nicht gut angezogenen Kindern zu spielen, und Schiedsrichter, die keineswegs unparteiisch sind. (Piaget, 354ff.)

Piaget meint, in seiner Auswertung der verschiedenen Antworten und Reaktionen zwei Moralsysteme ausfindig machen zu können, die den mannigfaltigen Beurteilungen zugrunde liegen und die Unterschiedlichkeit dieser Beurteilungen erklären können: eine heteronome Moral des Zwanges und des Gehorsams und eine autonome Moral der Kooperation und der Gegenseitigkeit. Die erste Moral setzt auf Pflichten und Zwänge;

die zweite auf egalitäre und kooperative Kommunikationsstrukturen. Diese zwei Moralsysteme oder Moralauffassungen kommen in den verschiedenen anstehenden Entscheidungsfällen und Problemkonstellationen zum Ausdruck: in den Bestrafungspraktiken, in Gerechtigkeitsvorstellungen, in der Beurteilung der Kohäsion bzw. Integration von Gesellschaften, in den Alltagsinteraktionen, in den Strafrechtsdebatten. (Piaget, 117f., 367f. und 369ff.) Die zwei Moralsysteme werden von Piaget auch »zwei Gruppen von gesellschaftlichen und moralischen Tatsachen« genannt. Die eine Gruppe umfaßt alle Formen des u.a. von E. Durkheim meisterhaft beschriebenen sozial-sittlichen Zwangs und der einseitigen Achtung. Die zweite Gruppe umfaßt diverse Varianten der Zusammenarbeit und der gegenseitigen Achtung. Über diese zwei Typen von moralischer Bindung (Zwang versus Zusammenarbeit bzw. Gegenseitigkeit) heißt es in einer längeren Passage, die auf die Problematik der Gerechtigkeit bezogen bleibt:

»... daß wir so auf dem Gebiet der Gerechtigkeit wie auf den vorher behandelten Gebieten jenen von uns so oft hervorgehobenen Gegensatz zweier Moraltypen wiederfinden. Die Autoritätsmoral, welche die Moral der Pflicht und des Gehorsams ist, führt auf dem Gebiet der Gerechtigkeit zur Verwechslung dessen, was gerecht ist, mit dem Inhalt des bestehenden Gesetzes, und zur Anerkennung der Sühne. Die Moral der gegenseitigen Achtung, welche die des Guten (im Gegensatz zur Pflicht) und der Autonomie ist, führt auf dem Gebiet der Gerechtigkeit zur Entwicklung der Gleichheit, welche der konstitutive Begriff der austeilenden Gerechtigkeit und der Gegenseitigkeit ist. Die Solidarität unter gleichen erscheint wiederum als der Ursprung einer Gesamtheit von komplementären und zusammenhängenden moralischen Begriffen, welche die vernunftgemäße Einstellung charakterisieren ...« (Piaget, 367)

Bezogen auf das Strafverhalten und auf die Welt der Strafe überhaupt artikuliert sich der Gegensatz dieser zwei Moraltypen als Gegensatz zwischen zwei Reaktionsformen bzw. zwei Typen von Strafen: den Strafen, die man als Sühne auffaßt und die mit dem gesellschaftlichen Zwang und den auf Autorität gegründeten Regeln Hand in Hand gehen, und den Gegenseitigkeitsstrafen, die kooperatives Handeln voraussetzen und mit den auf Gleichheit gegründeten Regeln Hand in Hand gehen. (Piaget, 231f.)

Was die Spezifizität der genetischen Moraltheorie Piagets ausmacht, ist die Tatsache, daß Piaget den Übergang von der Zwangsmoral zu der Kooperations- und Gegenseitigkeitsmoral als einen (bestimmte kognitive Kompetenzen sowie empirische Interaktionssituationen in symmetrisch strukturierten *peer groups* vorausetzenden) evolutionären Entwicklungsschritt interpretiert, der einen moralischen Fortschritt darstellt. Die Leitvorstellung, die dieser Interpretation Piagets zugrunde liegt, ist die normative Idee einer durch *fairness* charakterisierten, egalitär angelegten, demokratischen Kommunikation und Lebensform, in der die Individuen konventionenkritisch und mit einer großen Sensibilität für unterschiedliche Perspektiven und Standpunkte kooperativ interagieren, sich gegenseitig achten und respektieren und sich um die gerechtesten Problemlösungen aufrichtig bemühen. Diese demokratisch gesinnten, kooperationskompetenten Individuen können den reifizierenden Schein der konventionell geltenden Regeln demaskieren und Verantwortung für autonom gewählte Handlungsstrategien tragen.

Bei der konkreten Wahrnehmung, Deutung und Befolgung von Regeln sowie bei der Entwicklung von Gerechtigkeitsvorstellungen unterscheidet Jean Piaget eine Reihe von Stadien und Entwicklungsniveaus. So redet Piaget hinsichtlich der Anwendung von Regeln beim Murmelspiel von vier verschiedenen Stadien: a) ein erstes rein »motorisches und individuelles Stadium«, in dessen Verlauf das Kind mit den Murmeln nach eigenen Wünschen und motorischen Gewohnheiten umgeht; b) ein zweites egoistisches Stadium (zwischen 2 und 5 Jahren), in dem die Kinder auch im Zusammenspiel noch einzeln für sich spielen; c) ein drittes Stadium der beginnenden Zusammenarbeit (zwischen 7 und 8 Jahren), in dem die Sorge um Regeln dominant wird; d) ein viertes Stadium (zwischen 11 und 12 Jahren), in dem die Kodifizierung von Regeln genau geregelt wird. Die Aufmerksamkeit lenkt Piaget dabei auf die Entstehung und Tranformation des Regelbewußtseins. Im Zuge eines kognitiv-moralischen Reifungsprozesses kommt das Kind dazu, die Regeln nicht mehr als ewig oder unveränderbar zu betrachten und flexibel und situationsadäquat mit den Regeln in kooperativer Übereinstimmung umzugehen. (Piaget, 66f.) Piaget meint, bei den Mädchen eine größere Flexibilität, Toleranz und Großzügigkeit im Umgang mit den Regeln feststellen zu können. (Piaget, 80ff.)

Was die Entwicklung von Gerechtigkeitsvorstellungen bei Kindern angeht, unterscheidet Piaget drei Perioden: a) eine erste Periode bis zum 7. oder 8. Lebensjahr, in der die Gerechtigkeit der Autorität der Erwachsenen untergeordnet wird; b) eine zweite Periode zwischen dem 8. und dem 11. Lebensjahr, in der sich ein »égalitarisme progressif« (eine fortschreitende egalitäre Vorstellung) durchsetzt; und c) eine dritte und letzte Periode, in der die egalitäre Gerechtigkeitsvorstellung von der Sorge um *équité* begleitet wird. Ungleiches wird nicht mehr einfach egalitär nivelliert. Vielmehr entwickelt sich nun ein Gefühl für Differenzen, denen man gerecht zu werden versucht, ohne dabei den Gleichheitsgrundsatz fallen zu lassen (Gerechtigkeit als *equity*).

Wie Piaget geht der nordamerikanische Entwicklungspsychologe und Moraltheoretiker Lawrence Kohlberg (geboren 1927) in seinem Bestimmungsversuch von Moralität davon aus, daß das moralische Urteilen (die Beurteilung von moralisch relevanten Konflikt- und Entscheidungssituationen also) den angemessensten Zugang zum Phänomen der Moral ermöglicht. Wie Piaget verwertet Kohlberg die Erkenntnisse und Einsichten der psychologischen Entwicklungstheorie bzw. der psychologischen Theorie der Entwicklung kognitiver Kompetenzen für die Ethik, so daß seine ethische Position sich als eine moralentwicklungstheoretische Position mit verschiedenen Entwicklungsniveaus und Entwicklungsstufen gestaltet.

Gegen den Aristotelischen *bag-of-virtues-approach*, der mit verschiedenen Tugenden operiert, läßt Lawrence Kohlberg im Zuge einer eigensinnigen Sokrates-Rezeption und unter dem Einfluß von Autoren wie Kant, Hare, Rawls, Dewey und Piaget nur die Gerechtigkeit als einzige Tugend oder normative Leitidee gelten und widmet sich der Untersuchung der Ontogenese des Gerechtigkeitsurteils als des Kernes von Moralität.

Wie Piaget unterscheidet Kohlberg den Inhalt des moralischen Urteils von dessen Struktur oder Form, in der sich die das Denken des jeweiligen Subjekts organisierenden *patterns* und Prinzipien manifestieren. (Colby, Kohlberg, 1ff.) Mit dieser Unterscheidung beabsichtigt Kohlberg, die Strukturprinzipien der jeweiligen moralischen Argumentation, vorhandene Vorstellungen vom Richtigen und Guten bzw. vom Nichtrichtigen und Schlechten sowie die Art, wie die unterschiedlichen Annahmen, Vorstellungen und Unterstellungen der jeweils urteilenden Subjekte mobilisiert werden, um konkrete Entscheidungen zu rechtfertigen, sach- und problemangemessen zu erforschen. (Colby, Kohlberg, 61)

Konkret verfährt Kohlberg so, daß er eine Reihe von Interviews (»moral-judgment-interviews«) mit ausgewählten Personen und Personengruppen durchführt. In diesen Interviews konfrontiert er seine Partner mit verschiedenen moralischen Dilemmata, auf die sie zu reagieren haben bzw. die sie beurteilen müssen. Auf diese Weise erhält Kohlberg Informationen über die moralischen Vorstellungen und Argumentationsweisen der Beurteilenden. Das »Heinz-Dilemma« ist eines von Kohlbergs Standard-Dilemmata, die die Funktion haben, zu moralischen Urteilen anzuregen: Heinz hat eine krebskranke Frau, die bald sterben wird. In der Nähe wohnt ein Apotheker, welcher ein neues Medikament gegen Krebs entwickelt hat, das nur bei ihm erhältlich ist. Heinz weiß, daß nur dieses Medikament seiner Frau helfen kann; er will es kaufen. Der Apotheker verlangt aber 2000 Dollar, die Heinz nicht auftreiben kann. Alle Versuche, den verlangten Preis, der um ein Zehnfaches höher als die tatsächlichen Produktionskosten liegt, herunterzuhandeln, sind erfolglos geblieben. Wie soll sich Heinz in einer solchen dilemmatischen Handlungssituation verhalten, und wie kann sein Handeln gerechtfertigt werden? Kohlberg arbeitet heraus, daß nur auf einer bestimmten moralischen Entwicklungsstufe Handlungsoptionen (für das Leben) möglich werden, die konventionelle, faktische Geltung habende normative Vorstellungen (von Besitz und Eigentum) in der konkreten Entscheidungssituation hintansetzen. Mit anderen Worten: Nicht jeder der Befragten ist in der Lage, in ein rational-kritisches Verhältnis zu konventionell geltenden Normen und Vorstellungen zu treten. Ein solches Verhältnis setzt nämlich gewisse moralisch-kognitive Kompetenzen voraus, die auf bestimmten Stufen der moralischen Entwicklung nicht vorhanden sind.

Kohlberg unterscheidet sechs moralische Entwicklungsstufen und drei Entwicklungsniveaus, denen die sechs Stufen zugeordnet werden: ein präkonventionelles Entwicklungsniveau, das die Stufe von »Strafe und Gehorsam« (erste Stufe, auf der die Strafvermeidung das einzige Handlungsmotiv ist) und die Stufe »egoistischer Instrumentalität« und exklusiver Konzentration auf eigene Bedürfnisse und Interessen umfaßt; das konventionelle Entwicklungsniveau, welches die Stufe »gegenseitiger Erwartungen, Beziehungen und interpersonaler Konformität« und die Stufe der Loyalität gegenüber der eigenen Gruppe oder Gemeinschaft und ihrem Normensystem umfaßt; und schließlich das postkonventionelle Entwicklungsniveau der Prinzipienorientierung, welches die fünfte Stufe des sozialen Vertrages und sozialen Nutzens sowie der Rechte der Individuen und die sechste Stufe der universalen ethischen Prinzipien umfaßt. (Colby, Kohlberg, 18f.) In Anlehnung an Plato, Spinoza, Kant,

Erikson und Santayana u.a. redet Kohlberg auch von einer siebten Stufe, die eine Identifikation des Individuums mit der Perspektive des Kosmos oder der Unendlichkeit und eine Bewertung des eigenen Lebens aus ihrer Sicht ermöglicht: eine Art kosmisch-mystisch-religiöses Gefühl also, durch das sich das Selbst als Teil eines es übergreifenden Ganzen erfährt. (Kohlberg, in: Döbert, 1980, 249ff.)

Mit diesem Stufenkonzept will Kohlberg nachweisen, daß es partikulare und universellere moralische Urteile, Argumente und Handlungsweisen sowie entwickeltere und weniger entwickelte Formen des moralischen Bewußtseins gibt, die nicht beliebig oder künstlich erzeugt werden können, sondern eine kognitiv-intellektive Reifung und Entwicklung als Bedingung ihrer Möglichkeit voraussetzen.

Mit seinem moraltheoretischen Konzept von Entwicklungsniveaus und Entwicklungsstufen verbindet Kohlberg eine Reihe von Behauptungen oder starken Hypothesen, die sich auf die Funktion der einzelnen Stufen und die möglichen Übergänge zwischen den einzelnen Stufen beziehen. Drei Behauptungen sind insbesondere wichtig: 1) die Stufen des moralischen Urteils bilden eine invariante, unumkehrbare und konsekutive Reihenfolge diskreter Strukturen; 2) die Stufen des moralischen Urteils bilden eine Hierarchie, denn die kognitiven Strukturen einer höheren Stufe heben diejenigen der jeweils niedrigeren Stufe auf, indem sie sie ersetzen und in reorganisierter und ausdifferenzierter Form aufbewahren; 3) jede Stufe des moralischen Urteils bildet ein strukturiertes Ganzes. (Habermas, 1983, 138)

Unschwer lassen sich die fünfte und die sechste Stufe des Kohlbergschen Modells mit klassischen moralphilosophischen Positionen in Verbindung bringen. Während sich die Kohlbergsche Beschreibung der fünften Stufe der Begrifflichkeit des Utilitarismus bedient, war die deontologische Moralphilosophie Kants das Leitmodell für die Konzeption und Darstellung der sechsten Stufe. Kohlberg favorisiert in seiner Theorie den deontologischen Ansatz Kants und faßt den Übergang von einer niedrigen zu einer höheren Moralstufe als Lernresultat auf, das eine konstruktive Leistung des moralisch Lernenden darstellt.

Die Kohlberg-Mitarbeiterin Carol Gilligan (geboren 1936) hat in ihrem einflußreichen Buch *Die andere Stimme. Lebenskonflikte und Moral der Frau* auf eine Perspektive hingewiesen, die in den Untersuchungen von Kohlberg und seinen Mitarbeitern nicht zur Geltung kommt. Genauso, so die Argumentation Gilligans, wie wir mehrdeutige Figuren (jene Zeichnungen und Bilder, in denen man eine junge oder eine alte Frau, eine Vase oder zwei Gesichter, ein Kaninchen oder eine Ente sehen kann) im Wahrnehmungsakt entsprechend unseren vorangegangenen Erfahrungen und unseren gegenwärtigen interessierten Orientierungen und Erwartungen als eindeutige wahrnehmen und dazu tendieren, eine Sichtweise (nämlich die Sichtweise, die uns als Ornithologen oder Kaninchenhaltern vertraut ist) als die richtige oder die bessere darzustellen, genauso tendieren wir im Bereich des moralischen Urteils dazu, eine (nämlich unsere) Perspektive zu favorisieren und andere mögliche Perspektiven und Stimmen nicht zur Sprache kommen zu lassen. Dabei können diese anderen Stimmen auch ein Teil unseres Selbst sein, den wir vergessen und verdrängt haben.

Carol Gilligan geht es in ihren gegen den männlichen *mainstream* der Entwicklungspsychologie gerichteten Arbeiten zur Moralentwicklung und Bildung moralischer Urteile um jene Stimme (Denk- und Sprechweise), die nicht unbedingt an das weibliche Geschlecht gebunden ist, die aber in der Regel in den Äußerungen und Denkvorgängen von Frauen eher zur Sprache kommt. (Gilligan, 10)

Wird die Gerechtigkeitsperspektive oft mit moralischem Urteilen schlechthin gleichgesetzt und als die adäquate Art und Weise, moralische Probleme aufzufassen und zu deuten, verstanden, so versucht Gilligan im Gegenzug dazu, einer alternativen Sichtweise Geltung zu verschaffen: der Sicht-, Sprech- und Denkweise der Fürsorge. Diese alternative Perspektive ist nach Gilligans Meinung besser geeignet, der adäquate Bezugsrahmen für eine zeitgemäße Moraltheorie zu werden. (Nunner-Winkler, 80) Mit anderen Worten: Carol Gilligan plädiert in der Moraltheorie für einen Wechsel der Aufmerksamkeitsfokussierung von Gerechtigkeitserwägungen zu Fürsorgeerwägungen, wodurch sich die Definition dessen, was ein moralisches Problem ausmacht, radikal verändert. Gleiche Entscheidungs- und Konfliktsituationen werden nun, aus der Perspektive der Fürsorge betrachtet, anders und neu wahrgenommen und beurteilt. Denn es ist in der Tat etwas anderes, ob ich Moralität als »fairness« oder »nicht-unfair-zu-handeln« definiere, oder ob ich das Moralische mit einem Fürsorge- und Hilfeverhalten gegenüber denjenigen, die in Not sind, gleichsetze. In Abhängigkeit von meiner Perspektive und der sich daraus ergebenden Auffassung von Moralität werden die gleichen Situationen und Konfliktfälle anders deutbar und bestimmbar.

Eine größere Toleranz, eine stärkere Tendenz zu Innovationen in der Konfliktlösung, eine größere Bereitschaft, bei Regeln Ausnahmen zu machen, sowie ein geringeres Interesse für juristische Ausarbeitungen (Merkmale des Mädchenverhaltens, die Jean Piaget in seinen Untersuchungen zum Regelverständnis beim Murmelspiel bereits feststellen konnte) wären einige der Komponenten des »weiblichen« Denk- und Wahrnehmungsstiles, um den es bei Carol Gilligan geht.

Die im Stufenkonzept Lawrence Kohlbergs vollzogene Einstufung bestimmter Entscheidungsgesichtpunkte und moralischer Urteile von Frauen, und hierauf läuft die Kritik Gilligans hinaus, verkenne den Eigensinn der »weiblichen« Fürsorge- und Mitverantwortungsmoral. Eine solche Fürsorge- und Mitverantwortungsmoral stellt in der Tat einen solidarischen, kommunitaristischen Gegenentwurf zum »rationalistisch-individualistischen« Modell Kohlbergs dar.

## 5. *Rawls und Mead*

Die Gerechtigkeitstheorie des nordamerikanischen Philosophen John Rawls (geboren 1921), die sich nicht auf metatheoretische Untersuchungen zurückzieht, sondern normative Probleme bewußt angeht, indem sie als eine sich auf Klassiker der Ethik und der politischen Philosophie beziehende systematische Alternative zum Utilitarismus auftritt, hat für die moral- und sozialphilosophische Theoriebildung eine kaum zu überschätzende Wirkungsgeschichte gehabt. (Höffe, 1979, 160ff.) Aufgrund der Vielzahl und Vielfalt der Argumentationen und behandelten Materien ist *A Theory of Justice* (das Rawlssche systematische Vereinheitlichungsprojekt mehrerer der früher abgefaßten Essays und Aufsätze) ein Buch, das sich einem raschen Zugriff sperrt. Ohne sich in Methodendiskussionen zu verlieren, erarbeitet John Rawls eine substantielle Gerechtigkeitstheorie, die an das klassisch-kontraktualistische Denken Lockes, Rousseaus und Kants anknüpft und sich konkret als normative rechts- und sozialphilosophische Theorie Kantischen Zuschnitts artikuliert. In ihr wird die »objektive« Gerechtigkeit (nicht die »subjektive« Gerechtigkeit einer Tugendlehre) das fundamentale Beurteilungskriterium für Verfassungen, Gesetze, politische und soziale Institutionen. (Rawls, 19) »Für uns ist der Gegenstand der Gerechtigkeit, schreibt Rawls, die Grundstruktur der Gesellschaft, genauer: die Art, wie die wichtigsten gesellschaftlichen Institutionen Grundrechte und -pflichten und die Früchte der gesellschaftlichen Zusammenarbeit verteilen.« (Rawls, 23)

In seiner substantiellen Theorie einer objektiven, distributiven Gerechtigkeit operiert Rawls mit zwei fundamentalen Gerechtigkeitsprinzipien, denen eine Ordnungs- und Regelungsfunktion in bezug auf die Gesellschaftsorganisation zukommt. Dabei wird Gesellschaft als ein System der Kooperation gedacht, das das Interesse jedes einzelnen Mitgliedes befördern soll und das human oder gerecht zu instituieren und zu gestalten ist, damit die konkrete Zusammenarbeit und die einzelnen empirischen Interaktionen de facto auch zum Vorteil und Nutzen aller stattfinden können. Die zwei Prinzipien der Gerechtigkeit als Fairneß, deren Implikationen und Konsequenzen John Rawls bis in die Details von Politik, Ökonomie und moralischer Psychologie bedenkt, lauten: a) jedermann soll gleiches Recht auf das umfangreichste System gleicher Grundfreiheiten haben, das mit dem gleichen System für alle anderen verträglich ist; b) soziale und wirtschaftliche Ungleichheiten sind so zu gestalten, daß erstens vernünftigerweise zu erwarten ist, daß sie zu jedermanns Vorteil dienen, und zweitens sie mit Positionen und Ämtern verbunden sind, die jedem offenstehen. (Rawls, 81) Nach dem zweiten Prinzip werden also (im Unterschied zu kommunistischen Konzeptionen) Ungleichheiten zugelassen, allerdings nur dann (anders als bei den orthodoxen Liberalen bzw. Neoliberalen), wenn sie legitimiert werden, indem genau geprüft wird, ob sie auch den am wenigsten Begünstigten den größtmöglichen Vorteil bringen, d.h. das Minimum maximieren (Maximin-Prinzip).

Diese zwei Gerechtigkeitsprinzipien (normative Kriterien der Konfliktregelung) werden als Resultate einer rationalen Wahl oder Entscheidung dargestellt, deren besondere Bedingungen Rawls genau schildert. In diesem Zusammenhang spielen die Begriffe des »Urzustands« (»original position«) und des »Schleiers des Nichtwissens« (»veil of ignorance«) eine wichtige Rolle. Rationale Individuen würden, so die Unterstellung Rawls', die zwei von Rawls vorgeführten Gerechtigkeitsprinzipien in dem »Urzustand« wählen, in dem sie über die Regelungsmechanismen und Basisbedingungen der gesellschaftlichen Interaktion der Zukunft zu entscheiden haben, ohne ihre eigene Position in dem zu instituierenden gesellschaftlichen Kontext genau zu kennen (unter einem »Schleier des Nichtwissens« also) und ohne irgendwelche Macht- und Drohpotentiale im Moment der Wahl zum eigenen Vorteil mobilisieren zu können, da diese zwei Prinzipien die vernünftigsten von den (unter den Umständen einer so beschaffenen ursprünglichen Position und Urwahl) möglichen Prinzipien sind. Zum »Urzustand« und zum »Schleier des Nichtwissens« heißt es bei Rawls:

»Der Gedanke des Urzustands soll ja zu einem fairen Verfahren führen, demgemäß eine Übereinkunft über Grundsätze nur zu gerechten Grundsätzen führen kann. Dabei soll der Begriff der reinen Verfahrensgerechtigkeit als eine Grundlage der Theorie genommen werden. Irgendwie muß man die Wirkung von Zufälligkeiten beseitigen, die die Menschen in ungleiche Situationen bringen und zu dem Versuch verführen, gesellschaftliche und natürliche Umstände zu ihrem Vorteil auszunutzen. Zu diesem Zweck setze ich voraus, daß sich die Parteien hinter einem Schleier des Nichtwissens befinden. Sie wissen nicht, wie sich die verschiedenen Möglichkeiten auf ihre Interessen auswirken würden, und müssen Grundsätze allein unter allgemeinen Gesichtspunkten beurteilen. Es wird also angenommen, daß den Parteien bestimmte Arten von Einzeltatsachen unbekannt sind. Vor allem kennt niemand seinen Platz in der Gesellschaft, seine Klasse oder seinen Status; ebensowenig seine natürlichen Gaben, seine Intelligenz, Körperkraft usw ... Sie müssen Grundsätze wählen, deren Folgerungen sie hinzunehmen bereit sind, welcher Generation sie auch angehören mögen.« (Rawls, 159f.)

John Rawls bedient sich in seiner normativen Gerechtigkeitstheorie des vertragstheoretischen Ansatzes, den er auf der Höhe des gegenwärtigen Reflexionsniveaus reformuliert, d.h. konkret: indem er die zeitgenössischen Theorien der rationalen Entscheidung (»rational decision theory«) und strategischer Spiele (»game theory«) rezipiert und einige der von diesen Theorien angebotenen Begriffsinstrumentarien selbst verwertet. Dieses Reformulierungsunternehmen geschieht, wie bereits erwähnt, im Kontext einer normativen Theorie, die von der Anlage her Kantisch ist.

Von den vielen Einzel- und Detailfragen, die John Rawls in den Teilen 2 und 3 seiner Theorie der Gerechtigkeit erörtert, verdient die Problematik des »zivilen Ungehorsams« besondere Aufmerksamkeit. Rawls definiert den zivilen Ungehorsam als eine öffentliche, gewaltlose, gewissensbestimmte aber politisch gesetzwidrige Handlung, die gewöhnlich eine Änderung der Gesetze oder der Regierungspolitik herbeiführen soll, und spezifiziert die Bedingungen, unter welchen ziviler Ungehorsam gerechtfertigt sein kann: nämlich dann, wenn es erstens um Fälle wesentlicher und eindeutiger Ungerechtigkeit geht (möglichst solche, die der Beseitigung anderer Ungerechtigkeiten im Wege stehen), wenn zweitens die legalen Mittel, Kanäle und Korrekturmöglichkeiten versagt haben (d.h. alle Möglichkeiten aussichtsreicher legaler Einflußnahme erschöpft sind) und wenn drittens die Aktivitäten des Ungehorsams kein Ausmaß annehmen, welches das Funktionieren der Verfassungsordnung gefährdet.

Im Gegensatz zu John Rawls, der die Idee von wenigen fundamentalen Gerechtigkeitsprinzipien vertritt, ist Michael Walzer für eine Pluralisierung der Gerechtigkeitsprinzipien entsprechend den verschiedenen Gütern und Sphären einer Gesellschaft (Reichtum, Macht, Arbeit, Ehre, Anerkennung, Liebe, Ämter, Geld, Erziehung und Bildung, Freizeit, Zugehörigkeit oder Mitgliedschaft und Wohlfahrt). Diese verschiedenen Güter und Sphären verlangen ja die Anwendung von jeweils verschiedenen Prinzipien der Verteilung, was M. Walzer prinzipiell in Rechnung stellt, indem er seine Argumentation so anlegt, daß er auf konkrete Beispiele und Fragen Bezug nimmt und viele Alltagssituationen sowie aktuelle Probleme systematisch erörtert. Michael Walzers Argumentationen bleiben allerdings zu sehr an lebensweltliche konventionelle Festsetzungen gebunden. In Einzelfällen können sie aber innovative ad-hoc-Empfehlungen geben, welche egalitären, demokratischen Intuitionen des Autors entspringen.

Michael Walzers Arbeiten sind als »kommunitaristische« Kritik an der formalistischen, individualistischen Sozialphilosophie des Liberalismus gelesen worden. Unter »Kommunitarismus« faßt man gegenwärtig eine Reihe von zum Teil sehr heterogenen Autoren zusammen, die wie Alasdair MacIntyre, Charles Taylor, Nancy L. Rosenblum, Charles E. Larmore, Michael Sandel und Michael Walzer selbst auf die Defizite der individualistischen und abstrakt-rationalistischen Theoriekonzepte des politischen Liberalismus hingewiesen haben. Gegen eine »atomistische« (Charles Taylor), kontraktualistische oder prinzipienformalistische Deutung der moralischen Subjekte, die in diesen egoistische, autarke, nutzenmaximierende Geschäftsagenten oder rationale Ideenrepräsentanten sieht, lenken die Kommunitaristen die Aufmerksamkeit auf die Kontexte und die sozialen Gruppen, in denen Individuen überhaupt erst moralische Subjekte werden können. Innerhalb des Kommunitarismus selbst kontrastieren die traditionalistischen, modernekritischen Ansätze von Autoren wie MacIntyre, Sandel und Bellah mit den

Positionen Walzers, Taylors und Rosenblums, die grundsätzlich am Projekt der Moderne festhalten und es kritisch-affirmativ ergänzen bzw. weiterführen wollen. (Mulhall, Swift und Honneth)

Ohne die Denkimpulse des Sozialpsychologen George Herbert Mead (1863–1931) sind viele gegenwärtige ethische und sozialethische Argumentationen, die an Kants Moraltheorie anknüpfen und den Dualismus Kants nicht reproduzieren wollen, nicht adäquat zu verstehen. Jürgen Habermas hat in seinen *Erläuterungen zur Diskursethik* Rawls entgegengehalten, der Voluntarismus eines auf den Verstand von Privatrechtssubjekten zugeschnittenen Vertragsmodells, dem jedes über die Kalkulation eigener Interessen hinausweisende Moment von rationaler Einsicht fehle, schlage in seiner Theorie der Gerechtigkeit durch. (Habermas, 1991, 56) Als Alternative zu einem solchen eigeninteressierten, kalkulatorischen, individualistischen Voluntarismus bietet sich Meads Grundvorstellung der Übernahme der Perspektive des Anderen seitens der einzelnen Interaktionsteilnehmer an. So hat Kohlberg nämlich den moralischen Gesichtspunkt der unparteilichen Beurteilung moralischer Entscheidungskonflikte mit Hilfe des Meadschen Begriffs der idealen Rollen- bzw. Perspektivenübernahme erklärt.

In dem für die Moraltheorie höchst relevanten Essay *Fragmente über Ethik*, der im Teil »Ergänzende Abhandlungen« des Hauptwerkes Meads *Geist, Identität und Gesellschaft* veröffentlicht wurde, wendet Mead seine Theorie der idealen Rollenübernahme auf die Frage nach der Bestimmung des Moralischen an. Die Methode der Moral wird hier interpretiert als »die Methode, alle diese Interessen, die einerseits die Gesellschaft und andererseits das Individuum bilden, in Betracht zu ziehen.« (Mead, 440) Meads kategorischer Imperativ lautet dementsprechend: »Man muß im Hinblick auf alle im Spiele befindlichen Interessen handeln ...« (Mead, 437) Erläuternd dazu heißt es in der klaren und schlichten Sprache G. H. Meads: »Bei ethischen Urteilen müssen wir eine gesellschaftliche Hypothese ausarbeiten, was niemals allein vom eigenen Standpunkt aus geschehen kann ... Die moralische Handlung muß allen im Spiel befindlichen Werten Rechnung tragen, und sie muß rational sein – das ist alles, was über sie gesagt werden kann.« (Mead, 438f.)

Moralität bedeutet für Mead also die unparteische konsequente und praxisrelevante Berücksichtigung der Interessen aller in einem bestimmten Konfliktfall Beteiligten. Diese moralische Berücksichtigung der Interessen aller stellt eine spezifische Gestalt der von Mead analysierten sozial erlernten Kompetenz der idealen Rollenübernahme dar.

## *6. Die Diskursethik*

Die Philosophen Karl Otto Apel (geboren 1922) und Jürgen Habermas (geboren 1929) haben den Versuch unternommen, die Kantische Moraltheorie im Hinblick auf die Frage der Normenbegründung mit kommunikationstheoretischen Mitteln neu zu formulieren. Dieser Versuch kommt einer Transformation der Moralphilosophie Immanuel Kants gleich, durch die der Solipsismus und der Mentalismus, die sie prägen, überwunden werden konnten. Apel verwertet die Peircesche Semiotik für seine Transformationsoperation der Transzendentalen Logik Kants, so daß die »transzendentale Einheit des Bewußtseins« durch ein »intersubjektives Analogon«, nämlich »das Apriori der Kommunikationsgemeinschaft«, substituiert wird. (Apel, 1976, 157ff. und 358ff.) Jürgen Habermas knüpft mit der gleichen Intention einer kommunikationstheoretischen Transformation der Kantischen Ethik an universalistische Theorieansätze in den Sozial- und Kulturwissenschaften an. (Habermas, 1983, 53ff. und Habermas, 1991, 9ff.) Das Resultat ihrer konzeptuellen Transformationsarbeit haben Apel und Habermas »Diskursethik« genannt. Auf den deontologischen, kognitivistischen, formalistischen und universalistischen Charakter der Kantischen Ethik – Ausgangspunkt und Orientierungsmaßstab der Diskursethik – weisen Apel und Habermas immer wieder emphatisch hin.

Der zentrale Begriff der Diskursethik ist der Begriff des »praktischen Diskurses«. Der praktische Diskurs ist der Ort, an dem Geltungsansprüche bezüglich praktischer Fragen und Handlungsnormen kritisch thematisiert werden: ein Gespräch also, das eine symmetrische Kommunikationssituation schafft, in der keine Privilegierungen und Sonderpositionen zugelassen werden und die nur die Herrschaft des besseren Argumentes kennt. Im praktischen Diskurs argumentiert man in einer herrschaftsfreien Atmosphäre, um verallgemeinerungsfähige Normen und Handlungsweisen zu finden. Alle Menschen können potentiell an einem solchen Gespräch teilnehmen, sofern sie bereit sind, die Normen zu akzeptieren, nach denen ein solches argumentatives Gespräch allein funktionieren kann. Nur die Normen, die in einem solchen Gespräch kritisch geprüft worden sind, können als konsensfähige moralische Normen gelten. Der praktische Diskurs hebt vorübergehend und mit dem Zweck einer kritischen Prüfung die faktische Geltung tradierter Normen und Handlungregulative auf.

Der praktische Diskurs ist dort angebracht, wo es um die Geltung, die Validität bestimmter Normen und Handlungsregeln geht. Die am praktischen Diskurs Beteiligten sind darum bemüht, herauszubekommen, ob die zur Debatte stehenden Normen und Handlungsweisen wirklich verallgemeinerungsfähig sind, d.h. ob sie von jedem vernünftigen Menschen akzeptiert werden können. Die Teilnehmer bzw. die Teilnehmerinnen des Diskurses verfolgen keine eigenen privaten Interessen, sondern sind von Anfang an um die objektive Prüfung der im Diskurs problematisierten Geltungsansprüche bemüht. Der praktische Diskurs ist eine real mögliche Kommunikations- und Diskussionssituation, in der die regulative Idee der sogenannten »idealen Kommunikationsgemeinschaft« bzw. »idealen Sprechsituation« wirksam ist.

Man hat des öfteren der Diskursethik vorgehalten, sie wäre konsensfixiert bzw. sie würde die Tyrannei des Konsenses etablieren wollen. Dieser Vorwurf mißversteht gänzlich das Grundanliegen der Diskursethik. Die Diskursethik will keineswegs die Ungleichheit von Lebensentwürfen, Plänen, Absichten und Interessenlagen eliminieren. Sie ist keine Nivellierungsapparatur, die Differenzen und Vielfalt nicht dulden kann. Sie will allerdings, daß diejenigen, welche bestimmte Normen entwerfen und durchsetzen wollen, die Betroffenen in guter demokratischer Tradition so konsultieren, daß die mit den geplanten Vorhaben erhobenen Geltungsansprüche kritisch geprüft und eventuell konsensuell validiert werden können. Dies wird der Fall sein, wenn die vorgeschlagenen Änderungen, Normen und Vorhaben im Interesse aller, d.h. verallgemeinerungsfähig, sind. Andernfalls wird es zum Beispiel die Figur des Kompromisses geben, deren Bedeutung und Funktion in der Diskursethik erörtert werden. Die Diskursethik ist nicht nur eine akademische Erscheinung, sondern eine Reflexionsleistung, die die Quintessenz der demokratischen gewaltfreien Regelung von Konflikten auf den Begriff bringt: eine Ethik, die auf der dialogischen Vernunft beruht und radikaldemokratisch gesinnt ist.

Tagtäglich akzeptieren wir in unserem normalen Handeln Normen und Normenansprüche, ohne sie zu problematisieren.

Im Diskurs werden aber die problematisch gewordenen Normen und Normenansprüche, aber auch lebensweltliche Präsuppositionen und Selbstverständlichkeiten, die auf einmal nicht mehr so selbstverständlich sind, auf ihre Validität hin geprüft.

Die Diskursethik macht transparent, wie der unbewußte Verständigungsprozeß über Entwürfe, Regeln und Richtlinien tagtäglich entlang den Bahnen, die unsere Grammatik bereithält, vonstatten geht, und ist an einer symmetrischen, gerechten Gestaltung eines solchen Prozesses interessiert, durch die Machtfaktoren und andere Kommunikationsverzerrungen allererst ausgeschaltet bzw. aufgehoben werden können.

Die Diskursethik operiert mit zwei Kerngrundsätzen: a) mit dem Universalisierungsgrundsatz (U), nach dem gültige Normen die Anerkennung von seiten aller Betroffenen verdienen müssen, und zwar so, daß die Folgen und Nebenwirkungen, die sich jeweils aus ihrer allgemeinen Befolgung für die Befriedigung der Interessen eines jeden Einzelnen (voraussichtlich) ergeben, von allen Betroffenen akzeptiert (und den Auswirkungen der bekannten alternativen Regelungsmöglichkeiten vorgezogen) werden können, und b) mit dem diskursethischen Grundsatz (D), nach dem eine Norm nur dann Geltung beanspruchen darf, wenn alle von ihr möglicherweise Betroffenen als Teilnehmer eines praktischen Diskurses Einverständnis darüber erzielen (bzw. erzielen würden), daß diese gilt. (Habermas, 1983, 75f.)

Der Anwendungsproblematik der »Diskursethik« auf gegenwärtige Problem- und Entscheidungslagen sind in der letzten Zeit von den Vertretern der Diskursethik mehrere Untersuchungen gewidmet worden, die das Konkretionsdefizit der auf die Normenbegründung konzentrierten Diskursethik aufzuheben versuchen und darin übereinstimmen, daß der unbestreitbare handlungslogische Eigensinn der einzelnen Anwendungsfelder stärker als bis jetzt zu berücksichtigen ist, sollen die theoretisch gerechtfertigten und begründeten Normen realisiert werden bzw. faktische Geltung erzielen können. Dies heißt aber keineswegs, und hierauf weisen die verschiedenen Diskurstheoretiker übereinstimmend hin, daß man nun trivialisierende, die Einheitlichkeit des Konzepts auflösende, pragmatistische Praxissektorierungsmodelle und Handlungskodizes zu entwerfen oder aufzustellen hätte.

## 7. *Soziobiologie und Entscheidungstheorie*

Die Soziobiologie tritt mit dem Anspruch auf, eine wissenschaftliche Synthese von Sozial- und Naturwissenschaften leisten zu können. Dieses »paradigmatische« Forschungsprogramm erklärt das menschliche Verhalten (und das heißt: die Kultur, die Religion, die Moral und so weiter) in der Weise, daß überall das Wirken der Gene und ihrer Selbsterhaltungsstrategien aufgespürt wird. (Wilson, 3ff. und 7ff.) Die einzelnen Individuen werden als temporäre Träger von Genen angesehen, die sich selbst erhalten »wollen«. Die einzelnen Lebewesen haben, in der Sicht der Soziobiologen, also die Funktion, Gene zu reproduzieren bzw. Hilfsmittel für die »egoistischen« überlebenden tüchtigeren Gene zu sein. (»The organism is only DNA's way of making more DNA« – Wilson, 1975, 3) Kulturelle Wertoptionen, religiöse Deutungen und moralische (altruistische) Einstellungen sind nach diesem die verschiedenen Wissenschaften vereinheitlichenden Forschungsmodell nichts anderes als Epiphänomene von latent wirkenden Genstrategien.

Im Bereich der Ethik führt die Basisintuition und Grundeinstellung der Soziobiologen dazu, daß man das altruistische Verhalten, mit dem man das Moralische identifiziert und das bereits im Tierreich ausfindig gemacht werden kann, auf «Verwandtschaftsbeziehungen« (»kin selection«) zurückführt, wobei »Verwandtschaft« so viel wie Besitz gemeinsamer Gene bedeutet. Was selbstlos erscheint, ist diesem Erklärungsansatz nach die subtile Strategie eines selbstreproduktiven Interesses: des Interesses nämlich, dafür zu sorgen, daß sich diejenigen, die mit uns Gene teilen (zu unserem »Gen-pool« – einer höchstrelevanten Handlungs- und Kommunikationsgemeinschaft – gehören), vermehren. Erweiterungsmöglichkeiten des selbstreproduktiven Verhaltens auf Träger anderer Gene sowie Phänomene des »reziproken Altruismus« werden keineswegs ausgeschlossen, aber genauso reduktionistisch erklärt. Die Biologie wird dabei zur Grundwissenschaft. (Wilson, 14)

Der an der Harvard Universität lehrende Paläontologe und Evolutionsbiologe Stephen Jay Gould hat in seinem mittlerweile klassisch gewordenen Werk *Ever since Darwin. Reflections in Natural History* wahrscheinlich die adäquateste Beurteilung des soziobiologischen Erklärungsmodells ausgearbeitet: »There is nothing illogical in this proposal, but it has no facts going for it either.« (Gould, 266) Mit anderen Worten: die relative Plausibilität einer solchen Erklärungshypothese, mit der in der Regel gegenwärtige vorhandene soziale Einrichtungen als biologisch unvermeidbar gerechtfertigt werden (Gould, 258), schließt keineswegs aus, daß genau das Gegenteil wahr sein kann. Das Genprogramm legt nämlich keineswegs eindeutig fest, wie die Wege und Irrwege der kulturellen, sozialen Welt verlaufen werden. Die Vernachlässigung des Sozialisationsprozesses, des sozialen Lernens und der vielen kulturellen und sozialen Variablen des gesellschaftlichen Lebens und Handelns stellt einen gewaltigen reduktionistischen Akt wagemutiger Simplifikation dar.

Verkommt die Moral bei den Soziobiologen zu einem Epiphänomen irgendwelcher metaphysisch hypostasierter Gene und ihrer »Überlebenspläne«, so scheint die Rezeption der für das strategische und das ökonomische Denken zweifelsohne sehr verdienstvollen Entscheidungs- und Spieltheorien seitens der Moraltheoretiker zu einer kommerzanalogen Gestaltung der ethischen Reflexion geführt zu haben.

Die Komplexität der Realisation von Handlungsvorhaben seitens mehrerer strategisch-kalkulierender Individuen, die egoistisch am eigenen Nutzen interessiert sind und die deswegen zu punktueller Kooperation bereit sind, vorausgesetzt, daß diese Kooperation sich als sinnvoll für die Realisierung der eigenen Gewinnstrategien erweist, sowie das komplexe Teilnehmen an regelgeleiteten Unternehmungen und Aktionsmedien sind die Gegenstände der mittlerweile gut entwickelten mathematischen Entscheidungs- und Spieltheorien. Traditionelle Probleme der Sozialphilosophie lassen sich mit den Instrumentarien, die von diesen Theorien zur Verfügung gestellt werden, neu angehen. In der Wohlfahrtsökonomie und Sozialwahltheorie haben sie ihre Konzeptualisierungspotenz entfalten können. (Höffe, 1985, 156ff., Nida-Rümelin, in: Pieper, Bd. 2, 168f. und Nida Rümelin) Auch für eine Modernisierung der klassischen utilitaristischen Modelle erweisen sie sich als nützlich und höchst produktiv. Die Nutzenkalküle können mit ihrer Hilfe differenzierter werden, die Fragestellungen subtiler (ist es rational, manchmal irrational zu sein?). Vergißt man aber, daß die neuen Theorien bestimmte Prämissen oder Bilder festsetzen, die sie nicht in Frage stellen wollen und auch nicht in Frage zu stellen brauchen, so wird man die begrenzte Gültigkeit dieser reduktionistischen Ansätze übersehen und eine universelle Validität für sie beanspruchen, die angesichts ihrer selektiven Anlage und Verfahrensweise in keiner Weise einlösbar ist.

## *8. Nachmoderne Ethikansätze*

Nachmodern sind u.a. die verschiedenen Ansätze der ökologischen »Neuen Ethik«, die diversen Modelle einer weiblichen Moral sowie Michel Foucaults ethische Lebenskunst in dem Sinne, daß sie das, was sie unter »Moderne« jeweils verstehen, hinter sich lassen wollen. Die »Moderne« ist für all diese Ansätze eine negative Bezugsgröße, die es zu kritisieren gilt, ja die man zu verabschieden hat, da sie ein imperialistisches Ausbeutungsverhältnis zur Natur etabliert hat, durch und durch patriarchalisch-phallokratisch gewesen ist und als bürgerliche Rationalität ihr Anderes ausgeschlossen, unterjocht oder kaserniert hat.

In der ökologischen »Neuen Ethik« wird die Natur zur Richtschnur unseres Handelns. Die Vertreter der »Neuen Ethik« kritisieren das neuzeitliche Naturbeherrschungskonzept und weisen darauf hin, daß das Regenerationsvermögen der Natur und ihr unbegrenztes Vorhandensein an Grenzen gestoßen sind. »Naturalistisch« ist die »Neue Ethik«, weil ihre Vertreter nicht einsehen können, daß »die Natur«, für die sie sich so engagiert einsetzen, im Grunde nur eine Chiffre für einen geänderten kulturell-gesellschaftlichen Umgang mit der Natur ist, dem sie zur Geltung verhelfen möchten. Hierin liegt auch das naturalistische Mißverständnis, dem sie zum Opfer fallen. Ihre Orientierung an der Natur ist keineswegs »natürlich«, wie sie unterstellen, sondern Ausdruck einer gesellschaftlichen und kulturellen Auffassung. Mit der Natur als Argument und Referenzinstanz, die sie gesellschaftlich-kulturell einführen, wollen sie bestimmte Mißstände in Gesellschaft und Kultur radikal kritisieren. »Natur« ist demnach nicht Natur, sondern ein Begriff, eine Norm, eine Erinnerung, ein Gegenentwurf oder gar eine Utopie: ein Mittel in der kulturell-gesellschaftlichen Auseinandersetzung um richtige Lebensweisen und Praxisoptionen. Der prominenteste Repräsentant der »Neuen Ethik« ist der Philosoph Hans Jonas (1903–1993). Dem modernen Prinzip »Hoffnung« und den modernen »Utopie«-Philosophien wie dem Marxismus setzt er sein Prinzip »Verantwortung« und seine »Heuristik der Furcht« entgegen, mit der Intention, die Erde als natürlichen Lebensraum des Menschen zu schonen. (Jonas, 7ff., 270, 288 und 313ff.)

Radikal modernekritisch sind auch die Ansätze einer »weiblichen Moral«. Im Zusammenhang der Piagetschen und Kohlbergschen Theorie der Entwicklung des moralischen Urteils wurde die Kritik Carol Gilligans dargestellt, die auf die im »männlichen« ethischen Diskurs verdrängte Stimme des »weiblichen« Fürsorgeverhaltens aufmerksam machen will.

Andere Autorinnen erinnern uns daran, daß die moderne Emanzipation, die freie Subjekte ermöglichen wollte, »Subjekte« erzeugt hat, die keineswegs universell oder neutral sind, sondern die Spuren der Herrschaft oder des Gesetzes und des Vaters in sich tragen und in ihrem tiefsten Kern »männlich-väterlich« sind: selbst von ihren eigenen Möglichkeiten entfremdet, dem Gesetz unterworfen. (Irigaray, 12f., 26, 143ff.) Notwendig sei nun eine Ethik (eine Denk-, Sprech- und Lebensart), die die sexuelle Differenz nicht mehr verdrängt, sondern von ihr her reflektiere, eine Ethik also, die an die reale soziale Bewegung von Frauen, die Subjektsouveränität gegen herrschende Machtstrukturen erzielen wollen, anknüpft und mit dieser Bewegung weiterdenkt: eine bewegte, machtkritische »Ethik der sexuellen Differenz«, in der es nicht um Kriege, Herrschaft, Konkurrenz und Potenz gehe, sondern um freies, offenes und benevolentes Leben.

Das »Weibliche«, genauso wie das Natürliche der ökologischen Neuen Ethik, um das es hier geht, kann nur eine Chiffre sein, eine Metapher für ein besseres, gerechteres, solidarisches Leben, ja der Name für jene Lebensmodelle, die der Hegemonie des jeweils Herrschenden zum Opfer fielen. Das »Weibliche« steht für »das Mütterliche«, für »die Matrix«, für »das Natürliche«, für »das Nährende«, ja für »die Luft«, der wir verdanken, daß wir atmen, leben, sprechen und in Erscheinung treten, und die als »Atem des Kosmos«, »Gesang der Dichter« und »Atem der Liebenden« uns am Leben hält. (Irigaray, 150ff.)

Michel Foucaults (1926–1984) Philosophie ist ebenfalls nachmodern, d.h. Kritik der Moderne, ihrer Denkmodelle und Kategorien. Sowohl Foucaults anfänglichen kritisch-historiographischen Studien zur Psychiatrie, als auch seinen archäologischen und machtgenealogischen Recherchen über herrschende Wissensordnungen und Machtpraktiken, wie dem für die Ethik relevanten Projekt der Erarbeitung einer ästhetisch dimensionierten Ethik der Selbstsorge und Selbstkultur in den 80er Jahren liegt ein theoretisch-persönliches Grundanliegen Foucaults zugrunde: alternativ zur »bürgerlichen«, »modernen« Begrifflichkeit, Denkwelt und Lebenskultur neue Formen des Denkens und der konkreten Lebensgestaltung experimentell auszuprobieren.

In seinen Arbeiten zur Geschichte der Sexualität, insbesondere im zweiten Band *Der Gebrauch der Lüste* und im dritten Band *Die Sorge um sich*, behandelt der französische Philosoph Michel Foucault, auf die griechische und römische Welt zurückgreifend, das Selbstverhältnis des Menschen als Problem philosophischer Reflexion. Die Foucaultsche Darstellung der Liebespraktiken der Griechen und Römer hat die Funktion, konkret vorzuführen, wie im Umgang mit den Lüsten Selbstverhältnisse als Lebenstechniken (»techne tou biou«) der Selbstsorge und Selbstkultur (»epimeleia heautou« oder »cura sui«) entwickelt worden sind, durch die einzelne Subjekte ihr Leben als Kunstwerk gestaltet haben. (Foucault, Der Gebrauch der Lüste, 7ff.)

Die Untersuchung der mittels der Autoregulation geschehenden Selbstkonstitution von Subjekten in der Antike ist für Foucault nicht nur von historiographischer Relevanz. Michel Foucault geht es um den Aktualitätswert antiker Lebenspraktiken und -techniken: um das Problem einer Ethik als Stil und Form des eigenen Lebens, um die Kunst der Existenz und der Lebensgestaltung. (Schmid, Auf der Suche nach einer neuen Lebenskunst, 33ff. und 79ff.) Die Ethik wird bei Foucault somit wieder zu einer reflektierten Lebenspraxis, der die ästhetische Dimension wesentlich ist. Eine Ethik von Individuen ist diese Ethik, aber keineswegs eine individualistische, denn sie basiert auf der wissensarchäologischen und machtgenealogischen Arbeit der Entlarvung von Entfremdungspraktiken und richtet sich gegen das, was »intolerabel« und dennoch gängige Praxis ist.

# VII. Schlußbetrachtung: Ethische Reflexion in der Risikogesellschaft

Die Kapitel dieses Buches zeigen, daß die Rede von »der« Ethik in der Singularform eine Fiktion ist. Die Geschichte der philosophischen Ethik enthält viele Ansätze und theoretische Modelle, die man nur im Sinne einer kompilativen Addierung oder disziplinmäßigen Inventarisierung als philosophische Ethik darstellen kann. Die philosophische Ethik enthält unterschiedliche Ethiken, Ethiktypen, ethische Argumentationen, ethische Modelle. Sie alle machen das aus, was man »ethische Reflexion« nennen könnte.

Man hat die verschiedenen Ethiken oder Ethikansätze in unterschiedlicher Weise klassifiziert. Man spricht zum Beispiel von Glücksethiken, denen man die Sollens- oder Pflichtethiken entgegengestellt hat. Oder man unterscheidet die Tugendethiken von den Begründungsethiken. Den verschiedenen Varianten der Ethosethik haben andere die idealistischen oder gar utopischen Prinzipien- und Ideenethiken entgegengesetzt, und von den utilitaristischen, nutzenkalkulatorischen Ansätzen, die sich teleologischer Normenbegründungen bedienen, hat man die gesinnungs-, sollens- oder pflichtethischen Ansätze scharf getrennt, die Normen deontologisch begründen. All diesen auf unterschiedlichen Wegen und in unterschiedlicher Weise rekonstruierten bzw. klassifizierten Ethiken stehen die metaethischen Ansätze gegenüber, die im Zuge des »linguistic turn« am Anfang dieses Jahrhunderts als analytische Untersuchungen der moralischen Sprache entstanden sind.

In der Einleitung habe ich als Distinktions- und Klassifizierungskriterien die Unterscheidung Sittlichkeit-Moralität und die Frage nach den ethischen Vermögen bzw. nach den Instanzen, die das Moralische generieren können, favorisiert. Man kann mittels dieser zwei Unterscheidungskriterien sittlichkeitstheoretische von moralitätstheoretischen Ansätzen und Gefühls-, Intuitions- oder Mitleidsethiken von Vernunftethiken unterscheiden (gleichgültig ob es hierbei um eine nutzenkalkulatorische, instrumentelle oder um eine diskursiv-kommunikative Vernunft geht).

In dieser Schlußbetrachtung soll es nun um die konkreten Kontexte der ethischen Reflexion heute gehen. Die ethische Reflexion entsteht immer in einem konkreten Kontext, angesichts bestimmter Problemlagen oder Entscheidungssituationen. Erst im Laufe der Reflexion abstrahiert man von den konkreten Bedingungen und versucht, allgemeingültige Einsichten zu gewinnen, die man dann in einem mehr oder weniger kohärenten Diskurs zueinander in Verbindung bringt, so daß eine einzelne Position oder ein spezifischer Theorieansatz entstehen kann. Soll dieser Ansatz auch praktische Validität haben, d.h. für die Lösung von problematischen Einzelfällen tauglich sein, so muß eine Rekontextualisierungsarbeit argumentativ geleistet werden, durch die Prinzipien und Einsichten des jeweiligen Ansatzes mit den jeweiligen Bedingungen der Handlungs-, Entscheidungs- oder Konfliktsituation vermittelt werden. Die ursprünglichen Entscheidungskontexte, die bei der Ausarbeitung des jeweiligen Ansatzes reflexiv-theoretisch ausgeblendet wurden, können dann variiert bzw. in leichter Transformation und entsprechend den Bedingungen sogenannter Anwendungsdiskurse bei der applikativen Rekontextualisierung der praktischen Theorie wieder zur Geltung kommen.

Bei dieser Rekontextualisierung oder Anwendung gewonnener moralischer Einsichten oder ethischer Argumente braucht man eine hohe Sensibilität für die besonderen Umstände der jeweiligen Handlungs- und Problemsituation. Sorgfältig und mit einem entwickelten Sinn für Angemessenheit hat man dabei alle relevanten Faktoren in einer vollständigen Situationsbeschreibung (Bedingung der Möglichkeit einer unparteilichen Anwendung) in Rechnung zu stellen, so daß alle potentiellen Handlungsmöglichkeiten mittels moralischer Einbildungskraft oder Phantasie gedanklich antizipiert, durchgespielt und einer kritischen Beurteilung zugeführt werden können. Erst wenn eine korrekte, angemessene Situations- und Konfliktfallbeschreibung, die allen relevanten Momenten und Merkmalen Rechnung trägt, geleistet worden ist, kann eine moralische Beurteilung der tatsächlich in Frage kommenden Handlungsalternativen im Sinne einer Angemessenheitsargumentation vorgenommen werden. Diese Angemessenheitsargumentation, in der der Anwendungsdiskurs de facto besteht, stellt, wie der Name schon sagt, ein rationales Rechtfertigungsverfahren konkreter Handlungsweisen dar. Auf die Problematik der Normenanwendung bezogen, formuliert Klaus Günther diesen Sachverhalt folgendermaßen:

»Anwendungsdiskurse verknüpfen den Geltungsanspruch einer Norm mit dem bestimmten Kontext, innerhalb dessen eine Norm in einer

Situation angewendet wird. Sie »rekontextualisieren« die auf ihre Gültigkeit im Lichte eines gemeinsamen Interesses aus ihrem Kontext geschnittene Norm, indem sie ihre Anwendung an die angemessene Berücksichtigung aller besonderen Merkmale jeder in Raum und Zeit neu entstehenden Situation binden.« (Günther, 63 f.)

Anwendungsdiskurse genauso wie die Geltungsdiskurse, in denen die legitime Geltung von Normen oder sittlichen Einsichten geprüft wird, sind argumentative Begründungsverfahren, durch die ein kognitiver Prozeß in Gang gebracht wird, in dessen Verlauf angemessene, rational rechtfertigbare Handlungsweisen herausgearbeitet werden.

Der Kontext aller Kontexte gegenwärtigen Handelns wird im folgenden in Anlehnung an die Konzeptualisierungsarbeit des Soziologen Ulrich Beck als »Risikogesellschaft« begriffen. Einer groben Charakterisierung der »Risikogesellschaft« ist ein erster Punkt gewidmet. Anschließend sollen diverse Problemfelder der Risikogesellschaft, in denen Ethikbedarf vorhanden ist, genannt und grundrißhaft beschrieben werden. Diese sind die eigensinnigen, als Subsysteme fungierenden, einzelnen Kontexte innerhalb des Gesamtkontextes, in denen konkret gehandelt und entschieden wird: Wissenschaft, Technik, Naturverhältnis und Umgang mit Natürlichem, Wirtschaft und Politik. Zum Schluß sollen einige sehr allgemeine Kriterien und prozedurale Grundnormen ethischen Handelns festgehalten werden, die trotz ihrer Formalität, Allgemeinheit und Abstraktheit für einzelne empirische konkrete Handlungskonstellationen in der Risikogesellschaft gestaltungsrelevant sein können. Berücksichtigte man systematisch diese Kriterien und Verfahrensnormen in den einzelnen Konflikt- und Entscheidungssituationen, so würde man keine paradiesischen Verhältnisse einrichten können. Man würde allerdings gerechtere Entscheidungs- und Problemlösungsprozeduren anwenden sowie gerechtere Entscheidungs- und Handlungsresultate erzielen.

## *1. Die Risikogesellschaft*

Theoretiker des Postindustrialismus wie der amerikanische Soziologe Daniel Bell und der französische Sozialforscher Alain Touraine haben das Ende der klassischen Industriegesellschaft proklamiert und die neue Gesellschaftsformation, die sie (zum

Teil aus Verlegenheit) »postindustrielle« Gesellschaft tituliert haben, beschrieben. Die postindustrielle Gesellschaft, so diese zwei repräsentativen Sozialtheoretiker, sei dadurch charakterisiert, daß in ihr der Dienstleistungssektor bzw. der tertiäre oder quartäre Sektor der Wirtschaftsstruktur der maßgebende Wirtschaftssektor sei und der Faktor »Wissen« oder »Information« der wichtigste Produktionsfaktor. Nicht mehr der primäre Sektor (die Landwirtschaft) und der Boden und auch nicht der sekundäre Sektor (die industrielle Produktion) und das Kapital und die menschliche Arbeitskraft sind also für Bell und Touraine die präponderanten Wirtschaftssektoren bzw. Produktionsfaktoren unserer gegenwärtigen Gesellschaftsformation.

Eine solche Etikettierung bzw. Klassifizierung von Gesellschaftsformationen bleibt, selbst wenn sie eine gewisse Plausibilität für sich beanspruchen kann, zu allgemein und macht nicht genügend auf die radikalen Veränderungen aufmerksam, die in den letzten Jahrzehnten in Gang gekommen sind und die die Lebensverhältnisse der klassischen Industriegesellschaft revolutioniert haben.

Gegenwärtig verdienen neben den gesellschaftstheoretischen Ansätzen Rolf Kreibichs und Richard Münchs zur Analyse der »Wissenschaftsgesellschaft« bzw. der »Dialektik der Kommunikationsgesellschaft« insbesondere Ulrich Becks sozialtheoretische Arbeiten Beachtung. Der Bamberger Soziologe Beck legt nämlich (anders als die Theoretiker des Postindustrialismus), in höchst anschaulicher Weise dar, wie brisant die neue Phase der Modernisierung der modernen Gesellschaft ist. Deswegen werden die Untersuchungen Ulrich Becks im folgenden als konzeptueller Rahmen verwendet, um den realen Gesamtkontext der gegenwärtigen ethischen Reflexion auf den Begriff zu bringen.

Die gegenwärtige Gesellschaftsformation ist keineswegs eine nicht-mehr-moderne Gesellschaft, sondern eine vollständig sich modernisierende moderne Gesellschaft, in der die klassich-moderne Industriegesellschaft im Zuge der stattfindenden Durchmodernisierung zum Verschwinden gebracht wird.

Im 19. Jahrhundert löste die moderne Industriegesellschaft die alte ständische Agrargesellschaft auf. Ständische Privilegien und religiöse Weltbilder wurden dabei entzaubert, das Heilige wurde verobjektivierbar und schließlich entauratisiert. Modernisierung vollzog sich als Etablierung der Industriegesellschaft und der Bewußtseinslagen, die ihr entsprachen und ihre Dynamik förderten. Heute wird im Zuge einer zweiten tieferen, weil die moderne Lage selbst modernisierenden Modernisierung die soziokulturelle Matrix der modernen Industriegesellschaft aufgelöst. Die klassische Industriegesellschaft verliert dabei ihre Konturen. Das Wissenschafts- und das Technikverständnis der modernen Industriegesellschaft werden nun entzaubert. Ulrich Beck redet von einer »reflexiven Modernisierung«, die er von der »einfachen Modernisierung« in den Bahnen der Industriegesellschaft unterscheidet. (Beck, 1986, 14)

Durch diese »reflexive Modernisierung« werden die Prämissen, ja die einzelnen Komponenten der soziokulturellen Matrix der klassisch-modernen Industriegesellschaft radikal in Frage gestellt. Mit anderen Worten: Im Zuge der vollständigen Durchsetzung der Industriegesellschaft labilisiert sich diese und potenziert sich die einfache Modernisierung, die sie in Gang brachte, zu einer reflexiven Modernisierung, die jene eliminiert. »Auf den leisen Sohlen der Normalität« der selbstverständlich gewordenen Modernisierung und »über die Hintertreppe der Nebenfolge« verabschiedet sich die Industriegesellschaft von der Bühne der Weltgeschichte. (Beck, 1986, 15) Die Durchsetzung der Industriegesellschaft bereitet dieser ihr Ende; die Kontinuität unserer Moderne mit der klassischen Moderne wird zu einer Zäsur, welche die einfache von der reflexiven, potenzierten Moderne trennt.

Die klassisch-moderne Industriegesellschaft wurde von zwei Klammern festgehalten, die die radikale Individualisierungs- und Flexibilisierungsdynamik, welche die reflexive Modernisierung ausmacht, aufgelöst hat: die Erwerbsarbeit und die Familie. Die ehemals in Familie und Ehe zusammengefaßten Lebens- und Verhaltensmomente werden im Zuge dieser radikalen Individualisierungs- und Flexibilisierungsdynamik entkoppelt und ausdifferenziert. Hinter den alten Begriffen »Familie«, »Ehe«, »Elternschaft«, »Mutter« und »Vater« entwickelt sich heute eine wachsende Vielfalt von neuen und neuartigen Situationen, die mit traditionellen Formen in außergewöhnlichen Gemengelagen koexistieren. Die alte Form der Familie und Ehe als Bündelungsmöglichkeit von Lebensplänen und Biographien ist gesprengt worden. Beck redet von einem »Ohne-, Mit- und Gegeneinander der Geschlechter innerhalb und außerhalb der Familie«. (Beck, 1986, 161) Neben der Differenzierung diverser Momente (Selbstverwirklichungswünsche, Sexualität, Partnerschaft, Karriere, Qualifikation und Ausbildung, Kinderwunsch, Monetäres usf.) gibt es dabei deren höchst komplexe Interpenetration. In allen neuen und neuartigen Formen des Zusammenlebens von Frauen und Männern, gleichgültig ob vor, in, neben oder nach der Ehe, brechen die sogenannten Jahrhundert-Konflikte hervor. »Wer über Familie redet, muß auch über Arbeit und Geld reden, wer über Ehe redet, muß über Ausbildung, Beruf, Mobilität reden, und zwar über Ungleichverteilungen bei inzwischen (weitgehend) gleichen Bildungsvoraussetzungen.« (Beck, 1986, 161) Im Intimen, Privaten reproduziert sich das Politische, im Partikulären das Epochal-Allgemeine. Meine, deine, unsere Kinder konkurrieren mit meinen, deinen, unseren beruflichen und sonstigen Selbstverwirklichungsplänen und -erwartungen sowie Lebenschancen und -möglichkeiten.

Die klassische Industriegesellschaft war im Grunde nie eine Nur-Industriegesellschaft gewesen. Sie war halb Industriegesellschaft und halb Ständegesellschaft. Die einfache Modernisierung, die sie einleitete, basierte auf traditionellen Formen und gegenmodernen Elementen. Indem sie auf der einen Seite bestimmte Strukturen der agrarischen Ständegesellschaft transformierte, installierte oder konsolidierte sie auf der anderen Seite eine Geschlechtsständeordnung mit funktionalen und notwendigen Asymmetrien. Die ungleichen Lagen von Männern und Frauen, die sie voraussetzte und von denen sie substantiell profitierte, standen im Widerspruch zu den Prinzipien der Moderne. Erst im Zuge einer sich potenzierenden diskontinuierlichen Kontinuitätsentfaltung von reflexiven Modernisierungsprozessen wird das Alte, Ungleichzeitig-Gleichzeitige problematisch und konfliktvoll. So werden zum Beispiel die traditionellen Geschlechterrollen und -funktionen durch eine Reihe von Entwicklungen wie Dequalifizierung der Hausarbeit, Bildungs- und Berufsbeteiligung von Frauen, Disponibilität von empfängnisverhütenden und -regelnden Mitteln usf. in Frage gestellt, ja gesprengt. Frauen werden somit aus den Vorgaben und Ligaturen ihres modernen, weiblichen Standesschicksals in nicht mehr revidierbarer Weise freigesetzt.

»Damit greift ... die Individualisierungsspirale: Arbeitsmarkt, Bildung, Mobilität, Karriereplanung, alles jetzt in der Familie doppelt und dreifach. Familie wird zu einem dauernden Jonglieren mit auseinanderstrebenden Mehrfachambitionen zwischen Berufen und ihren Mobilitätserfordernissen, Bildungszwängen, querliegenden Kinderverpflichtungen und dem hausarbeitlichen Einerlei.« (Beck, 1986, 184)

Das Resultat einer solchen Individualisierungs- und Flexibilisierungsspirale im privaten Lebensraum überfordert die einzelnen Partnerschaften und Interaktionen: die Konflikthäufigkeit steigt; die Privatsphäre wird zum Ort, an dem die Widersprüche der durchmodernisierten Marktwirtschaft sich manifestieren. Das Private wird politisch und das Politische allgegenwärtig. Intime Konfliktthemen werden gesellschaftlich relevant, weil Gesellschaftsentwicklungen in die Intimsphären der individualisierten überforderten Einzelpersonen maßgebend eingreifen. Und so hat man im Allerheiligsten der interpersonalen Kommunikation mit konfliktzündenden privat-politischen Grundthemen fertigzuwerden: »Zeitpunkt, Zahl und Versorgung der Kinder; der Dauerbrenner der nie gleichzuverteilenden Alltagsarbeiten; die »Einseitigkeit« der Verhütungsmethoden; die Alptraumfragen des Schwangerschaftsabbruchs; Unterschiede in Art und Häufigkeit der Sexualität ...« (Beck, 1986, 192)

Die einzelnen Lebensläufe werden bunter, vielfältiger. Familienleben und Alleinleben werden sukzessive, alternierend realisierbar. In allen Augenblicken der Biographie sieht man sich mit Wahlmöglichkeiten und Wahlzwängen konfrontiert. Mehr Planungen und Absprachen werden nun nötig. Unterschiedliche Formen von familialem und außerfamilialem Zusammenleben und Nebeneinanderleben werden als verschiedene Phasen in einen Gesamtlebenslauf integrierbar: »Ehe läßt sich von Sexualität trennen und die noch einmal von Elternschaft, die Elternschaft läßt sich durch Scheidung multiplizieren und das Ganze durch das Zusammen- oder Getrenntleben dividieren und mit mehreren Wohnsitzmöglichkeiten und der immer vorhandenen Revidierbarkeit potenzieren.« (Beck, 1986, 190) Eine vollmobile Gesellschaft etabliert sich auf diese Art und Weise. Individualisierung bedeutet dabei in der Regel Vereinzelung, Flexibilisierung keineswegs Freiheit, Liberalisierung meistens nichtkompensierbare Überforderung.

Der Individualisierungs- und Flexibilisierungsprozeß der reflexiven Moderne erfaßt auch die Arbeitswelt, die Sphäre beruflicher Tätigkeiten, die Erwerbsarbeit. In der klassischen Industriegesellschaft waren Erwerbsarbeit und Beruf neben der Familie eine Grundachse der Lebensführung. Der Beruf hat aber mit der Durchsetzung der Industriegesellschaft seine ehemaligen Sicherheiten und Schutzfunktionen eingebüßt. Die Prinzipien des Beschäftigungssystems der industriellen Erwerbsarbeitsgesellschaft sind ins Wanken geraten, und ein System flexibel-pluraler Unterbeschäftigungsformen hat sich allmählich durchgesetzt, das die standardisierten Formen des Arbeitsvertrages, geregelter Arbeitszeit und gleichbleibenden Arbeitsortes aufhebt. Die Grenzen zwischen Arbeit und Nichtarbeit werden nun fließend. (Offe, 1984, 13ff.)

Eine zeitliche und räumliche Flexibilisierung der Arbeitsvorgänge breitet sich in vielen Teilbereichen des Beschäftigungssystems aus. Die daraus resultierenden Pluralisierungen der Arbeitszeit und des Arbeitsortes führen zu einer Umwandlung von Vollzeitarbeitsplätzen in verschiedenartige Teilzeitarbeitsplätze - eine Umwandlung, die nicht einkommensneutral erfolgen kann. Die gesundheitlichen und psychischen Risiken der Arbeit werden bei dieser großen Entstandardisierungsoperation privatisiert.

Das neue risikoreiche System flexibler, pluraler, dezentraler Unterbeschäftigung verteilt Chancen und Gefahren asymmetrisch und ungerecht.

»In diesem System ist die Arbeitslosigkeit sozusagen in Gestalt von Unterbeschäftigungsformen ins Beschäftigungssystem »integriert«, damit aber auch eingetauscht worden gegen eine Generalisierung von Beschäftigungsunsicherheiten, die das »alte« industriegesellschaftliche Einheitsvollbeschäftigungssystem in diesem Sinne nicht kannte. Wie im 19. Jahrhundert hat auch diese Entwicklung eine prinzipielle Janusköpfigkeit. Fortschritt und Verelendung greifen in neuer Weise ineinander. Produktivitätsgewinne der Betriebe gehen einher mit Kontrollproblemen. Die Arbeitenden tauschen ein Stück Freiheit von der Arbeit gegen neuartige Zwänge und materielle Unsicherheiten ein. Arbeitslosigkeit verschwindet, aber taucht zugleich in neuen risikovollen Unterbeschäftigungsformen generalisiert wieder auf.« (Beck, 1986, 227)

Zeitverträge, Job-Sharing, Arbeit auf Abruf, Leiharbeiten können nun proliferieren. Der Einsatz von Telekommunikation und den neuen Informationstechnologien macht das neue System möglich und trägt zu dessen Fortbestand bei.

In der neuen vollmodernisierten Gesellschaftsformation, die mangels einer besseren Bezeichnung »Risikogesellschaft« genannt wird, haben sich die klassischen modernen Muster der Arbeitsorganisation und Lebensplanung radikal verändert. Die soziokulturelle Matrix ist eine andere geworden. Nicht nur die Beschleunigung der einzelnen technologischen Rationalisierungsschübe ist für sie charakteristisch, sondern die kontinuierliche Revolutionierung der Sozialcharaktere und Normalbiographien, der Lebenstile und Liebesformen, der traditionell-modernen Einfluß- und Machtstrukturen. Vieles ist nun neu und anders. So ist in der Risikogesellschaft die Reichtumsproduktion gleichzeitig und automatisch Risikoerzeugung. Risiken und Gefährungen sind in ihr global geworden. Ulrich Beck redet von einem »askriptiven Gefährungsschicksal«, aus dem es bei aller Leistung kein Entrinnen gibt, denn »Gefahren werden zu blinden Passagieren des Normalkonsums. Sie reisen mit dem Wind und mit dem Wasser, stecken in allem und in jedem und passieren mit dem Lebensnotwendigsten – der Atemluft, der Nahrung, der Kleidung, der Wohnungseinrichtung – alle sonst so streng kontrollierten Schutzzonen der Moderne.« (Beck, 1986, 10) Die Risiken- und Gefahrenkataloge werden immer länger und lebensbedrohlicher. Die Risiken, um die es in solchen Katalogen geht, sind oft nicht mit dem unmittelbaren menschlichen Wahrnehmungsvermögen zu registrieren. Wissen und Wissenschaft sind zu ihrer Wahrnehmung nötig. Sie sind demokratisch (»Not ist hierarchisch, Smog ist demokratisch«) und enthalten einen Bumerang-Effekt, der die sie Erzeugenden miterreicht und das traditionelle Klassenschema sprengt. Sie fördern und stabilisieren das big business. Dennoch enthalten sie einen eigentümlichen politischen Zündstoff, der das Neutralste und Harmloseste politisieren kann. (Beck, 1986, 29ff.) Sie manifestieren einen Grundwiderspruch der Risikogesellschaft, nämlich den Widerspruch zwischen systemimmanent erzeugten und systemimmanent nicht zurechenbaren, nicht verantwortbaren, nicht bearbeitbaren Gefahren. (Beck, 1988, 104) Die Krebshäufigkeit steigt, es gibt immer mehr Kinder, die unter Pseudo-Krupp-Anfällen leiden, die Schwellungen der Atemwege werden zur Normalität etc. Dennoch sind die Betroffenen, die Leidenden und die Eltern hilflos angesichts der offiziellen Nichtexistenz- bzw. Irrelevanzerklärung von Gefahren und Risiken. Da die neuen Risiken im Wissen entstehen, können sie auch im Wissen (in bestellten Verleugnungs- und Relativierungsgutachten) verkleinert und verdrängt werden.

Das Neue und das Revolutionäre der reflexiven, sich potenzierenden Modernisierung, die sich in der Risikogesellschaft entwickelt, ist die Eigendynamik, die einzelne Entwicklungen entfalten können und durch die etablierte Lebensverhältnisse und -bedingungen umgewälzt werden können. An Parlament und Öffentlichkeit vorbei wird Zukunft gemacht und gestaltet. Innovationen werden zustimmungslos und effektiv durchgesetzt, so daß Debatten über Folgen durch die Praxis der Durchsetzung und Verwirklichung irrealisiert werden. Diese »Subpolitik« des Fortschritts, die keiner demokratischen Legitimierung bedarf, implementiert direkt, unmittelbar und vollzugsmächtig. Kein Wunder, daß ethische Überlegungen und gesellschaftliche Diskurse über die Ziele und Vorhaben wie eine Fahrradbremse an einem Interkontinentalflugzeug wirken. (Beck, 1986, 334ff. und Beck, 1988, 115ff. und 194)

## 2. *Problemfelder der Risikogesellschaft*

Die Risikogesellschaft ist der Gesamtkontext der gegenwärtigen ethischen Reflexion. Nur eine ethische Reflexion und Argumentation, die die Struktureigenschaften dieses Gesamtkontextes sowie der einzelnen Handlungskontexte der Risikogesellschaft (der Subsysteme »Wissenschaft«, »Technik«, »Umgang mit Naturressourcen«, »Wirtschaft« und »Politik«) berücksichtigt, wird die Fehler des »normativistischen Fehlschlusses« vermeiden können, die dadurch zustande kommen, daß man versucht, aus normativen Überlegungen und postulierten Leitprinzipien konkrete Handlungsstrategien und Verbindlichkeiten für die Praxis abzuleiten, ohne die spezifische Struktur des jeweiligen Handlungsfeldes, dessen Dynamik und dessen Konstellationsbedingungen angemessen in Rechnung zu stellen. (Höffe, 1981, 16) So können zum Beispiel Appelle an die Verantwortung des einzelnen Wissenschaftlers wenig bewirken, solange die Art, wie das gegenwärtige Produktionssystem des Wissens organisiert ist, systematisch vernachlässigt wird. Mit anderen Worten: Nur wenn man die Logik der gegenwärtig stattfindenden globalen Verwissenschaftlichung (die internen und die sozialen Komponenten des heutigen Handlungssystems »Wissenschaft« also) und die realen Handlungsspielräume und Handlungsmöglichkeiten der einzelnen Wissenschaftler in ihrem Handlungssystem in Rechnung stellt, wird man praxiswirksam normative Einsichten oder Maßgaben formulieren und vermitteln können. Andernfalls bleiben die moralischen Diskurse und die ethischen Predigten trotz der besten Absichten und der edelsten Gesinnungen abstrakt und ohne Konsequenzen.

Die »Risikogesellschaft« ist der Gesamtkontext gegenwärtigen Handelns und Denkens. Innerhalb dieses Gesamtkontextes lassen sich aber diverse Subkontexte und Handlungssphären unterscheiden, die allen Interpenetrationsphänomenen und Superstrukturbildungsprozessen zum Trotz in ihrer Funktionsweise eigensinnig sind. Gemeint sind die Handlungsbereiche oder Subsysteme der Wissenschaft, der Technik, des Naturumgangs, der Wirtschaft und der Politik. Jedes dieser Subsysteme ist durch eine spezifische Selbstgenerierungs- und Reproduktionslogik gekennzeichnet, die den Eigensinn des jeweiligen Subsystems ausmacht, was keineswegs ausschließt, daß Konvergenzphänomene und Blockstrukturbildungen zwischen einzelnen Subsystemen und ihren jeweiligen Funktionsweisen zustande kommen.

Im folgenden beschränke ich mich darauf, einige Grundeigenschaften dieser Handlungssysteme beschreibend festzuhalten, um so auf die konkreten Kontexte der gegenwärtigen ethischen Reflexion und Argumentation hinzuweisen. Für die Ethik sind diese Handlungssysteme die Anwendungs- und Problemfelder ihrer eigenen Diskurse.

### *Wissenschaft*

Die Risikogesellschaft ist eine Gesellschaft, in der der Verwissenschaftlichungsprozeß in eine reflexive Phase eingetreten ist.

Wissenschaft und Technik haben die klassische Industriegesellschaft mitmodernisiert, d. h. sie haben die Produktions- und Lebensrhythmen der Industriegesellschaft, ihre Arbeits- und Freiheitssphäre mittels diverser Geräte, Maschinen, Techniken, schematischer Handlungsabläufe und Erkenntnisse wesentlich geprägt.

Die Folgewirkungen einer solchen revolutionären modernisierenden Verwissenschaftlichung von Produktionsprozessen sowie die Verwissenschaftlichungsdynamik selbst werden gegenwärtig Gegenstand der Wissenschaft. Die Wissenschaft thematisiert heute sich selbst: ihre Prozeduren und Wirkungskreise, die Geschichte ihrer eigenen Durchsetzung und Realisierung, die Verhältnisse, die sie mitproduziert hat. Dabei geschieht etwas, das außergewöhnlich ist: Die Wissenschaft relativiert sich selbst in vielfältiger Weise.

Die alten wissenschaftlichen Eindeutigkeitsideale werden heute im Wissenschaftssystem selbst im Sinne einer eigenen, selbstinduzierten Selbstwiderlegung radikal in Frage gestellt. Wissenschaft wird Gegenstand der wissenschaftlichen Kritik. Mit Wissenschaft kritisiert man Wissenschaft. Die Durchsetzung szientistischer Erkenntnisideale führt zu deren Aufhebung. Ulrich Beck formuliert diesen paradoxen Effekt der globalen Verwissenschaftlichung folgendermaßen:

»Die Wissenschaft hat neben den vielen Taten, die sie bejubelt, eine vollbracht, die sie sogar vor sich selbst geheimhält: Der Wahr-Falsch-Positivismus eindeutiger Tatsachenwissenschaft, Glaubensbekenntnis und Schreckgespenst dieses Jahrhunderts, ist am Ende. Er existiert nur noch als borniertes, einzelfachliches Bewußtsein ... Er ist, auch darin Zauberlehrling, dem Zweifel, den er freigesetzt hat, selbst erlegen. Wer irgendeinem bunt zusammengewürfelten Expertenkreis eine beliebige Frage stellt – etwa: ist Formaldehyd giftig? –, erhält von, sagen wir, fünf

Wissenschaftlern fünfzehn verschiedene Antworten, alle mit ja-aber, einerseits-andererseits garniert – wenn die Befragten gut sind; wenn nicht, zwei oder drei scheineindeutige. Dies ist kein Zufall oder Unfall. Es ist der Zustand der Wissenschaft am Ende des 20. Jahrhunderts. Die Eindeutigkeit wissenschaftlicher Aussagen ist der Einsicht in deren Entscheidungsbedingtheit, Methodenabhängigkeit, Kontextgebundenheit gewichen. Ein anderer Computer, ein anderes Institut, ein anderer Auftraggeber: eine andere »Wirklichkeit« – ein Wunder wäre es und keine Wissenschaft, wenn es nicht so wäre.« (Beck, 1988, 194f.)

Was in einer wissenschaftlichen Argumentationskette mit allen Mitteln, möglichen Beweisen und verifizierenden Verfahren behauptet und dargelegt wird, wird wenig Stunden später oder simultan in einer anderen Diskussionsrunde mit den Mitteln der Wissenschaft widerlegt und negiert. Geht es zum Beispiel um die gesetzliche Absicherung von Tierversuchen, so malen die wissenschaftlichen Experten ein schwarzes Gemälde über die Gefährdungen an die Wand, die eine Einschränkung der Tierexperimente für die Gesundheit der Bevölkerung verursachen könnte. In der parallel stattfindenden Diskussion über rechtliche Aspekte der Embryonenforschung belegen die wissenschaftlichen Experten mit der gleichen unwiderlegbaren akribischen Präzision, daß Experimente an Mäusen, Ratten, Kaninchen und Schweinen keinerlei Aussagekraft für den Menschen haben, weswegen auch die Freigabe der Embryonenforschung die Menschheit vor den schlimmen Zivilisationskrankheiten allein retten könnte. Als unvernünftig, irrational und wissenschaftsfeindlich gilt, wer in beiden Fällen der entfalteten stringenten wissenschaftlichen Argumentation zu widersprechen versucht.

Die gegenwärtige Wissenschaft hat ihre vormalige veritative Ausrichtung verloren. Die Praxis ist zum Ort und Kriterium postveritativer Verifikationen geworden. Nicht die alte Sequenz: Labor und dann Anwendung bestimmt das gegenwärtige Wissenschaftshandeln, sondern die neue: Umsetzung und dann Überprüfung, Herstellen und dann Forschen. Nicht Wissenschaft wird dabei mit einiger Verzögerung technisch angewandt, sondern die Technik macht die Wissenschaft möglich: die nicht mehr veritative Wissenschaft. Über diese nicht mehr veritative Wissenschaft heißt es bei Beck ironisch und treffend:

»Der Wahrheitsanspruch der Wissenschaft hat der bohrenden wissenschaftstheoretischen und -empirischen Selbstbefragung nicht standgehalten. Einerseits hat sich der Erklärungsanspruch der Wissenschaft in die Hypothese, die Vermutung auf Widerruf, zurückgezogen. Andererseits hat sich die Wirklichkeit in Daten, die hergestellt sind, verflüchtigt. Damit sind »Fakten« – ehemalige Himmelsstücke der Wirklichkeit – nichts als Antworten auf Fragen, die anders hätten gestellt werden können. Produkte von Regeln im Sammeln und Weglassen ... Einem Wissenschaftler mit der Frage nach der Wahrheit zu kommen ist fast so peinlich geworden, wie einen Priester nach Gott zu fragen. Das Wort »Wahrheit« in Kreisen der Wissenschaft in den Mund zu nehmen (ebenso wie übrigens »Wirklichkeit«) signalisiert Unkenntnis, Mittelmaß, unreflektierte Verwendung mehrdeutiger, emotionsgeladener Worte der Alltagssprache.« (Beck, 1986, 271)

Und dennoch gibt es in der verwissenschaftlichten Gesellschaft Tabubereiche, Tabuverhältnisse und Tabubedingungen sowie einen neuen wissenschaftlichen Dogmatismus, der nicht zuläßt, daß Fehler, in denen Milliarden stecken, eingestanden werden. Wie lassen sich diese zwei Momente zusammenbringen: eine selbstkritische, sich selbst relativierende Wissenschaft und eine verwissenschaftlichte Gesellschaft, in der es von Tabus der nicht Veränderbarkeit wimmelt?

»Wissenschaft« ist ein gesellschaftliches System, das Wissenschaftshandeln ermöglicht und steuert. Das Handlungssystem »Wissenschaft« existiert unabhängig von anderen Systemen der Risikogesellschaft wie dem Techniksystem, dem politischen System und dem Wirtschaftssystem. Und dennoch gibt es eine Reihe von Superstruktur- oder Blockbildungen zwischen den einzelnen differenzierten Subsystemen, die dazu führen, daß sie synergetisch zusammenwirken und ihre Effektivität auf diese Weise potenzieren. Durch diese Blockbildungen zwischen Subsystemen, die in ihrer Grunddynamik und -logik ähnlich sind, mediatisieren sich die einzelnen Subsysteme gegenseitig. Aufgrund der Affinität ihrer Funktionsweisen können sie in bestimmten entstehenden Superstrukturen zusammenkommen und sich gegenseitig verwerten, so daß gegenwärtig die volle Realisierung der Entwicklungslogik des jeweiligen Subsystems dessen Fusion mit anderen Subsystemen voraussetzt. Das Kapital verwertet sich politisch, wissenschaftlich und technologisch. Die Politik wird verwissenschaftlicht, kapitalförmig und vermittelt sich in technologischen Großprojekten. Wissenschaftliches Handeln kapitalisiert sich, wird politisch gesteuert, hat enorme politische Folgewirkungen und ist nur großtechnologisch realisierbar. Großtechnologische Projekte sind wiederum Wissenschaftsprodukte, bestimmen Politikverläufe und verkörpern in idealer Gestalt den Vorgang der Kapitalverwertung. (Ullrich, 116ff. und 248ff.) Neben der Differenzierung der einzelnen

Subsysteme und Handlungsfelder ist gerade diese Interpenetration resp. Blockbildung in Rechnung zu stellen, will man nicht naiven Wissenschaftsvorstellungen alter Zeiten zum Opfer fallen.

Die gerade erwähnte Superstruktur- und Blockbildung impliziert nicht, daß die Logiken und Entwicklungsdynamiken der einzelnen Subsysteme aufgehoben würden. Im Gegenteil. Gerade das synergetische Zusammenwirken der einzelnen Dynamiken setzt den Eigensinn der jeweiligen Dynamik voraus.

Wolfgang Krohn und Günter Küppers haben in einer bemerkenswerten Studie versucht, anhand der paradigmatischen Begrifflichkeit der Selbstorganisationstheorie die eigensinnige, interne und externe Faktoren umfassende Entwicklungslogik der Wissenschaft zu konzeptualisieren. Indem sie Wissenschaft als sich selbstorganisierendes Handlungssystem thematisiert haben, konnten sie die wissenschaftstheoretische mit der soziologischen Betrachtung verbinden und alte Dichotomien und Dualismen (extern-intern, sozial-kognitiv, gesteuerte versus autonome Wissenschaft und so weiter), die die wissenschaftsphilosophische Diskussion der vergangenen Jahrzehnte begleitet haben, überwinden. Der von Krohn und Küppers favorisierte Ansatz bringt in angemessener Weise gegenwärtige Wissenschaftsprozesse auf den Begriff, indem antiquierte, idealistische Vorstellungen des wissenschaftlichen Handelns und der Erkenntnistätigkeit verabschiedet werden und das System »Wissenschaft« als selbstreferentielles soziales Handlungssystem konzipiert wird, in dem durch Rekursivität von Interaktionen ein Forschungshandeln inszeniert wird, das synthetische und komplexe Erkenntnisoperationen und auf lange Sicht Erkenntnisfortschritte ermöglicht. (Krohn, Küppers, 17, 18f., 21, 46f., 50f. usf.)

Neben solchen komplexen Analysen und Konzeptualisierungsstrategien der gegenwärtigen Wissenschaft und ihres Eigensinns ist die begriffliche Erfassung der Interpenetrationsphänomene und Blockbildungsvorgänge unerläßlich. Gerade diese Interpenetration und synergetische Konvergenz der Wissenschaft mit anderen Subsystemen der gesellschaftlichen Wirklichkeit macht die globale, komplexe und einmalige Struktur des heutigen wissenschaftlichen Forschungshandelns aus. In der Wissenschaft wird, anders formuliert, nicht nur geforscht und erkannt, sondern Politik gemacht, Kapital verwertet, Technik realisiert und Zukunft an Parlament und Öffentlichkeit vorbei gestaltet und gemacht.

Die neue Wissenschaft der Eugenik veranschaulicht das gerade Behauptete in exemplarischer Weise. Diese feine »neutrale« Technik, die ohne Blut, Vernichtungslager und klassische Rassentheorie auskommt, gestaltet Zukunft in der Abstraktheit des Labors (dort, wo nichts schmerzt, nichts antwortet, nichts sich wehrt) und im Umgang mit der »chemischen Banalität der Substanzen« (U. Beck). Die handelnden Akteure, die Geningenieure, haben auch die besten Absichten und verheißen paradiesische Zustände: eine optimale Landwirtschaft, effektive Kampfmöglichkeiten gegen den Hunger in der Welt, mehr Selbstbestimmung und Handlungssouveränität für moderne Subjekte, krankheitsfreie Individuen usf. Und wer kann etwas gegen Forschungsprogramme haben, die die Probleme des Hungers, der Umweltzerstörung, des Energiemangels, der Erbkrankheiten und der neuen AIDS-Krankheit lösen werden? Bedenklich ist dabei nur die Fortschrittsdynamik, die dabei lanciert wird, die immer mehr Selbstverständlichkeiten erzeugt und soziale durch gentechnische Lösungskonzepte ersetzt. Elisabeth Beck-Gernsheim schildert das Verlaufsmuster der Einführung und Implementierung fortpflanzungstechnologischer Projekte mit den folgenden Worten:

»Dabei beginnt sich ein typisches Verlaufsmuster abzuzeichnen: »Neue biomedizinische Hilfen werden zunächst eingeführt, um bei einem eng definierten Katalog eindeutiger »Problemfälle« Leiden abzuwenden oder zu mildern. Dann setzt eine Übergangs- und Gewöhnungsphase ein, in deren Verlauf der Anwendungsbereich immer weiter ausgedehnt wird. Das Endstadium ist absehbar: Alle Frauen und Männer werden als potentielle Klienten definiert – jetzt freilich nicht mehr, um direkte Gesundheitsschäden abzuwenden, sondern wegen der »Effektivitätsvorzüge« des technischen Zugriffs über die Zufälle, die Unberechenbarkeiten und Störanfälligkeiten der Natur ...«« (in: Beck, 1988, 36)

Ein solches Verlaufsmuster braucht natürlich nicht zwangsläufig zu sein. Doch Vieles spricht dafür, daß es so kommen könnte.

### *Technik*

Wissenschaft wird in der Risikogesellschaft technisch realisiert. Die heutige Technik ist ohne die Wissenschaft nicht denkbar. Dabei umfaßt der Technikbegriff nicht nur die Apparate, die Maschinen und die Geräte, an die das alltägliche Bewußtsein denkt, wenn umgangssprachlich die Rede von Technik ist, sondern auch das menschliche Handeln (das soziotechnische Handeln), durch das die sachtechnischen Mittel produziert und angewandt werden. Günter Ropohl definiert in seiner *Technologischen Aufklärung* den modernen Technikbegriff folgendermaßen:

»Technik umfaßt:
- die Menge der nutzenorientierten, künstlichen, gegenständlichen Gebilde (Artefakte oder Sachsysteme);
- die Menge menschlicher Handlungen und Einrichtungen, in denen Sachssysteme entstehen;
- die Menge meschlicher Handlungen, in denen Sachsysteme verwendet werden.« (Ropohl, 18)

Der Technisierungsprozeß, der in der klassischen Industriegesellschaft in Gang kommt, bringt eine ständig wachsende Zahl artifizieller Gegenstände und Apparaturen hervor, die in eine ständig wachsende Zahl soziotechnischer Handlungssysteme integriert werden. Dieser Technisierungsprozeß beschränkt sich aber nicht nur darauf, die quantitative Vermehrung der künstlichen Sachsysteme zu betreiben, sondern führt auch fortgesetzt neue Qualitäten ein, dadurch daß die Mannigfaltigkeit künstlich verwirklichbarer Funktionen permanent gesteigert wird. Die technische Welt (die Technosphäre) wird somit ständig quantitativ und qualitativ bereichert und wird zu einem überdeterminierenden System der vollmodernisierten Gesellschaft.

Wirtschaftsstatistische Zahlen belehren über diesen faktischen Prozeß der Technisierung der Gesellschaft. Die stattfindende Vermehrung der künstlichen Sachsysteme erreicht auch die privaten Haushalte, in denen Waschautomaten, Telefone, Radio- und Fernsehgeräte, Personenkraftwagen und so weiter tagtäglich die Lebensmodalitäten der Individuen prägen und mitgestalten. Diese überall eindringenden Sachsysteme ersetzen menschliche Handlungen und Arbeitsvorgänge (Substitutionsfunktion) und ergänzen bzw. erweitern menschliche Handlungs- und Arbeitsmöglichkeiten (Komplementationsfunktion). (Ropohl, 21 f.)

Die Technik hat die Küche, das Bad, das Wohnzimmer und den Keller erreicht. Sie potenziert und entlastet das menschliche Handeln und formalisiert, standardisiert und schematisiert das sonst wenig formalisierte Alltagshandeln durch dessen Anschluß an technische Regelsysteme. Technik erleichtert die Arbeit im Betrieb und im Haushalt und steigert die Effektivität einzelner Handlungen. Gleichzeitig bedeutet Technisierung von Arbeitsvorgängen und Handlungsvollzügen Entsinnlichung, relativen Kompetenzverlust und Verkümmerung des Urteilsvermögens. (Joerges, 20)

In der Form von Technik bestimmt ein überindividuelles, vergegenständlichtes Können, Wissen und Wollen die Handlungen der einzelnen Individuen. Mittels der technischen Vergegenständlichungsgefüge wird ein wichtiger Teil der Vergesellschaftungsarbeit der einzelnen Gesellschaftsmitglieder realisiert: in der professionellen Arbeitswelt aber auch in den kommunikativen Bereichen der familialen und personalen Interaktion. Das Phänomen der Vergesellschaftung ist heute nicht zu begreifen, wenn man nicht die konstitutive Rolle der Technik im Sozialisationsprozeß in Rechnung stellt.

Es ist zweifelsohne das Verdienst Karl Marx', darauf hingewiesen zu haben. Allerdings hat Karl Marx selbst seine Aufmerksamkeit nur dem Technisierungsprozeß im Bereich der beruflichen Arbeit gewidmet, wenn er die in den Arbeits- und Produktionsstätten zur Anwendung gebrachte Maschinerie als Akkummulations- und Vergegenständlichungsprodukt menschlichen Wissens und Geschicks bzw. vergangener lebendiger menschlicher Arbeitsvermögen analysiert. Die Technik im privaten Bereich (d.h. die Technik, die außerhalb des Produktionsbereichs zur Anwendung gelangt) hat Karl Marx mehr oder weniger vernachlässigt und in ihrer Bedeutung für die Konstitution der gesellschaftlichen Substanz unterschätzt.

Das technische Sachsystem, gleichgültig ob seine Anwendung im Produktionsbereich oder in den kommunikativen Sphären der Lebenswelt stattfindet, entwickelt eine expansive Eigendynamik, die dazu tendiert, immer mehr Bereiche zu okkupieren und zu kolonisieren. Ohne wissenschaftliche Inputs kann sich das technische Sachsystem überhaupt nicht entwickeln, ohne Kapitalzufuhr würde es nicht weiterexistieren können.

In den großtechnologischen Projekten und Unternehmungen manifestiert sich in exemplarischer Form der Superstrukturcharakter, der der Technisierungsdynamik wesentlich eignet und der nur dann zur vollen Geltung und Entfaltung kommen kann, wenn Allianzen mit Wissenschaft, Staatshandeln und Kapitalbewegungen realisiert werden. In Blockbildungen und Superstrukturen realisiert sich das technische System am besten. Diese Blockbildungen und Superstrukturen (Aggregatzustände und Aggregatdynamiken von Wissenschaftshandeln, Staatshandeln, Kapitalverwertung und technischem Handeln sowie Exemplifikationen des erreichten Grades der Verwissenschaftlichung von Technik, Politik und Wirtschaft, der Technisierung von Wissenschaft, Politik und Wirtschaft, der Politisierung von Wissenschaft, Technik und Wirtschaft und der Kapitalisierung von Wissenschaft, Technik und Politik) schaffen die »Tatsachen« unserer Lebenswirklichkeiten, denen die einzelnen Individuen mit ihren moralischen Überlegungen und Bedenken ausgeliefert sind. Und dennoch sind diese Blockbildungen und Superstrukturformationen Produkte gesellschaftlicher Bewegungen, d.h. sozial entstanden und gemacht, was angesichts des sogenannten technokratischen Naturalismus immer wieder betont werden muß. (Hack, 51, 179)

Beurteilungen der Technisierung bzw. von Technik sind immer möglich, weil es unterschiedliche Technisierungsformen und Technisierungsmöglichkeiten sowie unterschiedliche Techniken gibt. Aufgabe einer Ethik der Technik würde dementsprechend sein, eine evaluative Reflexion in Gang zu bringen, die sich von der Frage leiten läßt: Welche Techniken leisten unter welchen Bedingungen welchen Beitrag zu einem lebenswerten und menschenwürdigen Leben in einer freiheitlichen und gerechten Gesellschaft? (Hastedt, 235) Eine so gestellte Frage hält normative Gesichtspunkte und Leitideen fest, die bei der Beurteilung der jeweiligen Technik von Relevanz sind. Mit anderen Worten: Man wird zu prüfen haben, ob die jeweils zu bewertende Technik (oder technische Innovation) mit dem umfangreichsten System gleicher Grundfreiheiten für alle vereinbar und zur Realisierung des umfangreichsten Systems gleicher Grundfreiheiten für alle förderlich ist. Weiterhin wird man prüfen müssen, ob sie förderlich für die Realisierung der Prinzipien der sozialen Gerechtigkeit ist und soziale und wirtschaftliche Ungleichheiten nur dann zuläßt, wenn sie (im Sinne des Gedankenexperiments des nordamerikanischen Philosophen John Rawls) zu jedermanns Vorteil sind.

Technische Innovationen bedürfen einer differenzierend verfahrenden Bewertung und Abschätzung. Eine solche Bewertung und empirische Folgenabschätzung sind integraler Bestandteil einer weitergehenden ethischen Reflexion, welche darüber hinaus inhaltliche Fragen eines freiheitlichen, gerechten und menschenwürdigen Lebens aufzuwerfen hat. (Hastedt, 237, 252f. und 257; Bungard, Lenk, 7ff.; Lenk, 1982, 225f. und 240ff. sowie Gil, Ethikbedarf, 211)

Die Block- und Superstrukturbildung in der vollmodernisierten Gesellschaft manifestiert sich u.a. in verschiedenen »Komplexen« (wie dem »militärisch-industriellen Komplex« oder dem »medizinisch-industriellen Komplex«), die um diverse Kristallisationspunkte (Verteidigung oder Gesundheit) entstehen und gesellschaftliche Ressourcen und Potentialitäten binden bzw. fördern. Wolfgang Gehrmann stellt in einem Artikel mit dem Titel *Der medizinisch-industrielle Komplex*, der in der Wochenzeitung »Die Zeit« vom 12. Juni 1992 erschienen ist, fest, daß der von den Ärzteverbänden, der Pharmaindustrie, den Kliniken und Krankenhäusern, den Krankenkassen, den Apotheken, den Optik-, Hörgeräte- und Orthopädietechnikbetrieben sowie den vielen Bäder- und Massagenpraxen gebildete medizinisch-industrielle Komplex zum wichtigsten Wirtschaftszweig der Bundesrepublik vor den Industriebranchen der Autohersteller und der Chemie gediehen ist, durch dessen Kassen jährlich um die 276 Milliarden Mark laufen (die Automobilindustrie setzte 1989 234 Milliarden Mark, die Chemieindustrie 192 um). Die finalisierte, politisierte, kapitalisierte und technisierte Wissenschaft arbeitet in solchen Komplexen mit der verwissenschaftlichten, politisierten und kapitalisierten Technik, mit der verwissenschaftlichten, technisierten und kapitalisierten Politik sowie mit der verwissenschaftlichten, technisierten und politisierten Wirtschaft zusammen. Angesichts solcher Entwicklungen würde man meinen, daß Moral oder ethisches Bewußtsein nichts bewirken können und eine Art Zierde der gesellschaftlich gebackenen geschichteten »Blocktorte« darstellen.

Dennoch gibt es das Phänomen der politischen Steuerung von Wissenschaft und Forschung, welches dokumentiert, daß in politische Programme übersetzte substantielle Interessen der Gesellschaft die Forschungs- und Wissenschaftsplanung beeinflussen und gestalten können. Am »Zentrum für interdisziplinäre Forschung« der Universität Bielefeld haben Fachwissenschaftler einzelne Fälle einer solchen politischen Wissenschaftssteuerung untersucht, die veranschaulichen, daß und wie an reale gesellschaftliche Bedürfnisse anknüpfende politische Programme eine Wissenschaftsdynamik initiieren können, die wissenschaftliches Problemlösungspotential aktivieren bzw. mobilisieren kann. Am Komplex »Umweltforschung« ließe sich zeigen, daß Superstruktur- und Blockbildungen Produkte von gesellschaftlichen Auseinandersetzungen sind, in denen moralische Überzeugungen, Problemdruck, Interessen von Betroffenen und ethische Argumentationen eine maßgebende Rolle spielen. (Küppers, Lundgreen, Weingart, 9ff. und 95ff.)

Hier geht es nicht primär um die Dynamik der Umweltforschung, um ihre Leistungsfähigkeit, Grenzen und Widersprüche, sondern um die Tatsache, daß Superstruktur- und Blockbildungen nichts Naturwüchsiges sind, selbst wenn sie eine mächtige Eigendynamik entwickeln können, die uns blind für ihre Entstehungs- und Konstitutionsbedingungen macht. Gesellschaftliche Subjekte, soziale Bewegungen und andere Handlungskollektive können doch manches in Gang bringen, so daß ethisches Denken und ethisches Argumentieren einen Sinn haben. Die soziale Welt ist nicht so determiniert, wie manche unterstellen. Die Einstellungen, Wertpräferenzen und Optionen der Vergesellschafteten können daher unter bestimmten Bedingungen etwas bewirken. Die soziale Welt ist wiederum nicht so offen, wie man es manchmal gern hätte, so daß bestimmte Handlungsprogramme und Leitideen sehr oft ohnmächtig bleiben.

Die zunehmende Bewußtwerdung der Gefährdung der natürlichen Lebensgrundlagen hat u.a. dazu geführt, daß eine ökologisch-naturalistische »Neue Ethik« entstanden ist, deren Vertreter eine Abkehr von der Naturauffassung fordern, die seit dem 17. Jahrhundert hegemonial geworden ist und durch die eine Dynamik der Naturbeherrschung in Gang gesetzt worden ist, die nur schwer zu bremsen sein wird. Die Vertreter dieser »Neuen Ethik« protestieren gegen das dominant gewordene imperialistische Verhalten gegenüber der Natur und gegen die Beschleunigungslogik, die von einem solchen Verhalten ausgelöst wird. Sie machen uns auf den praktizierten Raubbau am Natürlichen aufmerksam, auf das Aussterben von Pflanzen- und Tierarten sowie auf die Notwendigkeit, gegenwärtig adäquat zu handeln. Problematisch ist nur, daß sie dies tun, indem sie einem naturalistischen Selbstmißverständnis unterliegen. Denn sie übersehen die Tatsache, daß Natur (die Größe, auf die sie sich berufen) im Grunde eine symbolische Chiffre für ein geändertes kulturell-gesellschaftliches Umgehen mit Natürlichem ist, dem sie zur Geltung verhelfen möchten. (Gil, Handlungsräume)

Selbstverständlich wird eine jede Theorie der Natur und der Naturverhältnisse der Menschen, auch eine radikal kulturalistische und gesellschaftstheoretisch aufgeklärte Theorie, in Rechnung stellen müssen, daß die Menschen, ihre Gesellschaften, ihre Kulturen und ihre Psyche als Teile der Natur interpretiert werden können, denn die Menschen und ihre Lebenszusammenhänge und Lebensbedingungen sind in einer gewissen Hinsicht Teil der Natur. Ein minimaler ontologischer Naturalismus wäre demnach auch von kulturalistischen Ansätzen verteidigbar. Ein solcher Naturalismus würde von den natürlichen Voraussetzungen und Bedingungen ausgehen, ohne die keine Gesellschaften, keine Kulturen, keine motivationalen und dispositionalen Momente zustande kommen können. (Markl, 221ff.) Doch impliziert ein solcher minimaler ontologischer Naturalismus keineswegs stärkere Varianten des Naturalismus. Die prinzipielle Anerkennung der natürlichen Endlichkeit und Kontingenz der menschlichen Wirklichkeiten (und somit die Grenzen der kulturellen und gesellschaftlichen Machbarkeit) hat als logische Folge keineswegs einen starken ökologischen Naturalismus. Die menschlichen Unternehmungen und Arbeitsvorgänge basieren auf Bearbeitungs- und Verwertungsstrategien natürlicher Ressourcen und Grundlagen, so daß es illusionär wäre, zu unterstellen, Kultur und Zivilisation ließen sich ohne Domestizierung und Instrumentalisierung von Natur bewerkstelligen. Der Mensch ist immer »Ausbeuter« (John Passmore) und »Beherrscher der Natur« (Hubert Markl) gewesen. Menschen müssen ein instrumentalistisches Naturverhältnis praktizieren, wollen sie überleben. Dies rechtfertigt aber auf gar keinen Fall eine grenzenlose Naturbeherrschungspolitik, die letztlich aufgrund ihrer katastrophalen Konsequenzen kontraproduktiv wäre. Die Frage ist nur, wie weit ein solches verwertendes, instrumentalistisches Naturverhältnis gehen kann oder wie es konkret zu gestalten ist und ob es das einzige Naturverhältnis bleiben kann und soll.

Das Verhältnis der Menschen zur Natur ist immer ein vielfältiges gewesen. Neben dem instrumentalistischen Naturverhältnis hat es immer andere Verhältnisse: religiöse, ästhetische usf. gegeben, so daß das gegenwärtig gesuchte und angesichts unserer Problemlagen notwendige Naturverhältnis nur ein balanciertes Verhältnis von Verhältnissen sein kann, bei dem instrumentalistische, symbiotische und ästhetische Momente enthalten sein werden. Vernünftig werden demnach die Bemühungen sein, die das richtige Maß und das richtige Gesamtverhältnis anvisieren und zu realisieren versuchen. (Bien, 41f. und 52)

Aber es ist nicht nur sinnvoll und lebensnotwendig, daß der Mensch unterschiedliche Verhältnisse zur Natur unterhält. Vielmehr muß sein instrumentalistisches technisches Verhältnis zur

Natur ein vernünftiges und reflektiertes sein, denn es gibt unterschiedliche instrumentalistische Naturverhältnisse genauso wie es unterschiedliche Technikformen gibt, durch die Naturbearbeitungsprozeduren in Gang gesetzt und durchgeführt werden. Erst ein sowohl ökologisch als auch theoretisch aufgeklärter und ethisch reflektierter Einsatz von »Verfügungswissen« (Jürgen Mittelstraß) wird funktional für unser Überleben sein und die Rahmenbedingungen für ein gutes, freiheitliches und gerechtes Leben schaffen.

## *Politik*

Von den hier unterschiedenen Handlungssystemen ist zweifelsohne das politische dasjenige Subsystem, das die größte Affinität zur Ethik aufweist. Denn die Wissenschaftler, so würde man ungeschützt sagen, erkennen und erarbeiten Erklärungstheorien, die uns begreifen lassen, wie bestimmte Sachverhalte funktionieren bzw. wie einzelne Dinge miteinander zusammenhängen. Die Techniker entwerfen und konstruieren Apparaturen, Maschinen und Sachsysteme, die wir in unseren Unternehmungen als Mittel einsetzen können, um eine höhere Effektivität unseres Handelns und Arbeitens zu erzielen, um unsere Möglichkeiten zu potenzieren. Und die Wirtschaftsunternehmen, könnte man annehmen, sind dazu da, mit knappen Ressourcen und Mitteln rational umzugehen, um optimale Erträge und Resultate zu erzielen. Ethische Überlegungen ornieren den Wissenschaftler, den Techniker und den Konzernpräsidenten. Doch von ihnen erwartet man primär, daß sie erklärungspotente Theorien erarbeiten, optimal funktionierende Maschinen und Verfahren entwickeln und effektiv wirtschaften. Mit anderen Worten und nur auf eine professionelle Branche konzentriert formuliert: Wirtschaftskonzerne sind dazu da, erfolgreich und effektiv zu produzieren, und nicht um moralische Diskurse durchzuführen.

Politiker hingegen regieren, d.h. konkret: sie lenken, steuern, gestalten, schaffen Rahmenbedingungen, innerhalb derer die ganzen Aktivitäten der gesellschaftlichen Produktion und Reproduktion stattfinden können. Gerade diese Tätigkeit des Regierens hat etwas zu tun mit Werteinsichten, evaluativen Optionen, Zielpräferenzen, mit anderen Worten: mit dem Stoff der ethischen Argumentationen und Überlegungen.

Von dem Politiker bzw. von der Politikerin wird man eher

erwarten, daß er oder sie sensibel für Moralisches ist. Denn Politik im Rahmen von Demokratien, die Rechtssysteme entwickelt haben und diese immer reformieren und verbessern können, ist eine Tätigkeit, die mindestens prinzipiell und theoretisch an bestimmten moralischen Ideen wie Freiheit, Gleichheit, Gerechtigkeit, Solidarität etc. orientiert bleibt. Dies ist auch der Anspruch des demokratischen Rechtsstaates, der Grund seines Stolzes und das Argument, auf das westliche Politiker immer wieder zurückgreifen, wenn es in Diskussionen ernst und grundsätzlich wird.

Vom Standpunkt der Systemtheorien ist politisches Handeln das Produkt der einzelnen Operationen und Bewegungen von autopoietischen, sich selbstorganisierenden oder selbstorganisierten Systemen, in denen es um die Erzeugung, Verwaltung und Verteilung der Grundressource »Macht« geht. Das Parlament, die Parteien, unterschiedliche politische Programme und Optionen, Regierungsbildungsregeln und Wahlen, einzelne Interessenverbände und andere Einrichtungen sind die Faktoren und Variablen, die das politische System ausmachen und in diesem System miteinander mediatisiert werden. Moralische Ideen und einzelne Individuen zirkulieren im politischen System genauso wie die anderen Elemente auch. Weder von den Ideen noch von den Individuen darf man aber erwarten, daß sie irgendeine relevante Wirkungsgeschichte initiieren. Die allgemeinen Zirkulationsregeln und Verwertungsmodi des Systems setzen sich durch, indem sie sich der einzelnen Elemente und Faktoren bedienen.

Die komplexen Funktionsbedingungen des modernen politischen Systems lassen sich anhand der Theorie autopoietischer Systeme in angemessener Weise konzeptualisieren. Dennoch wird diese Konzeptualisierungsstrategie nicht dem moralischen Gehalt der verschiedenen politischen Ideen und Begriffe gerecht, die eine fundamentale legitimatorische Funktion moderner Politik ausüben. Das »moderne« (im emphatischen Sinne dieses Wortes) politische System beansprucht nicht nur, effizient und funktional zu sein, sondern freiheitliche und gerechte Verfahren implementiert zu haben, durch die optimale Handlungs- und Interessenkoordinierungen sowie Konfliktregelungen realisiert werden können. Weil dem so ist, gibt es eine Chance für die Ethik. Der »Rohstoff des Politischen«, in der Sprache Oskar Negts und Alexander Kluges ausgedrückt, ist in jedem Lebenszusammenhang enthalten, liegt sozusagen auf der Straße; und nur in bestimmten sachangemessenen Formen, in

»Maßverhältnissen«, denen moralische Qualität in höchstem Grad zukommt, kommt dieser »Rohstoff des Politischen« adäquat zum Ausdruck und wird gebührend verarbeitet. (Negt, Kluge, 10f. 45, 91)

### *Wirtschaft*

Das Wirtschaftssystem stellt einen komplexen Mechanismus sozialen Handelns dar, durch den die Produktion, die Distribution und die Konsumtion bestimmter lebensnotwendiger sowie anderer begehrter oder nachgefragter Güter rational organisiert werden können. Alle Wirtschaftstheoretiker (sowohl die klassischen Autoren der Nationalökonomie als auch gegenwärtige Autoren) erkennen den Instrumentalitäts- und den Komplexitätscharakter des Wirtschaftssystems an: die Wirtschaft ist ein instrumentelles Medium bzw. ein System von Mitteln und Instrumentarien, um ein gutes, angenehmes, befriedigtes Leben möglich zu machen, ein gutes Leben, das sich nicht auf die Materialität wirtschaftlicher Prozesse reduzieren läßt, das aber ohne diese Materialität (die conditio sine qua non) unmöglich wäre; außerdem ist die Wirtschaft ein komplexes Handlungskoordinierungssystem, das das Interagieren vieler und sehr unterschiedlicher Faktoren und Variablen ermöglicht (Menschen und Wertvorstellungen oder -präferenzen, Stoffe und Werkzeuge, Waren und Absatzmärkte, Produktionssysteme und Transportmittel, Distributionsnetzwerke, Tauschformen und Informationsmärkte, Monetarisierungs- und Kommodifizierungsdynamiken, Regulierungs- und Deregulierungsprogramme und so weiter).

Die jeweilige wirtschaftliche Aktivität in einem bestimmten, bewußt gewollten und politisch implementierten Wirtschaftssystem entwickelt sich entsprechend der Magnetisierung des eingeführten und politisch verstärkten Feldes, das das Wirtschaftssystem selbst darstellt, so daß die Handlungen der Produktion, des Tausches, der Verteilung und der Konsumtion nicht so neutral vollzogen werden, wie in vielen Darstellungen implizit vorausgesetzt wird. Es gibt immer unterschiedliche Möglichkeiten des Wirtschaftens mit einer jeweils spezifischen Feld- und Eigendynamik. Das jeweils etablierte Wirtschaftssystem als System von Systemen oder Gesamtverhältnis von Verhältnissen ist eigendynamisch und autokatalytisch: ein sich gemäß der eigenen Reproduktionslogik perpetuierendes und immer wieder erzeugendes dynamisches System.

Weil das Wirtschaftssystem ein dynamisches lebendiges Handlungssystem ist, sind Transformationen und Veränderungen grundsätzlich immer möglich. Gesellschaftliche Auseinandersetzungen und Bewegungen können an bestimmten Stellen und zu bestimmten Zeitpunkten gängige ökonomische Handlungsmuster und Mechanismen verändern. Wirtschaftssysteme können nicht die Wirkungsgeschichten der diversen möglichen Politisierungen, Bewußtseinsänderungen und sozialen Transformationen suspendieren, genauso wenig wie sie die Wirkungsgeschichte der Widersprüche, Asymmetrien und Festlegungen, die sie selbst erzeugen, annulieren können.

Das politische System, vom Wirtschaftssystem wiederum abhängig, bestimmt die Rahmenbedingungen für die Operationen des Wirtschaftssystems sowie eine Reihe von Präferenzen und Optionen, die für das Wirtschaftssystem maßgebend zu sein haben. Ethische Überlegungen und Argumentationen können prinzipiell, wie vermittelt auch immer, Einfluß auf Wirtschaftsprozesse ausüben, selbst wenn diese gemäß einer eigensinnigen, moralitäsindifferenten Logik vonstatten gehen.

## *3. Ethik in der Risikogesellschaft*

Die Geschichte der philosophischen Ethik besteht aus vielen unterschiedlichen Argumentationen und Ansätzen, die darum bemüht sind, das Moralische, das Sittliche, den Standpunkt der Moral und die Bedeutung der moralischen Ideen begrifflich zu präzisieren. Es gibt nicht nur eine Ethik, sondern viele Ethiken, die unter dem Begriff »philosophische Ethik« zusammengefaßt werden.

Die gegenwärtigen Handlungsbedingungen können diejenigen skeptisch stimmen, die versuchen, moralische Strategien des Handelns zu entwerfen und zu realisieren. Im Gesamtkontext unserer gesellschaftlichen Realität gibt es diverse Subkontexte, die die unmittelbaren Sphären unseres Handelns und Tätigseins ausmachen und die dadurch charakterisiert sind, daß sie dazu tendieren, eigene Dynamiken zu entwickeln, die sich über die einzelnen Akteure, ihre Präferenzen, Bedenken und Überlegungen souverän hinwegsetzen. Allerdings ist es wichtig, sich zu vergegenwärtigen, daß die Entstehungs- und Erhaltungsbedingungen solcher Eigendynamiken gesellschaftliche Prozesse des Wählens, Entscheidens, Streitens, Optierens, Präferierens, Wollens und Überlegens sind, an denen einzelne Menschen als Handlungssubjekte beteiligt sind. Diese Rolle bzw. Funktion der einzelnen Menschen wird von der Ethik vorausgesetzt und verstärkt. Denn gäbe es keine entscheidenden, optierenden und wollenden Menschen, so bräuchte man sich keine Gedanken über die Ethik zu machen.

Die Ethik steht und fällt mit der Fähigkeit des Menschen, sich zwischen verschiedenen Handlungsalternativen entscheiden zu können. Und diese Möglichkeit existiert heute noch, wie reduziert, restringiert oder minimiert auch immer. Die Ethik setzt diese Grundfähigkeit und Möglichkeit voraus und ist daran interessiert, sie immer wieder zu aktualisieren und zu realisieren. Ethisches Denken wirkt sich gründend und verstärkend für die Konstitution von Handlungssubjekten aus. Durch die ethische Reflexion können Handlungssubjekte entstehen; in ihr manifestiert sich Handlungssouveränität; sie trägt Wesentliches zur Stabilisierung von Handlungssubjektivität bei.

Ethik setzt Subjekte voraus; Handlungssubjekten eignet die Kompetenz, moralische Entscheidungen treffen zu können, sich moralisch verhalten zu können, indem sie in einen reflexiv-kritischen Bezug zu dem treten, was ihre Umwelt ausmacht, was sie prägt und bestimmt. Moralisch überlegende und handelnde Menschen vermögen somit, An-Sich-Konstellationen des Handelns und An-Sich-Bestimmungsreihen in ihrer Geltung und Macht zu suspendieren, und zwar durch die Kraft der Reflexion und durch die Kompetenz der Transformation von »An-Sich«-Größen in »Für-Sich«-Faktoren.

Es ist gerade dieser grundätzlich mögliche Übergang von An-Sich-Bestimmungen in Für-Sich-Konfigurationen, der den Ausgangspunkt und den Ursprung der Ethik ausmacht. Durch einen solchen Übergang können sich Subjekte ihre Geschichte, die bestimmenden Bedingungen ihres Handelns so aneignen, daß ein Bruch, eine Zäsur, ein neuer Anfang immer wieder möglich werden. Das jeweils Geltende und Bestimmende braucht dann nicht mehr so zu sein und zu bleiben, wie es ist. Man ist fähig geworden, Alternativen dazu zu denken oder zu entwerfen. Besäßen die vergesellschafteten Individuen diese grundsätzliche Möglichkeit nicht, so hätte es keinen Sinn, von moralischem Handeln, von moralischer Argumentation und überhaupt von Ethik zu reden. Da jedoch diese Möglichkeit der relativen Selbstbestimmung grundsätzlich besteht, da bestimmtes Handeln prinzipiell jederzeit in reflektiertes bestimmtes Handeln überführt werden kann und die einzelnen Bestimmungsfaktoren Gegenstand der eigenen Reflexion werden können, ist es sinnvoll, im folgenden eine Reihe von Handlungsstrategien bzw. Verfahrensweisen festzuhalten, die Kriterien des Moralischen sind resp. durch die Moralität und moralisches Handeln überhaupt zustande kommen können. Sie stellen ein Minimalprogramm zur Bestimmung von Moralität und Moralischem unter den gegenwärtigen Handlungsbedingungen dar. Diese Handlungsstrategien und Verfahrensweisen sind die Momente, die eine zeitgemäße (nachmetaphysische) Vernunftethik ausmachen, die an moralischen Prinzipien orientiert bleibt, ohne deswegen den Kontakt und den Bezug zu den realen, konkreten Handlungssituationen und Handlungskonstellationen zu verlieren. (Gil, Ethik, 25ff.)

Sowohl die einzelnen Momente als auch die Idee einer solchen Vernunftethik sind nicht denkbar ohne bestimmte Ansätze, die in der Geschichte der Ethik von unterschiedlichen Autoren entwickelt worden sind. Hier geht es darum, ohne jeden Vollständigkeitsanspruch einige dieser wichtigen Momente sukzessive aufzuführen und auf sie als mögliche Operationalisierungsstrategien des Moralischen heute hinzuweisen. Die folgende Aufführung versteht sich eher als Denkanregung denn als systematische Exposition.

1. Gerade in moralisch komplexen und moralisch unübersichtlichen Handlungs- und Entscheidungssituationen, welche die Risikogesellschaft ständig erzeugt, ist es fundamental wichtig, im Sinne eines komplexen Denkens, das nicht auf einige gängige Aspekte und Variablen fixiert bleibt, die einzelnen Konflikt- und Entscheidungssituationen gründlich zu analysieren und begrifflich übersichtlich zu gestalten, indem alle wichtigen involvierten Faktoren und Variablen in Rechnung gestellt werden. Dies erfordert einschlägiges Sachwissen aber auch die gedankliche und die emotionale Anstrengung, so objektiv wie möglich vorzugehen. Nur nach einer auf diesem Wege zustande gekommenen Analyse wird man die reale Handlungskonstellation adäquat erfassen und prüfen können, welche Handlungsmöglichkeiten und Handlungsalternativen real existieren.

Da in jeder Handlungskonstellation immer unterschiedliche Interessenlagen involviert sind, erfordert eine objektive Konstellations- und Lageanalyse eine nüchterne Beschreibung der einzelnen Wünsche, Bedürfnisse und Interessen, welche letztendlich daran interessiert ist, in begründeter Weise zwischen partikularistischen, nicht verallgemeinbaren und verallgemeinerungsfähigen und -würdigen Bedürfnissen und Interessen zu unterscheiden. Eine solche nüchterne Beschreibung oder Analyse kommt einer praktisch-organisatorischen Beachtung und Implementierung des Universalisierungsprinzips gleich, das ein wichtiges Moment in der Geschichte der philosophischen Ethik gewesen ist.

2. Das Prinzip der Öffentlichkeit bzw. »Publizität« (Kant) erweist sich als ein wichtiges Verfahren, durch das die Nichtmoralität bestimmter Maximen, Programme oder Vorhaben nachgewiesen werden kann. Entscheidungen und Projekte, die sich nicht öffentlich rechtfertigen lassen, entbehren einer moralischen Legitimationsgrundlage und sind als Ausdruck partikulärer Interessenlagen zu betrachten. Mit den Worten Immanuel Kants ausgedrückt:

»Dieses Prinzip ist nicht bloß als ethisch (zur Tugendlehre gehörig), sonder auch als juridisch (das Recht der Menschen angehend) zu betrachten. Denn eine Maxime, die ich nicht darf laut werden lassen, ohne dadurch meine eigene Absicht zugleich zu vereiteln, die durchaus verheimlicht werden muß, wenn sie gelingen soll, und zu der ich mich nicht öffentlich bekennen kann, ohne daß dadurch unausbleiblich der Widerstand aller gegen meinen Vorsatz gereizt werde, kann diese notwendige und allgemeine, mithin a priori einzusehende, Gegenbearbeitung aller gegen mich nirgend wovon anders, als von der Ungerechtigkeit her haben, womit sie jedermann bedroht ...« (Kant, Bd. XI, 245)

Unter »Öffentlichkeit« ist gemeint, was Kant unter »Publizität« versteht, und nicht, was Kommunikationstheoretiker und -soziologen als »hergestellte Öffentlichkeiten« analysiert haben. »Hergestellte Öffentlichkeiten« basieren nicht auf den Reflexionsleistungen autonomer, rational handelnder Subjekte, sondern sind das Resultat manipulatorisch vorgehender, subtiler Strategien der Erzeugung von Scheinkonsensen. Der Publizitätsbegriff hingegen bezeichnet ein Verfahren, das die Kompatibilität einer Maxime oder Handlungsstrategie mit der Moralität bzw. deren Moralität prozedural demonstriert. Die Eigenschaft der »Publizität« kann nur rationalen, universalisierbaren Maximen und Handlungsvorhaben zukommen.

3. Die von John Rawls entwickelten Denkfiguren der »original position« (Urzustand) und des »veil of ignorance« (Schleier der Unwissenheit), durch die ein faires Verfahren bei der Vereinbarung und Bestimmung von Positionen und einzelnen Handlungsalternativen optimal garantiert werden kann, stellen ein wichtiges Gedankenexperiment dar, das jeweils situa-

tionsspezifisch durchzuführen wäre. Es operationalisiert in der Tat für viele konkrete Entscheidungssituationen den sonst vage gebrauchten Gerechtigkeitsbegriff und bedeutet eine »Strategie der Humanität« (O. Höffe), mittels der die Wirkung von Zufälligkeiten, die bestimmte Menschen und Menschengruppen in ungleiche Situationen oder Positionen bringen und die zu dem Versuch verführen, gesellschaftliche und natürliche Umstände zum eigenen Vorteil auszunutzen, in der jeweiligen Entscheidungs- und Handlungssituation suspendiert werden könnte.

Bei John Rawls heißt es:

»Der Gedanke des Urzustands soll ja zu einem fairen Verfahren führen, demgemäß eine Übereinkunft über Grundsätze nur zu gerechten Grundsätzen führen kann. Dabei soll der Begriff der reinen Verfahrensgerechtigkeit als eine Grundlage der Theorie genommen werden. Irgendwie muß man die Wirkung von Zufälligkeiten beseitigen ... Zu diesem Zweck setze ich voraus, daß sich die Parteien hinter einem Schleier des Nichtwissens befinden. Sie wissen nicht, wie sich die verschiedenen Möglichkeiten auf ihre Interessen auswirken würden, und müssen Grundsätze allein unter allgemeinen Gesichtspunkten beurteilen. Es wird also angenommen, daß den Parteien bestimmte Arten von Einzeltatsachen unbekannt sind. Vor allem kennt niemand seinen Platz in der Gesellschaft, seine Klasse oder seinen Status; ebensowenig seine natürlichen Gaben, seine Intelligenz, Körperkraft usw ... Die Menschen im Urzustand wissen auch nicht, zu welcher Generation sie gehören ... Sie müssen Grundsätze wählen, deren Folgerungen sie hinzunehmen bereit sind, welcher Generation sie auch angehören mögen.« (Rawls, 159f.)

4. Erst Entscheidungsprozesse, die im Sinne einer symmetrischen, »verständigungsorientierten« und »kooperativen Wahrheitssuche« (J. Habermas) und Problemlösungssuche gestaltet werden, so daß machtstrategische, gewaltförmige und andere verzerrende und Heteronomie erzeugende Elemente eliminiert werden, können den Anspruch erheben, als moralische Reflexionen betrachtet zu werden, in denen unabhängig von partikulären Wunsch-, Interessen- und Bedürfnislagen das gemeinsame Interesse aller Betroffenen das wichtigste Kriterium ist. Dieses Kriterium ist aber nicht nur eine Sache von Ergebnissen, sondern betrifft auch wesentlich die Wege, Mittel und Verfahren, die jeweils eingeschlagen bzw. angewendet werden.

5. In der gegenwärtigen sozialen und politischen Wirklichkeit gibt es eine Reihe von Einrichtungen, Verfahrensweisen, Konfliktregelungsformen, Handlungskoordinierungsmodi und institutionellen Problemlösungsstrategien, die moralitätskompatibel und moralitätsfördernd sind. Die ethische Reflexion hätte an

solche existierenden Praxisformen und Prozeduren hypoleptisch anzuknüpfen, mit der Intention, das bereits Existierende zu bejahen, zu verbessern und zu erweitern.

6. Die einzelnen Entscheidungskontexte sind sehr unterschiedlich. Ebenfalls divergieren die Materien und Fragen sehr, die man jeweils zu regeln hat. Dementsprechend sollte die ethische Reflexion darauf achten, daß die entwickelten Argumentationen und Argumente der jeweiligen Sachbereichsspezifizität gerecht werden. Ethische Reflexion wird heute nur praxiswirksam sein, wenn sie kontextgebunden, d.h. auf einen bestimmten Kontext hin, vollzogen wird. Eine kontextgebundene Sachargumentation wird dazu führen, daß man bestimmte Begriffe prägt und verwendet, die nur in einem klar abgrenzbaren Diskussionszusammenhang Validität beanspruchen können. So kann zum Beispiel der keineswegs ganz eindeutige, normativ verwendete Ausdruck »Natürlichkeit« in spezifischen Problem- und Entscheidungskontexten und angesichts unbegrenzter Technisierungsmöglichkeiten in bezug auf menschliches Leben Geltung beanspruchen. (van den Daele, 201 ff.) Das kontextgebundene Insistieren auf die »Natürlichkeit« des Menschen (seine Unverfügbarkeit und Unvollkommenheit) kann somit als Strategie der Eindämmung und Begrenzung der gegenwärtig herrschenden Technisierungsdynamik sinnvoll sein.

7. Alle politischen Systeme haben neben den Wertigkeiten, an denen sie festhalten und die sie zu fördern versuchen, eine Reihe von sogenannten »Lebenslügen« (A. Künzli). Die Diskrepanzen zwischen den ursprünglich bejahten Werten, Normen, Grundrechten und Idealen und deren realer depravierter Form suchen die einzelnen Systeme mit »Lebenslügen« zu verschleiern. A. Künzli drückt diesen Sachverhalt folgendermaßen aus:

»Die zynische Lebenslüge unseres Systems wäre entsprechend zu definieren als Versuch, das entzauberte Allzualltägliche mit seinen dominierenden partikularen Interessen zu legitimieren durch den Zauber des Außeralltäglichen einer universalisierten Weltordnung und Zivilreligion, mit denen man in ferner Vergangenheit das System bei seiner Geburt zu legitimieren vermochte. Wobei der Zynismus darinliegt, daß man genau weiß, was man tut ...« (Künzli, in: Meyer, 51 f.)

Ethisches Denken könnte damit anfangen, daß es versucht, sich mittels einer ideologiekritischen Reflexionsarbeit über die »Lebenslügen« des eigenen Systems klar zu werden. Diese ideologiekritische Arbeit würde den Schein vieler gut klingender Rechtfertigungen und Redeweisen zerstören. Indem das ethische Denken dann das, was das jeweilige System an Positivem und Ideellem verspricht oder zu verkörpern vorgibt, radikal ernst nehmen und über konkrete Realisierungsvoraussetzungen und -wege nachdenken würde, hätte es eine Reihe von Initialstrategien und Handlungsansätzen. (Dworkin, 303 ff.)

Diese Liste von moralitätsgenerierenden bzw. -demonstrierenden Momenten und Verfahren könnte fortgesetzt werden. Die einzelnen hier präsentierten Momente werden vielen zu allgemein, zu formal oder zu wenig spezifisch sein. Würden aber diese Momente, die selbstverständlich durch andere ähnliche ergänzt werden könnten, in all den konfliktiven Entscheidungs- und Problemlagen, mit denen Menschen und Menschengruppen in der Risikogesellschaft konfrontiert sind, konsequent angewandt, so würde man nicht paradiesische Lebensbedingungen etablieren. Man hätte aber grundsätzliche perspektivische Handlungsorientierungsmaßstäbe und Verfahrensregeln und -modi, die sowohl die Art des Entscheidens, Handelns und Machens als auch die Resultate der Entscheidungen, Handlungen und Herstellungen vorsichtiger, besser und gerechter machen würden. Die Maxime hieße dann nicht Ethik statt Demokratie, sondern mehr Demokratie aus ethischen Gründen.

# Literaturverzeichnis

## *Allgemeine Literatur zur Ethik*


Fleischer, H., Ethik ohne Imperativ. Zur Kritik des moralischen Bewußtseins, Frankfurt a. M. 1987.

Gamm, G., Kimmerle, G. (Hrsg.), Ethik und Ästhetik. Nach-metaphysische Perspektiven, Tübingen 1990.

Hegel, G. W. F., Vorlesungen über die Geschichte der Philosophie, Theorie-Werkausgabe, Bde. 18, 19, 20, Frankfurt a. M. 1971.

Höffe, O., Ethik und Politik. Grundmodelle und -probleme der praktischen Philosophie, Frankfurt a. M. 1979.

Howald, E., Dempf, A., Litt, Th., Geschichte der Ethik vom Altertum bis zum Beginn des 20. Jahrhunderts, München 1970.

Jodl, F., Geschichte der Ethik, 2 Bde., Stuttgart [4]1929.

Krämer, H., Integrative Ethik, Frankfurt a. M. 1992.

MacIntyre, A., Der Verlust der Tugend. Zur moralischen Krise der Gegenwart, Frankfurt a. M. 1988.

Nagel, Th., The View from Nowhere, Oxford 1989.

Oelmüller, W. u. a. (Hrsg.), Diskurs: Sittliche Lebensformen, Paderborn 1978.

Pfürtner, S. H. u. a., Ethik in der europäischen Geschichte, 2 Bde., Stuttgart 1988.

Pieper, A. (Hrsg.), Geschichte der neueren Ethik, 2 Bde., Tübingen 1992.

Schulz, W., Grundprobleme der Ethik, Pfullingen 1989.

Singer, P. (Hrsg.), Companion to Ethics, Oxford 1991.

Steinvorth, U., Klassische und moderne Ethik. Grundlinien einer materialen Moraltheorie, Reinbek 1990.

Tugendhat, E, Grundprobleme der Ethik, Stuttgart 1984.

Williams, B., Ethics and the limits of philosophy, London 1985.


## *Antike Ethik*

### *Grundlagentexte*


Aristoteles, Eudemische Ethik, Darmstadt 1962.

Aristoteles, Nikomachische Ethik, Hamburg 1985.

Diogenes Laertius, Leben und Meinungen berühmter Philosophen, Hamburg 1990.

Epiktet, Handbüchlein der Ethik, Stuttgart 1990.

Epikur, Briefe. Sprüche. Werkfragmente, Stuttgart 1980.

Marc Aurel, Selbstbetrachtungen, Stuttgart 1991.
Platon, Sämtliche Werke, Bde. 1 und 3, Hamburg 1957 und 1958.
Seneca, Vom glückseligen Leben und andere Schriften, Stuttgart 1990.

*Literatur*

Bien, G., Die Grundlegung der praktischen Philosophie bei Aristoteles, Freiburg i. Br. 1973.
Böhme, G., Der Typ Sokrates, Frankfurt a. M. 1992.
Bröcker, W., Aristoteles, Frankfurt a. M. [3]1964.
Forschner, M., Die stoische Ethik, Stuttgart 1981.
Hadot, P., Philosophie als Lebensform. Geistige Übungen in der Antike, Berlin 1991.
Henrich, K., Antike Kyniker und Zynismus in der Gegenwart, in: K. Henrich, Parmenides und Jona, Frankfurt a. M. [2]1982.
Höffe, O., Praktische Philosophie. Das Modell des Aristoteles, München 1971.
Hossenfelder, M., Die Philosophie der Antike 3. Stoa, Epikureismus und Skepsis (Geschichte der Philosophie, hrsg. v. W. Röd), München 1985.
Jaeger, W., Aristoteles. Grundlegung einer Geschichte seiner Entwicklung, Berlin [2]1955.
Martin, G., Sokrates, Reinbek 1967.
Martin, G., Platon, Reinbek 1969.
Niehues-Pröbsting, H., Der Kynismus des Diogenes und der Begriff des Zynismus, Frankfurt a. M. 1988.
Nussbaum, M., The Fragility of Goodness. Luck and ethics in Greek tragedy and philosophy, Cambridge 1986.
Wilamowitz-Moellendorff, U. von, Platon, 2 Bde., Berlin [3]1962.
Wörner, M. H., Das Ethische in der Rhetorik des Aristoteles, Freiburg i. Br. 1990.

## *Mittelalterliche Ethik*

*Grundlagentexte*

Ockham, W. von, Texte zur Theorie der Erkenntnis und der Wissenschaft, Stuttgart 1984.
Ockham, Philosophical Writings, hrsg. von Ph. Boehner, London [4]1967.
Thomas von Aquin, Summa theologiae, I-II (Ed. Leonina, Marietti-Ausgabe), Bd. 1, 1952.
Thomas von Aquin, Über die Sittlichkeit der Handlung. Sum. Theol. I-II, q. 18–21, Weinheim 1990.

### Literatur

Aicher, O., Greindl, G., Vossenkuhl, W., Wilhelm von Ockham. Das Risiko modern zu denken, München 1986.
Altaner, B., Patrologie, Freiburg i. Br. 1938.
Chenu, M. D., Das Werk des heiligen Thomas von Aquin, Graz 1960.
Conzelmann, H., Grundriß der Theologie des Neuen Testaments, München 1968.
Flasch, K., Das philosophische Denken im Mittelalter. Von Augustin zu Machiavelli, Stuttgart 1986.
Gilson, E., Der heilige Augustin. Eine Einführung in seine Lehre, Hellerau 1930.
Harnack, A., Das Wesen des Christentums, Leipzig 1913.
Jeremias, J., Das Problem des historischen Jesus, Stuttgart $^{4}$1964.
Kluxen, W., Philosophische Ethik bei Thomas von Aquin, Mainz 1964.
Lohse, E., Entstehung des Neuen Testaments, Stuttgart 1972.
Scherer, G., Philosophie des Mittelalters, Stuttgart 1993.
Schillebeeckx, Jesus. Die Geschichte von einem Lebenden, Freiburg i. Br. $^{3}$1975.
Vossenkuhl, W., Schönberger, R. (Hrsg.), Die Gegenwart Ockhams, Weinheim 1990.

## *Ethik in der frühen Neuzeit*

### Grundlagentexte

Campanella, T., Der Sonnenstaat. Idee eines philosophischen Gemeinwesens, Berlin 1955.
Descartes, R., Discours de la méthode (Franz.-Deutsch), Hamburg 1990.
Gracián, B., Handorakel und Kunst der Weltklugheit, Stuttgart 1983.
La Rochefoucauld, Maximen und Reflexionen, Stuttgart 1988.
Montaigne, M. de, Essays, Leipzig 1990.
Morus, Th., Utopia, Stuttgart 1990.
Spinoza, Ethik, Frankfurt a. M. 1982.
Vitoria, F. de, De Indis recenter inventis et de iure belli hispanorum in barbaros relectiones, 1539, hrsg. mit lat.-deutschem Texte von W. Schätzel, Tübingen 1952.

### Literatur

Bloch, E., Freiheit und Ordnung. Abriß der Sozialutopien. Mit Quellentexten, Reinbek 1969.
Borinski, K., Baltasar Gracián und die Hofliteratur in Deutschland, Tübingen 1971.
Burke, P., Montaigne zur Einführung, Hamburg 1985.

Hamilton, B., Political Thought in Sixteenth-Century Spain. A study of the political ideas of Vitoria, De Soto, Suárez, and Molina, Oxford 1963.
Höllhuber, I., Geschichte der Philosophie im spanischen Kulturbereich, München 1967.
Specht, R., Descartes, Reinbek 1989.
Voßkamp, W. (Hrsg.), Utopieforschung, 3 Bde., Frankfurt a. M. 1985.
Walther, M., Metaphysik als Anti-Theologie. Die Philosophie Spinozas im Zusammenhang der religionsphilosophischen Problematik, Hamburg 1971.

## *Ethik im 18. Jahrhundert*

### *Grundlagentexte*

Condorcet, Entwurf einer historischen Darstellung der Fortschritte des menschlichen Geistes, Frankfurt a. M. 1976.
d'Alembert, J. L., Einleitung zur »Enzyklopädie«, Frankfurt a. M. 1989.
Diderot, D., Philosophische Schriften, 2 Bde., Berlin 1961.
Helvetius, C. A., Vom Menschen, seinen geistigen Fähigkeiten und seiner Erziehung, Frankfurt a. M. 1972.
d'Holbach, P. Th., System der Natur oder von den Gesetzen der physischen und der moralischen Welt, Frankfurt a. M. 1978.
Hume, D., Eine Untersuchung über die Prinzipien der Moral, Hamburg 1972.
Hume, D., Ein Traktat über die menschliche Natur, 2 Bde., Hamburg 1989 und 1978.
Hutcheson, F., Eine Untersuchung über den Ursprung unserer Ideen von Schönheit und Tugend. Über moralisch Gutes und Schlechtes, Hamburg 1986.
Hutcheson, F., Erläuterungen zum moralischen Sinn, Stuttgart 1984.
Kant, I., Kritik der praktischen Vernunft. Grundlegung zur Metaphysik der Sitten, Werkausgabe, Bd. VII, Frankfurt a. M. 1977.
Kant, I., Die Metaphysik der Sitten, Werkausgabe, Bd. VIII, Frankfurt a. M. 1977.
Kant, I., Schriften zur Anthropologie, Geschichtsphilosophie, Politik und Pädagogik 1, Werkausgabe, Bd. XI, Frankfurt a. M. 1977.
Mandeville, B., Die Bienenfabel, Frankfurt a. M. 1968.
Shaftesbury, A. Earl of, Der gesellige Enthusiast. Philosophische Essays, Leipzig 1990.
Smith, A., Theorie der ethischen Gefühle, Hamburg 1985.
Smith, A., Der Wohlstand der Nationen, München [3]1983.

*Literatur*

Gil, Th., Sozialphilosophische Kritik des Zivilisationsprozesses, in: Archiv für Rechts- und Sozialphilosophie, Vol. 1991, LXXVII/Heft 2, 220ff.
Höffe, O., Immanuel Kant, München [2]1988.
Kondylis, P., Die Aufklärung im Rahmen des neuzeitlichen Rationalismus, München 1986.
Mensching, D., Totalität und Autonomie. Untersuchungen zur philosophischen Gesellschaftstheorie des französischen Materialismus, Frankfurt a. M. 1971
Prauss (Hrsg.), Kant. Zur Deutung seiner Theorie von Erkennen und Handeln, Köln 1973.
Schrader, W. H., Ethik und Anthropologie in der englischen Aufklärung. Der Wandel der Moral-Sense-Theorie von Shaftesbury bis Hume, Hamburg 1984.
Topitsch, E., Die Voraussetzungen der Transzendentalphilosophie. Kant in weltanschauungsanalytischer Beleuchtung, Hamburg 1975.
Yovel, Y., Kant and the Philosophy of History, Princeton 1980.

## *Ethik im 19. Jahrhundert*

*Grundlagentexte*

Hegel, G. W. F., Jenaer Schriften 1801–1807, Werke 2, Frankfurt a. M. 1986.
Hegel, G. W. F., Phänomenologie des Geistes, Werke 3, Frankfurt a. M. 1986.
Hegel, G. W. F., Vorlesungen über die Philosophie der Geschichte. Bd. I: Die Vernunft in der Geschichte, Hamburg 1970.
Hegel, G. W. F., Grundlinien der Philosophie des Rechts. Mit Hegels eigenhändigen Randbemerkungen in seinem Handexemplar der Rechtsphilosophie, Hamburg 1967.
Höffe, O. (Hrsg.), Einführung in die utilitaristische Ethik. Klassische und zeitgenössische Texte, Tübingen [2]1992.
Kierkegaard, S., Entweder-Oder, 2 Bde., München 1988.
Marx, K., Frühe Schriften, 2 Bde., hrsg. von H. J. Lieber und P. Furth, Darmstadt 1971.
Marx, K., Das Kapital. Kritik der politischen Ökonomie, Bd. I, Der Produktionsprozeß des Kapitals, Frankfurt a. M. [3]1971.
Mill, J. S., Utilitarianism, On Liberty, Essay on Bentham, together with selected writings of J. Bentham and J. Austin, hrsg. von M. Warnock, Glasgow 1962.
Mill, J. S., Gesammelte Werke, Bd. 1, Aalen 1968.
Nietzsche, Werke. Kritische Gesamtausgabe, hrsg. v. G. Colli und M. Montinari, VI1 und VI2, Berlin 1968.

Schopenhauer, A., Die beiden Grundprobleme der Ethik. Behandelt in zwei akademischen Preisschriften, Kleinere Schriften II, Zürich 1977.
Schopenhauer, A., Aphorismen zur Lebensweisheit, Stuttgart 1980.
Sidgwick, H., Die Methoden der Ethik, 2 Bde., Leipzig 1909.
Stirner, M., Der Einzige und sein Eigentum, Stuttgart 1981.

*Literatur*

Adorno, Th. W., Kierkegaard. Konstruktion des Ästhetischen, Frankfurt a. M. [2]1986.
Braun, E., Friedrich Nietzsche. Die Selbstkonstitution des Menschen, Paderborn 1981.
Deleuze, G., Nietzsche und die Philosophie, Frankfurt a. M. 1985.
Eagleton, T., The Ideology of the Aesthetic, Oxford 1990.
Fahrenbach, H., Kierkegaards existenzdialektische Ethik, Frankfurt a. M. 1968.
Fetscher, I. (Hrsg.), Grundbegriffe des Marxismus. Eine lexikalische Einführung, Hamburg 1976.
Fink, E. Nietzsches Philosophie, Stuttgart [3]1973.
Fleischer, H., Marxismus und Geschichte, Frankfurt a. M. [6]1977.
Gerhardt, V., Pathos und Distanz. Studien zur Philosophie Friedrich Nietzsches, Stuttgart 1988.
Gerhardt, V., Selbstbegründung. Nietzsches Moral der Individualität, in: Nietzsche-Studien, Bd. 21, 1992, 28ff.
Habermas, J., Treffen Hegels Einwände gegen Kant auch auf die Diskursethik zu?, in: J. Habermas, Erläuterungen zur Diskursethik, Frankfurt a. M. 1991, 9ff.
Kaulbach, F., Nietzsches Idee einer Experimentalphilosophie, Köln 1980.
Korsch, K., Karl Marx. Marxistische Theorie und Klassenbewegung, Hamburg 1981.
Lange, E. M., Das Prinzip Arbeit. Drei metakritische Kapitel über Grundbegriffe, Struktur und Darstellung der »Kritik der politischen Ökonomie« von K. Marx, Frankfurt a. M. 1980.
Ludwig, M., Die Sozialethik des John Stuart Mill, Zürich 1963.
Mackay, J. H., Max Stirner. Sein Leben und sein Werk, Berlin 1898.
Maus, H., Die Traumhölle des Justemilieu. Erinnerungen an die Aufgaben der Kritischen Theorie, Frankfurt a. M. 1981.
Oelmüller, W. (Hrsg.), Weiterentwicklungen des Marxismus, Darmstadt 1977.
Pieper, A. (Hrsg.), Geschichte der neueren Ethik, 2 Bde., Tübingen 1992.
Safranski, R., Schopenhauer und die wilden Jahre der Philosophie. Eine Biographie, München 1987.
Sandkühler, H. J., Praxis und Geschichtsbewußtsein. Studie zur materialistischen Dialektik, Erkenntnistheorie und Hermeneutik, Frankfurt a. M. 1973.

Schmidt, A., Der Begriff der Natur in der Lehre von Marx, Frankfurt a. M. [3]1978.
Schmidt, A., Geschichte und Struktur. Fragen einer marxistischen Historik, München 1971.
Sinclair, A. G., Der Utilitarismus bei Sidgwick und Spencer, Heidelberg 1907.
Sloterdijk, P., Der Denker auf der Bühne. Nietzsches Materialismus, Frankfurt a. M. 1986.
Theunissen, M., Greve, W., (Hrsg.), Materialien zur Philosophie Sören Kierkegaards, Frankfurt a. M. 1979.
Trapp, R. W., Nicht-klassischer Utilitarismus - eine Theorie der Gerechtigkeit, Frankfurt a. M. 1988.

## *Ethik im 20. Jahrhundert*

### *Grundlagentexte*

Apel, K. O., Transformation der Philosophie, Bd. 2, Das Apriori der Kommunikationsgemeinschaft, Frankfurt a. M. 1976.
Apel, K. O., Diskurs und Verantwortung. Das Problem des Übergangs zur postkonventionellen Moral, Frankfurt a. M. 1988.
Apel, K. O. (Hrsg.), Sprachpragmatik und Philosophie, Frankfurt a. M. 1976.
Apel, K. O. u. a. (Hrsg.), Praktische Philosophie/Ethik, 2 Bde., Frankfurt a. M. 1980 und 1981.
Apel, K. O., Kettner, M. (Hrsg.), Zur Anwendung der Diskursethik in Politik, Recht und Wissenschaft, Frankfurt a. M. 1992.
Axelrod, R., The Evolution of Co-operation, London 1990.
Beauvoir, S. de, Pour une morale de l'ambiguité, Paris 1974.
Camus, A., Das Frühwerk, Düsseldorf 1956.
Camus, A., Der Mythos von Sisyphos. Ein Versuch über das Absurde, Reinbek [6]1963.
Camus, A., Der Mensch in der Revolte. Essays, Reinbek 1969.
Colby, A., Kohlberg, L., The Measurement of Moral Judgment, Vol. I: Theoretical Foundations and Research Validation, Cambridge 1987.
Dawkins, R., The Selfish Gene, Oxford 1976.
Foucault, M., Der Wille zum Wissen (Sexualität und Wahrheit, Bd. 1), Frankfurt a. M. 1983.
Foucault, M., Der Gebrauch der Lüste (Sexualität und Wahrheit, Bd. 2), Frankfurt a. M. 1989.
Foucault, M., Die Sorge um sich (Sexualität und Wahrheit, Bd. 3), Frankfurt a. M. 1989.
Frankena, W., Analytische Ethik. Eine Einführung, München 1972.
Gäfgen, G., Theorie der wirtschaftlichen Entscheidung, Tübingen [2]1968.
Gilligan, C., Die andere Stimme. Lebenskonflikte und Moral der Frau, München [3]1988.

Grewendorf, G., Meggle, G. (Hrsg.), Seminar: Sprache und Ethik. Zur Entwicklung der Metaethik, Frankfurt a. M. 1974.
Günther, K., Der Sinn für Angemessenheit. Anwendungsdiskurse in Moral und Recht, Frankfurt a. M. 1988.
Habermas, J., Moralbewußtsein und kommunikatives Handeln, Frankfurt a. M. 1983.
Habermas, J., Erläuterungen zur Diskursethik, Frankfurt a. M. 1991.
Hare, R. M., The Language of Morals, Oxford 1964.
Hare, R. M., Moral Thinking. Its Levels, Method and Point, Oxford 1981.
Hartmann, N., Ethik, Berlin [3]1949.
Irigaray, L., Ethik der sexuellen Differenz, Frankfurt a. M. 1991.
Jonas, H., Das Prinzip Verantwortung. Versuch einer Ethik für die technologische Zivilisation, Frankfurt a. M. 1979.
Kohlberg, L., Zur kognitiven Entwicklung des Kindes. Drei Aufsätze, Frankfurt a. M. 1974.
Kohlberg, L., Essays on Moral Development, Vol. II: The Psychology of Moral Development. The Nature and Validity of Moral Stages, San Francisco 1984.
Kohlberg. L., Eine Neuinterpretation der Zusammenhänge zwischen der Moralentwicklung in der Kindheit und im Erwachsenenalter, in: Döbert, R., Habermas, J., Nunner-Winkler, G., (Hrsg.), Entwicklung des Ichs, Köln [2]1980, 225 ff.
Kohlberg, L., Der »Just Community«-Ansatz der Moralerziehung in Theorie und Praxis, in: Oser, F., Fatke, R., Höffe, O. (Hrsg.), Transformation und Entwicklung. Grundlagen der Moralerziehung, Frankfurt a. M. 1986.
Kohlberg, L., Boyd, D. R., Levine, Ch., Die Wiederkehr der sechsten Stufe: Gerechtigkeit, Wohlwollen und der Standpunkt der Moral, in: Edelstein, W., Nunner-Winkler, G. (Hrsg.), Zur Bestimmung der Moral. Philosophische und sozialwissenschaftliche Beiträge zur Moralforschung, Frankfurt a. M. 1986, 205 ff.
Levinas, E., Totalität und Unendlichkeit. Versuch über die Exteriorität, Freiburg i. Br. 1987.
MacIntyre, A., Der Verlust der Tugend. Zur moralischen Krise der Gegenwart, Frankfurt a. M. 1987.
Mackie, J. L., Ethics. Inventing Right and Wrong, London 1977.
Mead, G. H., Geist, Identität und Gesellschaft aus der Sicht des Sozialbehaviorismus, Frankfurt a. M. 1968.
Mead, G. H., Sozialpsychologie, Neuwied 1969.
Moore, G. E., Principia Ethica, Cambridge 1959.
Morgenstern, O., Spieltheorie und Wirtschaftswissenschaft, Wien [2]1966.
Nunner-Winkler, G. (Hrsg.), Weibliche Moral. Die Kontroverse um eine geschlechtsspezifische Ethik, Frankfurt a. M. 1991.
Piaget, J., Das moralische Urteil beim Kinde, Zürich 1954.
Rapoport, A., Fights, Games and Debates, Michigan [4]1970.
Rawls, J., Eine Theorie der Gerechtigkeit, Frankfurt a. M. 1975.
Rawls, J., Gerechtigkeit als Fairneß, Freiburg i. Br. 1977.

Sartre, J. P., Das Sein und das Nichts. Versuch einer phänomenologischen Ontologie, Reinbek 1962.
Sartre, J. P., Kritik der dialektischen Vernunft, Bd. 1, Theorie der gesellschaftlichen Praxis, Reinbek 1967.
Sartre, J. P., Drei Essays. Ist der Existentialismus ein Humanismus? Materialismus und Revolution. Betrachtungen zur Judenfrage, Frankfurt a. M. 1968.
Sartre, J. P., Marxismus und Existentialismus, in: Oelmüller, W. (Hrsg.), Weiterentwicklungen des Marxismus, Darmstadt 1977.
Sartre, J. P., Cahiers pour une morale, Paris 1983.
Scheler, M., Der Formalismus in der Ethik und die materiale Wertethik. Neuer Versuch der Grundlegung eines ethischen Personalismus, Bern [4]1954.
Stevenson, Ch. L., Ethics and Language, New Haven 1944.
Taylor, Ch., Negative Freiheit? Zur Kritik des neuzeitlichen Individualismus, Frankfurt a. M. 1988.
Taylor, Ch., Sources of the Self. The Making of the Modern Identity, Cambridge 1992.
Tugendhat, E., Probleme der Ethik, Stuttgart 1984.
Tugendhat, E., Ethik und Politik, Frankfurt a. M. 1992.
Tugendhat, E., Philosophische Aufsätze, Frankfurt a. M. 1992.
Walzer, M., Sphären der Gerechtigkeit. Ein Plädoyer für Pluralität und Gleichheit, Frankfurt a. M. 1992.
Wilson, E. O., Sociobiology, London 1975.
Wilson, E. O., On Human Nature, New York 1979.

*Literatur*

Beasley, J. D., The Mathematics of Games, Oxford 1990.
Derrida, J., Die Schrift und die Differenz, Frankfurt a. M. 1976.
Dreyfus, H. L., Rabinow, P., Michel Foucault. Jenseits von Strukturalismus und Hermeneutik, Frankfurt a. M. 1987.
Dummett, M., Ursprünge der analytischen Philosophie, Frankfurt a. M. 1992.
Furth, H. G., Intelligenz und Erkennen. Die Grundlagen der genetischen Erkenntnistheorie Piagets, Frankfurt a. M. 1976.
Gil, Th., Handlungsräume und Naturverhältnisse. Zur Kritik des ökologischen und des technokratischen Naturalismus, in: Bien, G., Gil, Th., Wilke, J. (Hrsg.), »Natur« im Umbruch, Stuttgart 1993.
Gil, Th., Die postmoderne Vernunftkritik. Zur Philosophie M. Foucaults, J. F. Lyotards und J. Baudrillards, in: Braun, E. (Hrsg.), Die Zukunft der Vernunft, Würzburg 1993.
Gould, S. J., Ever since Darwin. Reflections in Natural History, London 1977.
Habermas, J., Nachmetaphysisches Denken. Philosophische Aufsätze, Frankfurt a. M. 1988.
Hartmann, K., Grundzüge der Ontologie Sartres in ihrem Verhältnis zu Hegels Logik, Berlin 1963.

Höffe, O., Ethik und Politik. Grundmodelle und -probleme der praktischen Philosophie, Frankfurt a. M. 1979.
Höffe, O., Strategien der Humanität. Zur Ethik öffentlicher Entscheidungsprozesse, Frankfurt a. M. 1985.
Honneth, A., Grenzen des Liberalismus. Zur politisch-ethischen Diskussion um den Kommunitarismus, in: Phil. Rundschau, 38. Jahrgang, Heft 1–2, 1991, 83ff.
Joas, H., Praktische Intersubjektivität. Die Entwicklung des Werkes von G. H. Mead, Frankfurt a. M. 1989.
Kampits, P., Sartre und die Frage nach dem Anderen. Eine sozialontologische Untersuchung, Wien 1975.
Kaulbach, F., Ethik und Metaethik. Darstellung und Kritik metaethischer Argumente, Darmstadt 1974.
König, T. (Hrsg.), Sartre. Ein Kongreß, Reinbek 1988.
Martens, E., Schnädelbach, H. (Hrsg.), Philosophie. Ein Grundkurs, Reinbek 1985.
Mulhall, S., Swift, A., Liberals and Communitarians, Oxford 1992.
Nida-Rümelin, J., Entscheidungstheorie und Ethik, München 1987.
Oelmüller, W. (Hrsg.), Materialen zur Normendiskussion, Bd. 1: Transzendentalphilosophische Normenbegründungen, Paderborn 1978.
Pieper, A. (Hrsg.), Geschichte der neueren Ethik, Bd. 2, Tübingen 1992.
Schlette, H. R., Albert Camus: Welt und Revolte, Freiburg i. Br. 1980.
Schmid, W., Auf der Suche nach einer neuen Lebenskunst. Die Frage nach dem Grund und die Neubegründung der Ethik bei Foucault, Frankfurt a. M. 1991.
Schmid, W. (Hrsg.), Denken und Existenz dei Michel Foucault, Frankfurt a. M. 1991.
Schnädelbach, H., Philosophie in Deutschland 1831–1933, Frankfurt a. M. 1983.
Stegmüller, W., Hauptströmungen der Gegenwartsphilosophie. Eine kritische Einführung, Bde. 1 und 2, Stuttgart 1975 bzw. 1976.
Warnock, M., Ethics since 1900, Oxford [3]1978.
Wellmer, A., Ethik und Dialog. Elemente des moralischen Urteils bei Kant und in der Diskursethik, Frankfurt a. M. 1986.

## *Ethische Reflexion in der Risikogesellschaft*

### *Literatur*

Alexy, R., Theorie der Grundrechte, Frankfurt a. M. 1986.
Apel, K. O., Diskurs und Verantwortung. Das Problem des Übergangs zur postkonventionellen Moral, Frankfurt a. M. 1988.
Bayertz, K. (Hrsg.), Praktische Philosophie. Grundorientierungen angewandter Ethik, Reinbek 1991.
Beck, U., Risikogesellschaft. Auf dem Wege in eine andere Moderne, Frankfurt a. M. 1986.

Beck, U., Gegengifte. Die organisierte Unverantwortlichkeit, Frankfurt a. M. 1988.
Beck, U., Politik in der Risikogesellschaft. Essays und Analysen, Frankfurt a. M. 1991.
Beck, U., Beck-Gernsheim, E., Das ganz normale Chaos der Liebe, Frankfurt a. M. 1990.
Bell, D., Die nachindustrielle Gesellschaft, Reinbek 1979.
Bien, G., Philosophische Reflexionen zum Problem der Ökologie, in: K. H. Erdmann (Hrsg.), Perspektiven menschlichen Handelns: Umwelt und Technik, Berlin 1992, 39 ff.
Birnbacher, D. (Hrsg.), Ökologie und Ethik, Stuttgart 1986.
Böhme, G., van den Daele, W., Hohlfeld, R., Krohn, W., Schäfer, W., Spengler, T., Die gesellschaftliche Orientierung des wissenschaftlichen Fortschritts (Starnberger Studien I), Frankfurt a. M. 1978.
Bungard, W., Lenk, H. (Hrsg.), Technikbewertung. Philosophische und psychologische Perspektiven, Frankfurt a. M. 1988.
Czempiel, E. O., Friedensstrategien. Systemwandel durch Internationale Organisationen, Demokratisierung und Wirtschaft, Paderborn 1986.
van den Daele, W., Mensch nach Maß? Ethische Probleme der Genmanipulation und Gentherapie, München 1985.
van den Daele, W., Krohn, W., Weingart, P. (Hrsg.), Geplante Forschung. Vergleichende Studien über den Einfluß politischer Programme auf die Wissenschaftsentwicklung, Frankfurt a. M. 1979.
Dworkin, R., Bürgerrechte ernstgenommen, Frankfurt a. M. 1990.
Fischer, E. P., Schleuning, W.-D. (Hrsg.), Vom richtigen Umgang mit Genen, München 1991.
Gil, Th., Ethik in der Risikogesellschaft, in: Concordia. Internationale Zeitschrift für Philosophie, 22, 1992, 21 ff.
Gil, Th., Ethikbedarf in der Risikogesellschaft, in: Die neue Ordnung, 46. Jahrgang, Heft 3, Juni 1992, 206 ff.
Gil, Th., Handlungsräume und Naturverhältnisse. Zur Kritik des ökologischen und des technokratischen Naturalismus, in: Bien, G., Gil, Th., Wilke, J. (Hrsg), »Natur« im Umbruch, Stuttgart 1993.
Günther, K., Der Sinn für Angemessenheit. Anwendungsdiskurse in Moral und Recht, Frankfurt a. M. 1988.
Habermas, J., Faktizität und Geltung. Beiträge zur Diskurstheorie des Rechts und des demokratischen Rechtsstaates, Frankfurt a. M. 1992.
Hack, L., Vor Vollendung der Tatsachen. Die Rolle von Wissenschaft und Technologie in der dritten Phase der Industriellen Revolution, Frankfurt a. M. 1988.
Hastedt, H., Aufklärung und Technik. Grundprobleme einer Ethik der Technik, Frankfurt a. M. 1991.
Hengsbach, F., Wirtschaftsethik. Aufbruch. Konflikte. Perspektiven, Freiburg i. Br. 1991.
Höffe, O., Sittlich-politische Diskurse. Philosophische Grundlagen. Politische Ethik. Biomedizinische Ethik, Frankfurt a. M. 1981.

Höffe, O., Strategien der Humanität. Zur Ethik öffentlicher Entscheidungsprozesse, Frankfurt a. M. 1985.
Höffe, O., Politische Gerechtigkeit. Grundlegung einer kritischen Philosophie von Recht und Staat, Frankfurt a. M. 1989.
Höffe, O., Plädoyer für eine judikativ-kritische Forschungsethik, in: H. Lenk (Hrsg.), Wissenschaft und Ethik, Stuttgart 1991.
Joerges, B. (Hrsg.), Technik im Alltag, Frankfurt a. M. 1988.
Kant, I., Schriften zur Anthropologie, Geschichtsphilosophie, Politik und Pädagogik 1, Werkausgabe, Bd. XI, Frankfurt a. M. 1977.
Kern, H., Schumann, M., Das Ende der Arbeitsteilung? Rationalisierung in der industriellen Produktion, München 1984.
Koslowski, P., Ethik des Kapitalismus, Tübingen 1986.
Koslowski, P., Prinzipien der Ethischen Ökonomie. Grundlegung der Wirtschaftsethik und der auf die Ökonomie bezogenen Ethik, Tübingen 1988.
Kreibich, R., Die Wissenschaftsgesellschaft. Von Galilei zur High-Tech-Revolution, Frankfurt a. M. 1986.
Krohn, W., Küppers, G., Die Selbstorganisation der Wissenschaft, Frankfurt a. M. 1989.
Küppers, G., Lundgreen, P., Weingart, P., Umweltforschung – die gesteuerte Wissenschaft? Eine empirische Studie zum Verhältnis von Wissenschaftsentwicklung und Wissenschaftspolitik, Frankfurt a. M. 1978.
Lenk, H., Zur Sozialphilosophie der Technik, Frankfurt a. M. 1982.
Lenk, H., Zwischen Wissenschaft und Ethik, Frankfurt a. M. 1992.
Lenk, H. (Hrsg.), Wissenschaft und Ethik, Stuttgart, 1991.
Markl, H., Natur als Kulturaufgabe. Über die Beziehung des Menschen zur lebendigen Natur, München 1991.
Matthes, J. (Hrsg.), Krise der Arbeitsgesellschaft? Verhandlungen des 21. Deutschen Soziologentages in Bamberg 1982, Frankfurt a. M. 1983.
Meyer, Th. (Hrsg.), Fundamentalismus in der modernen Welt, Frankfurt a. M. 1989.
Mittelstraß, J., Die Möglichkeit von Wissenschaft, Frankfurt a. M. 1974.
Mittelstraß, J., Die Leonardo-Welt. Über Wissenschaft, Forschung und Verantwortung, Frankfurt a. M. 1992.
Münch, R., Dialektik der Kommunikationsgesellschaft, Frankfurt a. M. 1991.
Nagel, E., Ethik und Handlungstheorie, in: Jahrbuch für christliche Sozialwissenschaften, 21. Bd., 1980, 179ff.
Nagel, Th., Mortal Questions, Cambridge 1979.
Negt, O., Kluge, A., Maßverhältnisse des Politischen. 15 Vorschläge zum Unterscheidungsvermögen, Frankfurt a. M. 1992.
Offe, C., »Arbeitsgesellschaft«: Strukturprobleme und Zukunftsperspektiven, Frankfurt a. M. 1984.
Offe, C.,. Hinrichs, K., Wiesenthal, H. (Hrsg.), Arbeitszeitpolitik. Formen und Folgen einer Neuverteilung der Arbeitszeit, Frankfurt a. M. 1982.

Perrow, Ch., Normale Katastrophen. Die unvermeidbaren Risiken der Großtechnik, Frankfurt a. M. 1989.
Rapp, F., Analytische Technikphilosophie, Freiburg i. Br. 1978.
Rawls, J., Eine Theorie der Gerechtigkeit, Frankfurt a. M. 1975.
Ropohl, G., Technologische Aufklärung. Beiträge zur Technikphilosophie, Frankfurt a. M. 1991.
Schulze, G., Die Erlebnisgesellschaft. Kultursoziologie der Gegenwart, Frankfurt a. M. 1992.
Solla Price, D. J. de, Little Science, Big Science. Von der Studierstube zur Großforschung, Frankfurt a. M. 1974.
Touraine, A., Die postindustrielle Gesellschaft, Frankfurt a. M. 1972.
Tugendhat, E., Ethik und Politik, Frankfurt a. M. 1992.
Ullrich, O., Technik und Herrschaft. Vom Hand-Werk zur verdinglichten Blockstruktur industrielller Produktion, Frankfurt a. M. 1979.
Ulrich, P., Transformation der ökonomischen Vernunft. Fortschrittsperspektiven der modernen Industriegesellschaft, Bern [2]1987.
Weinberg, A. M., Probleme der Großforschung, Frankfurt a. M. 1970.
Weingart, P., Wissensproduktion und soziale Struktur, Frankfurt a. M. 1976.
Weingart, P. (Hrsg.), Technik als sozialer Prozeß, Frankfurt a. M. 1989.
Wendt, W. R., Eignung. Ethische Erwägungen, Frankfurt a. M. 1989.

# Namenregister


Adorno, Th.W. 180
Aicher, O. 32, 177
Albertus Magnus 28
Alexy, R. 184
Altaner, B. 28, 177
Althusser, L. 82
Anscombe, G.E.M. 117
Antisthenes 19
Apel, K.O. XIII, 136ff., 181, 184
Aristophanes 5
Aristoteles VIII, 2, 3, 4, 7, 13ff., 175
Augustinus 27, 28
Axelrod, R. 181
Ayer, A.J. 113

Bachelard, G. 11
Baier, K. 116
Bauer, B. 84
Bayertz, K. 184
Beasley, J.D. 183
Beauvoir, S. de 122, 182
Beck, U. 146ff., 155, 156, 158, 184, 185
Beck-Gernsheim, E. 158, 185
Bell, D. 146, 185
Bentham, J. 58, 95ff.
Bergson, H. 107
Bien, G. 16, 164, 176, 185
Birnbacher, D. 185
Bloch, E. 38, 177
Böhme, G. 176, 185
Borinski, K. 44, 177
Boyd, D.R. 182
Bradley, F.H. 112
Braun, E. 180
Broad, C.D. 113
Bröcker, W. 176
Bungard, W. 161, 185
Burke, P. 41, 177

Campanella, T. 39, 177
Camus, A. 116ff., 182
Carnap, R. 111
Carrit, E.F. 113
Chenu, M.D. 29, 177
Chrysippos 22
Cicero 22, 41
Clarke, S. 64
Colby, A. 127, 182
Condorcet 58, 178
Conrad, Th. 107
Conrad-Martius, H. 107
Conzelmann, H. 26, 27, 177
Czempiel, E.O. 185

Daele, W. van den 173, 185
d'Alembert, J.L. 56, 57, 178
Davidson, D. 111
Dawkins, R. 181
Deleuze, G. 180
Demokrit 21
Dempf, A. 27, 28, 175
Derrida, J. 183
Descartes, R. XIII, 46ff., 177
Dewey, J. 113, 127
d'Holbach, P.Th. 54ff., 178
Diderot, D. 20, 56, 178
Dilthey, W. 107
Diogenes Laertius 41, 175
Diogenes von Sinope 18ff.
Döbert, R. 129, 182
Dreyfus, H.L. 183
Düsing, K. 71
Dummett, M. 111, 183
Dworkin, R. 174, 185

Eagleton, T. 85, 101, 180
Elkaïm-Sartre, A. 121
Epiktet 22, 24, 175
Epikur 20ff., 175
Erikson, E.H. 129

Eucken, R. 107
Eudoxos 11

Fahrenbach, H. 180
Fatke, R. 182
Fetscher, I. 180
Feuerbach, L. 83, 84, 87
Fink, E. 180
Fischer, E.P. 185
Flasch, K. 31, 32, 33, 177
Fleischer, H. 82, 175, 180
Forschner, M. 22, 23, 176
Foucault, M. XIV, 3, 24, 142f., 181
Frankena, W. 112, 181
Furth, P. 183

Gadamer, H.G. 15
Gäfgen, G. 181
Galilei, G. 34
Gamm, G. 175
Gauthier, D.P. 116
Gehrmann, W. 162
Geiger, M. 107
Gerhardt, V. 105, 106, 180
Gilligan, C. XIV, 130ff., 142, 181
Gilson, E. 28, 177
Ginés de Sepúlveda, J. 36
Goethe, J.W. 61
Gould, S.J. 139, 140, 183
Gracián, B. 40, 44ff., 89, 177
Greindl, G. 177
Grewendorf, G. 111, 114, 115, 182
Günther, K. 145, 146, 182, 185

Habermas, J. XIII, 53, 74, 129, 135, 136ff., 172, 180, 182, 183, 185
Hack, L. 161, 185
Hadot, P. 3, 24, 176
Hamilton, B. 35, 37, 178
Hare, R.M. 115, 127, 182
Harnack, A. 177
Hart, H.L.A. 116
Hartmann, N. 109ff., 182, 183
Hastedt, H. 161, 185
Hegel, G.W.F. XI, XIII, 8f. 25, 74ff., 81, 85, 175, 179
Helvetius, C.A. 54ff., 95, 178
Hengsbach, F. 185
Henrich, K. 19, 176
Herder, J.G. 61
Hering, J. 107
Herodot 78
Hildebrand, D. von 107
Hinrichs, K. 186
Höffe, O. 14, 96, 97, 99, 131, 140, 153, 172, 175, 176, 179, 182, 184, 185, 186
Höllhuber, I. 35, 37, 178
Hohlfeld, R. 185
Honneth, A. 135, 184
Hossenfelder, M. 176
Howald, E. 27, 28, 175
Hume, D. XIII, 58ff., 178
Husserl, E. 107
Hutcheson, F. XIV, 60, 63ff., 73, 178

Ingarden, R. 107
Irigaray, L. 142, 182

Jaeger, W. 176
James, W. 113
Jeremias, J. 177
Jesus von Nazareth 25, 26
Joas, H. 184
Jodl, F. 23, 56, 71, 175
Joerges, B. 160, 186
Johannes 26, 27
Jonas, H. 141, 182
Joseph, H.W.B. 113

Kampits, P. 184
Kant, I. XI, XIII, 52, 53, 61, 66, 67, 68ff., 74ff., 90, 91, 108, 127, 128, 171, 178, 186
Kaufmann, F. 107
Kaulbach, F. 105, 180, 184
Kern, H. 186
Kierkegaard, S. 81, 85ff., 117, 179
Kimmerle, G. 175
Kleantes 21

Kluge, A. 166, 186
Kluxen, W. 29, 30, 177
König, T. 184
Kohlberg, L. 127ff., 131, 141, 181, 182
Kondylis, P. 179
Kopernikus, N. 34
Korsch, K. 180
Koslowski, P. 186
Koselleck, R. 53
Koyré, A. 107
Krämer, H. 175
Krämling, G. 71
Kreibich, R. 147, 186
Krohn, W. 157, 185, 186
Künzli, A. 173
Küppers, G. 157, 163, 186

La Mettrie, J.O. de 56
Lange, E.M. 180
Larmore, Ch.E. 134
La Rochefoucauld, F. 40, 42ff., 56, 177
Las Casas, B. de 36
Leibniz, G.W. 61
Lenk, H. 161, 185, 186
Levinas, E. 122f., 182
Levine, Ch. 182
Liebmann, O. 107
Litt, Th. 27, 28, 175
Locke, J. 54, 61
Lohse, E. 26, 177
Ludwig, M. 180
Lukrez 41
Lundgreen, P. 163, 186

MacIntyre, A. XIV, 134, 175, 182
Mackay, J.H. 180
Mackie, J.L. 116, 182
Mandeville, B. XIII, 60, 63, 66f., 178
Marc Aurel 22, 24, 176
Markl, H. 164, 186
Martens, E. 110, 184
Martin, G. 5, 8, 9, 10, 11, 176
Marx, K. 17, 81ff., 160, 179
Matthes, J. 186
Maus, H. 180
Mead, G.H. 135f., 182
Meggle, G. 111, 114, 115, 182
Mendelssohn, M. 61
Mensching, D. 54, 56, 57, 179
Meyer, Th. 173, 186
Mill, J.S. 95, 97ff., 112, 179
Mittelstraß, J. 165, 186
Molina, L. de 35ff.
Montaigne, M. de 40ff.
Moore, G.E. 111ff., 182
Morgenstern, O. 182
Morus, Th. 38f., 177
Münch, R. 147, 186
Mulhall, S. 135
Musonius 22

Nagel, E. 186
Nagel, Th. 175, 186
Negt, O. 166, 186
Newton, I. 70
Nida-Rümelin, J. 140
Niehues-Pröbsting, H. 19, 176
Nietzsche, F. 101ff., 179
Nowell-Smith, P.H. 116
Nunner-Winkler, G. 182
Nussbaum, M. XIV, 14, 176

Oelmüller, W. 82, 175, 180
Offe, C. 150, 186
Ogden, C.K. 113
Oser, F. 182

Panaitios 22
Paulus 27
Perrow, Ch. 187
Perry, R.B. 113
Pfürtner, S.H. 175
Piaget, J. 123ff., 127, 141, 182
Pieper, A. 140, 175, 180
Plato XIII, 2, 3, 4, 5, 8, 9ff., 13, 14, 128, 176
Poseidonius 22
Prauss, G. 179
Prichard, H.A. 113

Quine, W.v.O. 111

Rabinow, P. 183
Rapoport, A. 182
Rapp, F. 187
Rawls, J. XIII, 127, 131ff., 161, 171, 172, 182, 187
Reinach, A. 107
Richards, I.A. 113
Ropohl, G. 159, 187
Rosenblum, N.L. 134
Ross, D. 113
Rousseau, J.J. 58, 94

Safranski, R. 180
Sandel, M. 134
Sandkühler, H.J. 180
Santayana, G. 129
Sartre, J.P. 119ff., 183
Schäfer, W. 185
Scheler, M. 107ff., 183
Scherer, G. 177
Schillebeeckx, E. 25, 27, 177
Schiller, F. 61
Schleuning, W.D. 185
Schmidt, A. 181
Schnädelbach, H. 110, 184
Schönberger, R. 177
Schopenhauer, A. XIV, 44, 89ff., 180
Schrader, W.H. 63, 179
Schulz, W. 14, 175
Schulze, G. 187
Schumann, M. 186
Seneca 22, 24, 41, 89, 176
Sextus Empiricus 41
Shaftesbury, A. Earl of XIV, 56, 57, 60ff., 72, 178
Sidgwick, H. 100, 180
Silber, J. 71
Simmel, G. 107
Sinclair, A.G. 181
Singer, M. 116
Singer, P. 71, 175
Sloterdijk, P. 20, 101, 181
Smith, A. XIII, XIV, 60, 66f., 178
Sokrates XIII, 2, 3, 4, 5ff., 9, 18
Solla Price, D.J. de 187
Soto, D. de 35ff.
Specht, R. 178
Spencer, H. 112
Spengler, T. 185
Spinoza, B. de 48ff., 128, 177
Stegmüller, W. 110, 184
Stein, E. 107
Steinvorth, U. 175
Stevenson, C.L. 113ff., 183
Stirner, M. 81, 84, 87ff., 180
Stumpf, C. 107
Suárez, F. 35ff.
Swift, A. 135

Taylor, Ch. 116, 134, 183
Theaitetos 11
Theunissen, M. 85, 181
Thomas von Aquin 28ff. 36, 176
Thukydides 78
Topitsch, E. 71, 179
Touraine, A. 146, 187
Trapp, R.W. 101, 181
Tugendhat, E. 175, 183, 187

Ullrich, O. 156, 187
Ulrich, P. 187
Urmson, J.O. 113

Vitoria, F. de 35ff., 177
Vossenkuhl, W. 32, 177
Voßkamp, W. 178

Walther, M. 178
Walzer, M. 134, 183
Warnock, G.J. 116
Warnock, M. 113, 184
Weber, M. IX
Weinberg, A.M. 187
Weingart, P. 163, 185, 186, 187
Wellmer, A. 184
Wendt, W.R. 187
Whitehead, A.N. 9
Wieland, Ch.M. 61
Wiesenthal, H. 186
Wilamowitz-Moellendorff, U. von 176

Wilhem von Ockham 31 ff., 176
Williams, B. XIV, 175
Wilson, E.O. 139f., 183
Wittgenstein, L. 111
Wörner, M. 176
Wollaston, W.H. 64

Xenophon 5

Yovel, Y. 71, 179

Zelding, M.B. 71
Zenon aus Kition 22

# Angaben zum Autor

Thomas Gil, geboren 1954, Dr. phil. habil., Hochschuldozent an der Universität Stuttgart sowie Honorarprofessor.

Veröffentlichungen:
»Das Handlungskonzept in der ›Historik‹ J. G. Droysens« (1981); »Kulturtheorie. Ein Grundmodell praktischer Philosophie« (2. Auflage, 1992); »Kritik der Geschichtsphilosophie. L. von Rankes, J. Burckhardts und H. Freyers Problematisierung der klassischen Geschichtsphilosophie (1993) und (zusammen mit G. Bien und J. Wilke als Herausgeber) »›Natur‹ im Umbruch?» (1993) sowie zahlreiche Aufsätze zu Themen der praktischen Philosophie und der Wissenschaftstheorie der Sozial- und Kulturwissenschaften.

# Sammlung Metzler

*Mediävistik*

SM 7 Hoffmann, *Nibelungenlied*
SM 14 Eis, *Mittelalterliche Fachliteratur*
SM 15 Weber, *Gottfried von Strasburg*
SM 32 Wisniewski, *Kudrun*
SM 33 Soeteman, *Deutsche geistliche Dichtung des 11. und 12. Jh.*
SM 36 Bumke, *Wolfram von Eschenbach*
SM 40 Halbach, *Walther von der Vogelweide*
SM 64 Hoffmann, *Altdeutsche Metrik*
SM 67 von See, *Germanische Verskunst*
SM 72 Düwel, *Einführung in die Runenkunde*
SM 78 Schier, *Sagaliteratur*
SM 103 Sowinski, *Lehrhafte Dichtung des Mittelalters*
SM 135 Kartschoke, *Altdeutsche Bibeldichtung*
SM 140 Murdoch/Groseclose, *Die althochdeutschen poetischen Denkmäler*
SM 151 Haymes, *Das mündliche Epos*
SM 205 Wisniewski, *Mittelalterliche Dietrich-Dichtung*
SM 244 Schweikle, *Minnesang*
SM 249 Gottzmann, *Artusdichtung*
SM 253 Schweikle, *Neidhart*

*Deutsche Literaturgeschichte*

SM 6 Schlawe, *Literarische Zeitschriften 1898–1910*
SM 24 Schlawe, *Literarische Zeitschriften 1910–1933*
SM 25 Anger, *Literarisches Rokoko*
SM 47 Steinmetz, *Die Komödie der Aufklärung*
SM 68 Kimpel, *Der Roman der Aufklärung (1670–1774)*
SM 75 Hoefert, *Das Drama des Naturalismus*
SM 81 Jost, *Literarischer Jugendstil*
SM 128 Meid, *Der deutsche Barockroman*
SM 129 King, *Literarische Zeitschriften 1945–1970*
SM 142 Ketelsen, *Völkisch-nationale und nationalsozialistische Literatur in Deutschland 1890–1945*
SM 144 Schutte, *Lyrik des deutschen Naturalismus (1885–1893)*
SM 157 Aust, *Literatur des Realismus*
SM 170 Hoffmeister, *Deutsche und europäische Romantik*
SM 174 Wilke, *Zeitschriften des 18. Jh. I: Grundlegung*
SM 175 Wilke, *Zeitschriften des 18. Jh. II: Repertorium*
SM 209 Alexander, *Das deutsche Barockdrama*
SM 210 Krull, *Prosa des Expressionismus*
SM 225 Obenaus, *Lit. und politische Zeitschriften 1830–1848*
SM 227 Meid, *Barocklyrik*
SM 229 Obenaus, *Lit. und politische Zeitschriften 1848–1880*
SM 234 Hoffmeister, *Deutsche und europäische Barockliteratur*
SM 238 Huß-Michel, *Lit. und politische Zeitschriften des Exils 1933–1945*
SM 241 Mahoney, *Roman der Goethezeit*
SM 247 Cowen, *Das deutsche Drama im 19. Jh.*
SM 250 Korte, *Geschichte der deutschen Lyrik seit 1945*

*Gattungen*
SM 9 Rosenfeld, *Legende*
SM 12 Nagel, *Meistersang*
SM 16 Lüthi, *Märchen*
SM 52 Suppan, *Volkslied*
SM 53 Hain, *Rätsel*
SM 63 Boeschenstein-Schäfer, *Idylle*
SM 66 Leibfried, *Fabel*
SM 77 Straßner, *Schwank*
SM 85 Boerner, *Tagebuch*
SM 101 Grothe, *Anekdote*
SM 116 Guthke, *Das deutsche bürgerliche Trauerspiel*
SM 133 Koch, *Das deutsche Singspiel*
SM 145 Hein, *Die Dorfgeschichte*
SM 154 Röhrich/Mieder, *Sprichwort*
SM 155 Tismar, *Kunstmärchen*
SM 164 Siegel, *Die Reportage*
SM 166 Köpf, *Märendichtung*
SM 172 Würffel, *Das deutsche Hörspiel*
SM 177 Schlütter u. a., *Sonett*
SM 191 Nusser, *Der Kriminalroman*
SM 200 Freund, *Die literarische Parodie*
SM 208 Fricke, *Aphorismus*
SM 214 Selbmann, *Der deutsche Bildungsroman*
SM 216 Marx, *Die deutsche Kurzgeschichte*
SM 226 Schulz, *Science Fiction*
SM 232 Barton, *Das Dokumentartheater*
SM 248 Hess, *Epigramm*
SM 256 Aust, *Novelle*
SM 257 Schmitz, *Das Volksstück*
SM 260 Nikisch, *Brief*
SM 262 Nusser, *Trivialliteratur*
SM 274 Siebenhaar, *Drama des Expressionismus*

*Autoren und Autorinnen*
SM 60 Fehr, *Jeremias Gotthelf*
SM 65 Guthke, *Gotthold Ephraim Lessing*
SM 71 Helmers, *Wilhelm Raabe*
SM 76 Mannack, *Andreas Gryphius*
SM 80 Kully, *Johann Peter Hebel*
SM 84 Boeschenstein, *Gottfried Keller*
SM 90 Winkler, *Stefan George*
SM 92 Hein, *Ferdinand Raimund*
SM 94 Könneker, *Hans Sachs*
SM 96 van Ingen, *Philipp von Zesen*
SM 97 Asmuth, *Daniel Casper von Lohenstein*
SM 99 Weydt, *H. J. Chr. von Grimmelshausen*
SM 102 Fehr, *Conrad Ferdinand Meyer*
SM 105 Prangel, *Alfred Döblin*
SM 107 Hoefert, *Gerhart Hauptmann*
SM 113 Bender, *J. J. Bodmer und J. J. Breitinger*
SM 114 Jolles, *Theodor Fontane*
SM 124 Saas, *Georg Trakl*
SM 131 Fischer, *Karl Kraus*

SM 134 Christiansen, *Fritz Reuter*
SM 138 Dietz, *Franz Kafka*
SM 143 Jörgensen, *Johann Georg Hamann*
SM 153 Schneider, *Annette von Droste-Hülshoff*
SM 156 Steiner, *Georg Forster*
SM 159 Knapp, *Georg Büchner*
SM 163 Pape, *Wilhelm Busch*
SM 171 Peter, *Friedrich Schlegel*
SM 173 Petersen, *Max Frisch*
SM 178 Paul, *August Strindberg*
SM 179 Neuhaus, *Günter Grass*
SM 180 Barnouw, *Elias Canetti*
SM 185 Paulin, *Ludwig Tieck*
SM 186 Naumann, *Adalbert Stifter*
SM 189 Haupt, *Heinrich Mann*
SM 192 Weißert, *Ballade*
SM 195 Schrimpf, *Karl Philipp Moritz*
SM 196 Knapp, *Friedrich Dürrenmatt*
SM 197 Schulz, *Heiner Müller*
SM 201 Kaempfer, *Ernst Jünger*
SM 203 Korte, *Georg Heym*
SM 207 Wehdeking, *Alfred Andersch*
SM 211 Hansen, *Thomas Mann*
SM 213 Riley, *Clemens Brentano*
SM 215 Wackwitz, *Friedrich Hölderlin*
SM 218 Renner, *Peter Handke*
SM 221 Kretschmer, *Christian Morgenstern*
SM 223 Dietschreit/Henze-Dietschreit, *Hans Magnus Enzensberger*
SM 224 Hilzinger, *Christa Wolf*
SM 230 Vinçon, *Frank Wedekind*
SM 231 Lowsky, *Karl May*
SM 233 Winter, *Jakob Michael Reinhold Lenz*
SM 237 Mayer, *Eduard Mörike*
SM 239 Perlmann, *Arthur Schnitzler*
SM 240 Wichmann, *Heinrich von Kleist*
SM 242 Bartsch, *Ingeborg Bachmann*
SM 243 Kaiser, *E. T. A. Hoffmann*
SM 245 Dietschreit, *Lion Feuchtwanger*
SM 254 Späth, *Rolf Dieter Brinkmann*
SM 258 Hein, *Johann Nestroy*
SM 261 Sammons, *Heinrich Heine*
SM 272 Sowinski, *Heinrich Böll*
SM 273 Mayer, *Hugo von Hofmannsthal*
SM 275 Schrade, *Anna Seghers*

*Einführungen, Methodenlehre*

SM 1 Raabe, *Einführung in die Bücherkunde zur dt. Literaturwissenschaft*
SM 13 Bangen, *Die schriftliche Form germanistischer Arbeiten*
SM 28 Frenzel, *Stoff-, Motiv- und Symbolforschung*
SM 41 Hermand, *Literaturwissenschaft und Kunstwissenschaft*
SM 59 Behrmann, *Einführung in die Analyse von Prosatexten*
SM 79 Weber-Kellermann/Bimmer, *Einführung in die Volkskunde/Europäische Ethnologie*
SM 112 Schlawe, *Neudeutsche Metrik*

SM 148 Grimm u. a., *Einführung in die frz. Lit.wissenschaft*
SM 183 Schwenger, *Literaturproduktion*
SM 188 Asmuth, *Einführung in die Dramenanalyse*
SM 190 Zima, *Textsoziologie*
SM 194 Reese, *Literarische Rezeption*
SM 217 Schutte, *Einführung in die Literaturinterpretation*
SM 235 Paech, *Literatur und Film*
SM 246 Eagleton, *Einführung in die Literaturtheorie*
SM 259 Schönau, *Einf. i. d. psychoanalytische Lit.wissenschaft*
SM 263 Sowinski, *Stilistik*
SM 270 Heidtmann, *Kindermedien*

*Sprachwissenschaft*
SM 72 Düwel, *Einführung in die Runenkunde*
SM 82 Reichmann, *Germanistische Lexikologie*
SM 104 Heike, *Phonologie*
SM 167 Ebert, *Historische Syntax des Deutschen*
SM 198 Pilz, *Phraseologie*
SM 206 Apel, *Literarische Übersetzung*
SM 219 Lutzeier, *Linguistische Semantik*
SM 252 Glück/Sauer, *Gegenwartsdeutsch*

*Philosophie*
SM 141 Franzen, *Martin Heidegger*
SM 143 Jörgensen, *Johann Georg Hamann*
SM 168 Bernstein, *Literatur des deutschen Frühhumanismus*
SM 182 Helferich, *G. W. Fr. Hegel*
SM 184 Naumann, *Literaturtheorie und Geschichtsphilosophie I*
SM 187 Ollig, *Der Neukantianismus*
SM 193 Wolf, *Martin Luther*
SM 202 Bayertz, *Wissenschaftstheorie und Paradigma-Begriff*
SM 220 Gmünder, *Kritische Theorie*
SM 222 Schmidt, *Ernst Bloch*
SM 251 Jung, *Georg Lukács*
SM 264 Ries, *Karl Löwith*
SM 265 Pleger, *Vorsokratiker*
SM 266 Horster, *Jürgen Habermas*
SM 267 Buchheister/Steuer, *Ludwig Wittgenstein*
SM 268 Vattimo, *Friedrich Nietzsche*
SM 269 Schöttker, *Walter Benjamin*
SM 271 Scherer, *Philosophie des Mittelalters*

*Romanistik und andere Philologien*
SM 119 Hoffmeister, *Petrarkistische Lyrik*
SM 146 Daus, *Zola und der französische Naturalismus*
SM 147 Daus, *Das Theater des Absurden*
SM 148 Grimm u. a., *Einführung in die frz. Lit.wissenschaft*
SM 161 Brockmeier, *François Villon*
SM 162 Wetzel, *Die Romanische Novelle*
SM 170 Hoffmeister, *Deutsche und europäische Romantik*
SM 176 Hausmann, *François Rabelais*
SM 177 Schlütter u. a., *Sonett*
SM 204 Weissberg, *Edgar Allan Poe*
SM 212 Grimm, *Molière*
SM 234 Hoffmeister, *Deutsche und europäische Barockliteratur*

Printed in the United States
By Bookmasters